# 子ども虐待 保護から早期支援への転換

## 児童家庭ソーシャルワーカーの質的向上をめざして

アイリーン・ムンロー＝著
増沢 高＝監訳　小川紫保子＝訳

EFFECTIVE CHILD PROTECTION

明石書店

子ども虐待　保護から早期支援への転換■目次

※訳注は脚注で掲載しています。

# 第３版への序文

『子ども虐待　保護から早期支援への転換』の第３版となる本書には、私の思考の大きな変化が反映されています。第２版を見直してみて、厳密にはそこに書かれていることに反論するということではなく、子どもの安全向上のための事業すべてにこの主題が適合することに対して、今はより深い理解が生まれたということです。以前の版では、個々のソーシャルワーカーを比較的分離して取り上げていました。第２版では組織のサポートとスーパービジョンの重要性という題材をいくらかご紹介しましたが、私の心象としてはまだ個々のソーシャルワーカーに焦点を当てていたのです。しかし今では、それは彼らの自律性と権力を過大視しすぎていたと気が付きました。万華鏡の模様が変わるように、私の中の小さな変化が集まって、子どもや青少年、その家族やコミュニティに対する児童保護サービスをどのように向上させたらよいか、革新的に異なる視点が生まれました。要するに、物事が予測可能である秩序ある世界という信念から、世界は相互作用する人々、装置、プロセスや文化に満ちた予測に限界のあるものだというように、私の中の世界観が線的なものから複合的なものへと変わったのです。これは我々が児童保護局をどのように管理するか、どのように実践を強化し、どのようにリサーチを利用しようとするかに影響を与えました。

この変化は、私が近年、児童保護分野へより深く関与したことで強く促されました。2010年、英国教育大臣より、イングランドの児童保護制度についてのレビューを要請されました。このレビューを通し、私はこの分野で経験豊富なワーカーやサービスユーザーから、児童保護業務の課題について深い理解を得ることができました。私の分析と提言は、既存の問題がいかにして起こったか、よかれと思って賢明になされていた児童保護の業務改革が、時と共に意図しない相互作用のせいで、家族との関わりを通しての子どもの育児向上よりも、いつのまに、どのように自己防衛的な規則順守文化を優先してしまうようになるのか理解するために、システム分析を使うというものです。これまでの改革はトップダウンの管理が可能であり賢明だという線的な世界観を前提にしていたと私は見ています。しかし児童保護組織を複合的なシステム（制度）だと見ることで、私の提言の目的は、組織が学び、適応するための柔軟性とフィードバック機構を備えることになりました。

1つを除いて他のすべての私の提言を実施することにした政府を受けて、手にしたより多くの自由を活用して、私はサインズ・オブ・セイフティのチームと共にイングランドの10の児童保護局でシステムの総改革に関わっています。そこでは自分の提言が実行可能かどうかを確認する機会を得たり、組織文化や実践を変化させより有効な援助を子どもや家族が受けられるように良いフィードバックを手に入れるためにはいかに多くの要素が関係しているかを理解したりすることができました。

私の学びのもう1つの大きな源は、私もメンバーとして参加している、Knowledge for Use（使うための知識、www.dur.ac.uk/k4u/）であり、これは複合的な社会システムの中で経験実証的リサーチを使うことの困難を研究している哲学者や専門家などで構成されています。ここではコンテクストの重要性や、ある設定でのランダム化比較試験（RCT）で有効とされた介入が自分の場合にも有効かどうかを決定する際の課題を重要視しています。

# 謝　辞

本書で使用したケース事例など、私の思考を助けてくれた学生たち、Ramona Bridgman、Mary Brimson、Emily Campbell、Diana Miles-Ihle、Ann Sambidgeの諸氏に感謝したいと思います。またD. Woods氏にも感謝します。ケース事例は実際のものから大きく変更していますので、実在の人物に似ていても、それはまったくの偶然の一致です。

Knowledge for Useの研究グループの一員としての私のリサーチはEUのHorizon 2020という研究革新プログラムの下で、ERC（欧州研究評議会）からの助成金（No.667526K4U）で支援されています。本書の内容は著者の意見だけを反映しており、ERCは本書に含まれる情報の使用について一切の責任はありません。

# 第１章

# はじめに

児童保護の仕事にはどうしても不確実性や曖昧さがあり、間違いを犯しがちである。知識ベースには限りがあり、子どもの将来の幸福を完璧に予見することはできず、親と子どもの拮抗する権利のバランスをうまく取る確実な方法などない。世間の人々は子どもの安全を保護している児童相談所の職員に当然のように高い水準を求めるが、そこでは多くの問題を抱えている。

先進国はすべて何らかの児童保護制度を構築している。そういった社会では、親からの過酷な虐待やネグレクトから守られながら、子どもが最低限のケアを受ける権利が承認されている。が、同時に家族のプライバシーや成人としての親個人の権利も尊重しなくてはならないため、児童保護に関わる職員は家族の各メンバーの対立する権利を考慮して綱渡りのような作業をしなくてはならないのである。また達成すべき目標は子どもの危険を最小限にするだけでなく、その幸福を最大にすることでもある。家族から子どもを分離すればその安全性は高まるかもしれないが、総合的に見た時に子どもの発達を害することになるかもしれない。極端なケースを除いては、子どもが育つのに最善の場所は家庭だというふうに考えられている。この考えが虐待の通告をどう扱うかに影響を与えるのである。専門家は、現在調査対象にしている親が、家庭がより良く機能するために今後一緒に取り組むべきパートナーになるということを認識している。親と専門家のお互いの第一印象の良し悪しは、その後の両者の関係に長いこと影響を与えることになるのである。

子どもの安全を評価するにあたり、ミスのない判定を目指すことはとても大切である。誤って虐待の告発をされた保護者の苦悩を最小にしながら、どの親が本当に虐待をしているかを正確に判断することが専門家の理想なのだ。また子どもの安全を最大に確保すると同時に、その健全な発達を促進するようなリスク管理ができれば一番である。ほとんどの社会では、生まれ育った家庭が子どもには最良だと考えているので、子どもを分離しなくて済むように保護者がきちんと世話できるように支援することが重要である。ここでも家庭がちゃんと安全かどうか見極める能力と判断の正確さが求められるのである。しかし現実には限られた知識や情報、そして不確定要素を含んだ見込みで業務を行わなくてはならないため、専門家がそのような高い目標を達成することはなかなかできない。彼らは一般社会からの強いプレッシャーに直面している。親からひどい暴力を受け恐怖に打ちひしがれる弱々しい子どものイメージは、世間の人々の深い嫌悪と憤りの感情をかき立てる。しかし同時に、家庭のプライバシーに踏み込み、親の育児能力という非常に個人的な問題を尋問する権力者である行政当局のイメージは、人々の怒りと抵抗の感情を呼び覚ますものでもある。

情報や知識の限界、不確実性、感情的な人々、時間との闘い、関係者の持つ価値観の相違など、現場での推論スキルに課題をもたらす状況は想像するのも大変である。専門家の知識やスキルを向上するための研究に多くの対策や資金がつぎ込まれてきたのはやむを得ないことだと言えよう。専門性を高める方法論についてはこれまでもずいぶんと議論されてきた。専門家の業務効率を上げるために、より具体的な手続きのマニュアルやガイドライン、リスクアセスメントの計画表など多くの取り組みがなされてきた。これらについては、現場のソーシャルワーカーたちは、親子との関係を深める共感力や直観といった人間関係のスキルが軽んじられていると感じることもあって、複雑な感想を持っている。この問題は客観的知識と主観的な知識、科学とアート、理論と直観などの完全な二項対立として提示されることが多く、不毛で辛辣な論争の元ともなっている。

これに関する私個人の見解は、仕事を通しての経験を積み学術的文献を読むことで大幅に進化した。より形式化することが正しい方法という元々の考えから、人間の判断やスキルの持つ価値とのバランスを取る必要があることを理解するという考えになってきた。最近では、現場のソーシャルワーカーの行動を変えようとするよりも、コンテクスト*によって彼らの行動がいかに形作られているかを理解するように変化してきた。その結果、最前線での実践の向上には、まず組織を変えることを目標にする必要があるということが分かってきたのである。私の考えの変化の道程は、この本の３回の改訂を通して見て取れるはずだ。

---

* コンテクストは、文脈、状況、背景、あるいは環境を表す。

このように、複雑かつ複合的な社会制度を認識したことが、私が個人よりも組織に焦点を当てるようになった理由なのである。児童保護業務の本質を理解しようと頭を悩ませて探っているうちに、私はある一連の文献にたどり着いた。私は自分のキャリアを通して、この分野に大きな変化をもたらしてきた多くの論理的な報告書や素晴らしい企画の修正案などを読んできた（私自身それらに貢献もしてきた）。こういった文献は有益ではあったが、それが実際に実施された時には期待されたほどの改善は見られなかった。いや、それどころか新たな問題が表出した児童保護事業の内部で士気低下が広がったのである。2010年までには職員の深刻な求人問題と定着問題が起こり、難しい児童保護業務の多くを経験不足の職員が抱えるようになった。「子どもの最善の利益」が最優先のはずが、多くの職員にとっては事務手続きや業績指標到達の順守にとって代わられていた。担当している家庭や一般社会からの批判と共に、ソーシャルワークの評判も落ちていった。また、英国以外の高所得の国々でも同じように児童保護制度の大きな見直しを繰り返しており、こういった問題は英国内に限ったものではないことに私は気が付いたのである。

さらにこの問題は児童保護に限らず、実は航空、エンジニアリング、ヘルスサービスといった他のハイリスク分野でも起きていたことが分かった。航空機事故や橋の崩落、外科手術の失敗などは一般社会から強い批判を招き、それぞれのセクターで安全基準を改善するためのプレッシャーとなっている。第10章で論じるが、これらのセクターの安全性向上のための取り組みは、現在ではひとりひとりのヒューマン・エラーに焦点を当てるというよりも、個人を複合的な社会技術ネットワーク*における1つの原因となる要素に過ぎないとして見るようになってきているのである。もっと最近では、これらのセクターでは予測可能性や管理の達成度の影響もあって、世界を単一的に見るのではなく複合的なものとして見るように変化してきている。児童保護にもこういった変化の影響があり、この第3版では

* 社会技術とは多様で幅広い関係者の対話や協働を通して社会と技術の関係を俯瞰し、社会問題の解決に資する技術。

それを詳しく検討したい。

本書は実践の具体的な内容というよりは、我々が対象家庭やお互いとどのように関わりどのように結論を出していくか、そのプロセスを主題としているので、現行の政策の総合的な説明や実証的なリサーチを提供するものではない。本書では必要な箇所で参考文献を示すが、一番大事なことは子どもや家庭への支援の質を高めるためにその資料をどのように使うかを論じることである。

私自身の専門家としての背景は英国でソーシャルワーカーとして働いたことで、それが私が参考にできる実務経験の範囲になる。一方、推論スキルというテーマは国境を超えるため、この本は世界中どこでも適用可能である。また立場によって役に立つ度合いは違えど、児童保護の仕事に関わるすべての専門家が、関連した知識やスキルについて活発な議論を行っているように、このテーマは多様な専門分野をまたいでいる。つまり、この本は特にソーシャルーワーカーのためというよりは、児童保護に関わる支援実務者すべてに向けてのものなのである。

## 本書の概要

第２章では児童保護機関を複合適応システム（CAS）*として捉えることの意味を説明すると同時に、そうすることで児童保護業務をどのように改善することができるかを検証する。家族が専門家と接触した時にどのような行動を取るか、児童保護制度とどう相互作用するか、我々は長い歴史を通してそれを理解してきたので、その制度（システム）の考え方についてはよく知っているという方も多いだろう。しかし伝統的なシステム理論はニュートン学説（出来事は秩序だった世界で規則正しい原因過程によって起きており、原則的には普遍的法則によって理解可能、予測可能とする）の視点に立って構築されたものだ。しかし物理科学、さらに社会科学の世界では、

* CAS（Complex Adaptive Systems）は、多様な複数の相互接続された要素からなるために「複合的」であり、変化する能力と経験から学ぶために、「適応的な」システム（系）とされている。

ますます複雑性理論や非線形、あるいは複合的な視点で原因を考えるように修正されつつあり、これがシステム・アプローチ（系統的アプローチ）の理解を見直すことにつながっている。これを児童保護の世界に持ち込むことは、我々の仕事は管理、予測できるものだという前提を覆し、どのように知識を増やし、諸機関を適切に運営し、業務の指示支援をすればよいのかに重大な影響を与えることになる。

第３章では、実践における専門知識の特性を検討する。専門家の間で長期にわたって論じられてきたのは、どのような知識やスキルが使えるか／使われるべきか、専門性がどの程度まで技能、あるいは科学的方法として見なされるべきかということである。認知心理学や神経生理学といった新たな研究成果の視点からもこの伝統的な論争が見直され、我々の推論能力に知見を与えてくれている。心理学の研究は、分析技術と直観力は相いれない選択肢だという視点に疑問を投げかける。Hammond（1996）の理論は、人間の推論スキルは一方に形式的な分析のメソッドがあり、もう一方にまったくの直観があるが、その両極端は切れ目なくつながっていると考える方が現実的だとしており、説得力がある。直観的な推論は明確な思考や構造化された指針によって導かれ、分析メソッドは必要な情報収集や整理をするための直観スキルにある程度頼っているのかもしれない。Hammondの理論は人間の脳はデータ処理を行う際、主には無意識の直観的プロセス、そして熟考する分析プロセスという２つのメソッドを使うという神経生理学の研究によって裏付けられた。これは脳の別々の箇所に存在する２つの機能が相互作用しているということである（Damasio, 2006）。ソーシャルワーカーの心と頭脳を駆使した推論スキルが必要とされる虐待家庭対応の児童保護総合プロセスは、上述した人間の推論能力のコンティヌウム（連続体）のイメージに類似している。この連続体のイメージは、現在導入されている公式メソッドをより正確に表しており、そのほとんどが直観スキルを必要としているのである。

これらの知見により、分析的推論及び直観的推論のそれぞれの役割という課題に着手するための新しいフレームワークが提案されるようになった。それぞれを適切な時に使うことを学ぶというテーマで、両者の相対的な長所・弱点を検討していく。これらの新しい情報を使って、この章では専門知識の本質を単に個人の資質というよりも、組織というコンテクストの中でしっかりと捉えていく。

実社会を複合的と捉えることは、調査、ならびに一般化できる知識の確立に大きな影響を与える。第４章ではリサーチ・エビデンスを利用した実践は、実は「エビデンスベースの実践」の見解が描こうとしているよりずっと複雑な過程であり、リサーチは期待するほどには実務には貢献できていない、ということを検証していく。

児童虐待は、社会的コンテクストによって形作られている現象である。はしかのように原因が分かっていて世界中通用する治療法が開発できる特定の病気のような存在とは異なるのである。児童保護に対する社会の見方は、子どもや家庭に向けられるまなざしを反映しており、親の育児能力はその家庭に与えられる社会のサポートの度合いに強く影響されている。第５章では、家族に対する社会の文化的態度の幅と、個人の自主性と社会の連帯性の間のバランスをそれぞれの国がどのように保っているかを考察する。このような社会の見方は虐待的な親への考え方に影響し、子どもの救出に重きを置くか、育児の質を高めるための親へのサポートか、そのどちらを重要視するかに影響を与えるものである。

児童虐待の概念が社会によって左右されることの影響は広範囲にわたっている。第６章では虐待の定義における問題と、この問題がリサーチ（と実証的な知識の集合の蓄積）、政策（と常に理解され実施されうる方法の策定）、そして実践（とケースに関わる様々な人々の同意を取り付ける困難）に及ぼす影響について検討する。

続く３つの章では、児童保護におけるアセスメントと方針決定の主たる推論タスクを取り上げる。実務者は、統計的ツールから専門的判断を導くためのフレームワークまで、主たる推論タスク用の形式的補助ツールを得られるようになりつつあり、これらのフレームワークの背景となるエビデンスや論理、確率推論などを理解しておくと役に立つ。実務者や諸機関が彼らの使用するツールを理解しておく必要がある理由はいくつもある。まずリスクアセスメントのツールが見落としていることは、「リスク」の概念が「将来の可能性」という元々の中立的な意味合いを失い、「否定的な可能性」のみを連想させるようになってしまっているということである。人々は子どもが傷つけられる「リスク」については話すが、きちんと面倒を見てもらえる「リスク」については話さない。しかし、子どもの最善の利益を考えて行動の選択をする際にバランスの取れた決断をするためには、ポジティブな可能性は欠かせない要素なのである。今手に入るほとんどのツールが、虐待通告を調査するかどうか、あるいは子どもを分離するかどうかといった児童保護における主要な決断ポイントにのみ対応している。しかし実務者はもっと小さなリスク評価や方針決定を実にたくさん日々の実務の中で行わなくてはならないため、その過程を理解しておくことは有用なのである。アセスメントツールの理解をしておくべきもう１つの理由は、ツールの重要なユーザーとしての実務者にその知識があれば、どのように結論を出したかを対象家庭に説明できるということである。ツールの基礎的プロセスを理解すべき最後の理由は、家族への対応の基本的アプローチが、司法管轄区域*によってかなり相違があるということである。アセスメントや方針決定は実務者の仕事だとして形式的ツールに何の問題もないとされているところもあれば、家庭と共に作業を進めるために少なくともある程度は推論プロセスを共有しようとするところもある。ツール理解のための基礎的なフレームワークがあれば、情報や意見の複雑な紛糾をなんとか調整する手助けになるだろう。

第７章では、児童保護の仕事の隅々まで浸透している不確実性の管理の問題について論じる。不確実性は現在では「リスク」として取り上げられ、専門家はリスクアセスメントとその管理が職務となっている。この章では、我々の直観的理解が様々な出来事に対峙する時に犯しがちなエラーや、リスクファクター研究及びリスク計算の理解に形式的メソッドがいかに役に立つかなどを説明する。予測分析論を使って方針決定をすることに関心（と実践）が高まっているが、新しい資料を使ってこういったツールの評

* 司法管轄区域とは、児童保護に関して異なる司法を持つ行政区域。国家、州（アメリカ、オーストラリアなど）。また英国ではイングランド、ウェールズ、スコットランド、北アイルランドなどの地域で異なる司法を持つ。

図 1.1　意思決定の規範的モデル

価をするための技術的、倫理的、そして法的基準を検討していく。

第8章ではリスクアセスメントの実践プロセスを取り上げるが、フレームワークを設定して細目をたどりながら、それぞれのステージで起こりうる問題や困難なども検証し、それらを解決するにはどのような推論スキルが必要かを説明していく。

第9章では特定したリスクをどのように扱うかの問題に取り組む。意思決定研究のアプローチとして、人は実際にどのように意思決定するかを研究した記述的アプローチと、論理的意思決定モデルを構築するための確率論や意思決定論を手段とする規範的アプローチの2つに設定する。

意思決定者の規範的イメージは、図1.1に示されるように、選択肢の範囲を見ながらどれが相対的にメリットがあるかを比べている様子である。しかし人は毎日の実生活の中では、図1.2のように荒れる海で究極のゴールに向かって右往左往しながらなんとかコースを維持するための小さな決断を繰り返すことが多いのだ（Hogarth, 1981）。後者のイメージは、おそらく児童虐待の調査を進めていくプロセスを（地図として手順マニュアルを持っていたとしても）より正確に伝えているはずである。一方前者は、子どもの住居をどこにするかといったような児童福祉における主たる決定を

**図 1.2　意思決定の記述的モデル**

する場合の良きモデルと言えるであろう。

記述的アプローチ文献の多くは、専門家の１日の仕事の大部分でもある、時間に追われて行う意思決定について有用な見識を提供している。しかし児童保護において重要な決定は、他者、特に家族に対して明確に説明と正当化ができるものである必要がある。そのために意思決定理論は論拠を整理し、導き、説明するための良きフレームワークを提供してくれるのである。

有効な実務を組織がどうサポートするかについて述べた第 10 章では、エラーのリスクや実務の質を左右する安全慣習や労働条件について、他の分野から参考にできる新しい資料を用意した。諸機関を複合適応システム（CAS）として見ることは、望ましい実務を可能にして不慮の障害を取り除く仕事環境を作るために、管理職に対しては大きな責任を課すことになるだろう。

最終の第 11 章では、この本で示した重要ポイントを以下のようにまとめ、それらが遂行された際の影響について検討する。トレーニングが形式的・直観的推論スキルをどのように促進するか、実務補助ツールをいかに直観スキルに統合されるように開発するか、また一番大切なことだが、職場環境が整えられて有効な実践が促されているか、そして子どもや青少年、家族に対し効果的な救済をきちんと提供できているかどうかを実践を行っている諸機関がいかに必要としているか、について要約する。

この本を通して、参考例としてのケース・スタディを何件か紹介している。すでに発表されたケース（例えば、児童の死亡事件の検証報告書などで）から引用しているものもあるが、ほとんどはロンドン大学LSEで私の児童保護の授業を受けた卒業生から聞いたものである。「謝辞」でも触れたが、それらのケースはプライバシー保護のため身元が分からないように記述され、目立つ特徴は変えてあるので、たとえ読者が似たようなケースを認めたとしても、それは偶然に過ぎないことをここでも述べさせていただきたい。

## サマリー

- 児童保護に関わる職員は、限られた知識・情報、時間的プレッシャー、感情的場面、及び拮抗する価値観の中で、複雑な判断と難しい決断を行わなければならない。
- 分析的推論スキルと直観的な推論スキルは二項対立で考えず、連続体と見ることが最善である。
- 共感力と経験的直観力の重要性は認められるべきだが、専門家が分析スキルを発達させることによって実践は強化される。
- 組織という、実践が行われるコンテクストが、仕事の質に大きな影響を与える。

第2章

# 複合適応システム（CAS）としての児童保護機関

この章では、児童保護改革について私の考え方の基本的な変遷をお話しすると同時に、その変化の波及効果がどのように後章の追補につながっていくか、要点を述べていく。この変化が本書の内容を本質的に変えるというわけではないが、新たなコンテクスト上に置き、別の解釈の仕方を提供する。前半では、複合適応システム（CAS）としての児童保護機関の意味について専門的な説明を行い、後半ではイングランドの児童保護システムのレビューを使ってこの抽象的な素材（CAS）が児童保護に適用される意味を分かりやすく説明していく。

## 複合的視点から世界を理解すること

児童保護業務における因果関係の本質についてどういう前提をお持ちだろうか？　この抽象的な質問に対する答えが、あなたが児童保護業務はどのように行われ、どう研究されるべきと考えているかに一番影響を与えているのである。因果関係についての２つの主要な思考法は線形（リニア）と複合的（コンプレックス）である。図2.1と図2.2が、この２つの対比を表している。

時計のメカニズムは、複雑ではあるが複合的ではないたくさんの歯車で構成されており、時計の針を動かすという出力を生み出すための単純なプロセスのステップは、線形で予測可能な経路に従っている。誰かがこのメカニズムを研究すれば、同じ構造で時計をいくつも作りだし、毎回同じ結果を得ることができるだろう。

一方、天候は複合的なパターンで発達し、天気予報は当たらないこともあるし、「明日の降水確率は60%です」というように確率的でもあるのだ。「ブラジルで蝶が羽ばたいたら、テキサスで嵐が発生する」というバタフライ・エフェクトについては、聞いたことのある人は多いだろう。これはもちろん単なる１つの誘因が、これの発生により引き起こす数々の要因が連鎖して影響する作用が最終的にハリケーンという大きな結果をもたらしてしまうというものである。天気予報は役には立つが、何が起きるかを正確に教えてくれるものではない。60%の降水確率を知っていれば傘を持っ

図 2.1　時計の歯車

図 2.2　嵐の天候の雲の渦

ていくこともできるが、濡れることを覚悟で外出することもできる。

こういった確率的な判断は児童保護に関わる人にはなじみ深いものである。なぜならリスクアセスメントでは必然的に、子どもが安全か危害を受けるかの確実な予測ではなく将来的な被害の可能性の推量しかできないからだ。

ほとんどの人は科学と言えばニュートンの物理学を思い浮かべるだろう。それはＡは常にＢの原因となるという決定論者の線形因果律、現象を基本的構成要素に分離して研究・分析する還元主義*、科学者の時空的位置の影響を何ら受けない世界の研究が可能だという客観的な知識の上に成立したものである。これは閉鎖したシステム（閉鎖系）の現象を説明するには大変に成功した説得力のある考えで、我々の直感的な理解と合致している。しかしこれについては、徐々に一般相対性理論や、量子力学、カオス理論**などから、そんな単純な世界観では説明に限界があるという異議が提示されるようになった。つい最近では、全体論的アプローチをもってシステム理論が還元主義にとって代わったが、一方で客観的で中立的な世界の認識の可能性が、哲学的、社会学的な分析によって弱体化された。

世界を複合的なものとして見た時に、構成要素は相互につながって広がっており、それぞれの存在を分離して研究することは現実として無理があることが分かる。確かに我々の世界はICT***の発達や交通手段の向上、グローバルに交易している経済により、ますます相互に関係しあっている。

複合科学の2つの主要な概念は、還元主義にとって代わる「全体論」、そして非線形挙動に至る「創発」である。全体論の見解とは、次のようになる。

> 世界の複合性を理解するには、世界をひとつひとつの事象に分けて個別に見ようとするのではなく、その全体とそれぞれの事象の関係性を見ることが必要だ（Ramage & Shipp, 2009：1）。

---

* 複雑で抽象的な事象や概念を、単一のレベルのより基本的な要素から説明しようとする立場。特に科学哲学では、観察不可能な理論的概念や法則を直接的に観察可能な経験命題の集合で置き換えようとする実証主義的傾向を指す。還元論ともいい、全体論に対する。

** 気象の変化や電気回路の振動、生物の神経系など、複雑で一見予測不可能な現象を研究する学問。「微少な初期値の違いが、時間の経過とともに決定的な違いを生み出す」というバタフライ効果などが有名。

*** ICT（Information and Communication Technology）は「情報通信技術」の略であり、IT（Information Technology）とほぼ同義の意味を持つが、コンピュータ関連の技術をIT、コンピュータ技術の活用に着目する場合をICTと区別して用いる場合もある。

システムとは部分（あるいはサブシステム）の集合体で、１つの目標を達成するために相互作用している。システム全体が個々の部分の総和を上回った時に「創発特性」が生まれる。それは個々の部分の特性に還元することはできない。様々な要因が相互作用を起こして、新たな効果を生むのである。例えば楽曲にはリズム、メロディ、ハーモニーという特性があるが、曲を構成するひとつひとつの音符にはその特性はない。

システムにはインプット、プロセス、アウトプットや成果（業績）があり、そしてこれら様々なパーツ（部分）の間での絶え間ないフィードバックがある。複合とはパーツの数のことではなく、パーツ間の因果相互作用、特に非線形因果関係の本質のことである。

> システムが非線形でフィードバックループが織り込まれている時、反復はシステムの連鎖に自己フィードバックし、増幅と成長の原因となる（Wheatley, 2006：120）。

原因と結果は必ずしも比例しない。先に述べたブラジルで蝶が羽ばたけばテキサスでハリケーンが起きる例のように、小さな揺れであっても、ポジティブなフィードバックループにより大きな世界的効果に増幅されることもあるのである（フィードバックループについては後に詳しく説明する）。

こう考えていくと、予測可能性について大変に異なる考えに至る。ニュートン学説的な世界観では、理論上今の世界情勢に関する十分な知識があれば未来の出来事は予測できるということになっている。因果プロセスは、具体的で予測可能な結果に導くために一貫性を持って進むものだという前提があるのだ。それに対比して、複合的システムにおける非線形因果関係は予期せぬ出来事を引き起こすことがある。

> 予測が大変に難しい理由は、その影響を理解し測定しなくてはならない結果に影響を与える膨大な数の変数があり、まだ我々が見つけていない結果に寄与する変数の役割があり、さらにシステム外にあるにもかかわらず我々が予測しようとしているシステム挙動に影

響する変数としての偶然性の干渉があるからである（Mitchell, 2009：88）。

ある程度の予測を可能にしてくれるに足る安定を持つシステムも多くあるが、これは仮定ではなく実地経験に基づいた研究を通して決定するべき事柄である。

Von Bertalanffyの一般システム理論（1973）は、現在我々がよく知る概念の多くをシステム研究に提供し、大きな貢献をした。彼は、システムはその環境から分離する境界線を持つと説明している。社会システムは開かれたものであり、物質、エネルギー、情報はその境界線を越えて交換されている。システムとは、要素がランダムに集まった集合体ではなく、全体として共に機能し相互作用している要素の一群である。この相互連携した世界では、我々は物理的、生物学的、社会的なシステムの複合的集合の一部なのだ。すべてのオープンシステムは、サブシステムで構成されているとともに自らをより大きなシステムの一員ともしており、その中でこれら双方のシステムから行動に影響しうる情報を受け取っている。創発の概念は、制約と下方因果関係によってさらに定義されている。各システムは、上位システムの中で連結されることで制約を受けている。それぞれが独立したシステムとしてはもう行動できないのである。よってシステムの挙動は、そのパーツによって決定されるが、パーツの挙動も全体の特性によってある程度制約を受けるのである。

複合システムは自己編成を行う。情報を行動の結果としてシステムに戻すフィードバックループは、これらの行動を続ける上でネガティブにもポジティブにも、また促進的にも抑制的にも働く。フィードバックの結果、システムはその挙動を修正することで順応する。それがCAS（複合適応システム）である。その適応力は、環境の変化に対応する能力という点で大変な強みとなる。

世界を相互連携したシステムの集合というように概念化することは、これまでと異なる研究アプローチに導いてくれる。それは現象を構成要素に分けて分析する還元主義的なやり方から、各要素と相互作用の結果として生まれるシステムの特性の関係性に一層焦点を当てることになる。

線形のニュートン物理学は、少なくとも原則として世界は理解可能、予測可能で、ある程度までは制御できると断言してきた。社会科学や公共政策でのこの視点は、人類は時と共に知識を積み重ね、より多くの現象を予測し制御することができるようになると仮定していた。知識があれば世界はもっと秩序だったものになる、と。しかし複雑性が、このような前提を台無しにしたのである。これに対して、すべての知識は局所的で不確かであり、議論の対象となっているとして相対主義*的視点で応酬した人たちもいた。しかし複合科学は、両極論を避け、より中立的な世界観を提案する。Geyer & Rihaniは、以下のように複雑性パラダイム**の6つの黄金律を示す。

- 部分秩序：現象は秩序的あるいはカオス的な挙動を見せる。
- 還元主義と全体論：現象のいくつかは簡略化できるが、できないものもある。
- 予測可能性と不確実性：現象は部分的にはモデル化、予測、制御が可能である。
- 確立論的：ほとんどの現象には一般的な境界があるが、境界内での正確な結末は不確かである。
- 創発：適応と創発の要素を掲示している。
- 解釈：システムのアクター（行為者）は自己、システムそして経過の認識をし、自己とシステムを解釈し、管理しようと努力する可能性がある。　（Geyer & Rihani, 2012：29）

---

* 相対主義とは、哲学で、真理、規範、価値などが、唯一絶対のものであることを否定して、すべて個人や社会と相対的なものであることを主張する立場。ギリシャのソフィスト（プロタゴラス、ゴルギアス）、近代ではロック、ヒュームらがその代表。絶対主義に対して言う。

** パラダイムとは、ある時代に支配的な規範や認識の枠組み、価値観、方法論。例えば地動説と天動説は異なる時代に属するパラダイム。通常科学の発展が行き詰まると変則性が現れて科学者は他のパラダイムに乗り換え科学革命が起こる（パラダイムシフト）。現在では自然科学だけでなく、政治路線や体制を意味するまで拡張解釈されている。

複合科学は物理学と社会学の世界を相互連携したものとして扱う。自然科学の持つ定量的アプローチと、社会科学の持つ解釈的アプローチの両方があって、この世界を理解するのに役立つものを提供することができるのである。

## 応用システム分析の実例としての児童保護に関するムンロー・レビュー

児童保護機関が線形ではなく複合的なシステムだということをより正確に説明するために、イングランドの児童保護システムについて私が行ったレビューを使おう。そこでは複合的システム分析を使って問題を分析、説明してシステムの変化や修正を提案した。ここに主要な概念の実例が示されている。ここではレビューのすべてを説明するわけではないが、もっと詳しく知りたい方は、私の書いた3件のレビューをすべて教育省のウェブサイトで手に入れることができる（www.gov.uk/government/publications/munro-review-of-child-protection-final-report-a-child-centred-system）。

2010年、教育大臣は私にレビューを行うよう要請し、「我が国の児童保護システムはしっかり機能していない。我々はこのシステムを根本的に見直す必要がある」と書いた（Munro, 2010：44）。行政と私はチームを組んで8か月かかってそのタスクを遂行したが、児童保護の現場からも大変な関心と協力を得ることができた。またシステム・アナリストのデビッド・レイン教授*からも専門知識をお借りし、手に入れた膨大なデータを分析し整理することが可能になった。ここから、なぜ問題が起きるのかの仮説を進め、児童保護システムが学習し適応する能力を高めるための重要ポイントに関する提言をまとめることができたのである（方法の詳細については、Lane et al., 2015 参照）。

分析は広範囲のエビデンスに基づいている。実地経験の研究結果、業績

---

* 元、ロンドン大学LSEのシステム・ダイナミクスの准教授で、現職はHenley Business Schoolの、ビジネス・インフォーマティクスの教授。

表 2.1　線形アプローチと複合的アプローチの比較

| | 児童保護の線形アプローチ | 児童保護の複合的アプローチ |
|---|---|---|
| 特質 | 狭く、個々のパーツや要因に集中する傾向 | システム全体 |
| 視点 | 分離した個々の「問題」 | システム全体 |
| 原因と結果 | 即効の近位の効果<br>因果関係が短連鎖的 | 時間的・空間的に隔てられている効果<br>因果関係が長連鎖的、波状効果、意図しない結果、フィードバック効果 |
| 提言のスタイル | 規則、コンプライアンス<br>テクノクラティック（実務官僚的） | 専門性の強化<br>社会技術的 |
| 結果<br>（観察されたもの、求められたもの） | 児童や若い人のニーズに対する狭い範囲の対応<br>自己防御的なリスク管理<br>命令・支配的マネジメント、フレームワークと手続き重視、専門家の裁量の締め出し<br>コンプライアンス重視の雰囲気<br>標準化したプロセス、フレームワーク、手続きに焦点を当てる | 児童や若い人のニーズに合致する必須な多様性ある対応<br>削減できないリスクの受容<br>サポーティブで任せてくれるマネジメント<br>学ぼうとする雰囲気<br>子どもやそのニーズ、適正な経路、有益な結果に焦点を当てる |

データ、調査レポート、労働力データ、過去のレビュー、SCR（児童虐待重大事例検証）などである。また、児童保護セクターの様々な専門分野から８人の上級専門家が参考意見を提供し、さらに３人のサービスユーザー（当事者家族）が協力してくれた。それぞれの専門家には、特定の問題についてサブグループの議長を務めてもらった。また具体的な問題のエビデンスを得るために行った児童保護セクターとの広範囲な協議の中ではたくさんの高レベルの回答が得られ、それは彼らの業務に関してその経験や精神的モデルを理解するための素晴らしい情報源となった。

分析には様々なシステム・メソッドが用いられた。政策戦略の結果として予期されていたものやいなかったものを考慮するため、因果過程や経時的行動の結末に焦点を当てるために、システム・ダイナミクスモデルを採用した。システムがどのように進化してきたか、経験を積んだ児童保護分野の人々のグループでのグループ・モデル構築を使って新たな見解を検討し、試した。膨大なデータを管理し、システム内の様々な相互作用を記録するために因果ループ図が使われた。この方法はシステム内の様々な変数がどのように相互関係しているかを示すために役立った。これはノード

（結節）とそれらをつなぐリンクのセットでできており、プラスとマイナスの記号を使ってノードの間の影響の方向性を表している。ポジティブな因果リンクは、2つあるノードの1番目が2番目のノードを強化する形で同じ方向に変化する。ネガティブな因果リンクは、それらが反対方向に変化する。つまり、1番目のノードが増加すれば、2番目が減少する、というふうに。例えば、「指示規定された実務の増加」の影響は、専門家の裁量の余地を減少させ、その結果仕事の満足度を減少させる、ということが見られるのである。

サイバネティクス*の「必要多様性」（Ashby, 1991）、つまり複合的状況は、十分な種類の可能な行動が有効である時のみ、効果的な管理ができるという概念も用いられた。また対人関係の因果推論や、シングル・ダブルループ学習、そして政策の予期せぬ、または自己強化的な結果などについて検討するために、ArgyrisとSchon（1978）の手法を用いた。

## どのシステムを研究するべきか？

システム間の相互連携性とは、システム研究のまず最初のタスクは自分の調べたいシステムのバウンダリー（境界）を特定することだということを意味する。どこに境界を設定するかという選択は重要で、これによって調査に何が関連してくるかが決定される。

児童保護にこれを適用すれば、国によって虐待対応サービスの組織がいかに異なるか、また「児童保護システム」がいかに狭義に、あるいは広義に捉えられているかが分かるだろう。福祉制度や家庭と国家との関係は通常、児童虐待対応に強い影響を与える（第4章参照）。イングランドのシステムは児童虐待通告を受ける社会福祉機関（子どもの社会的養護部門）だけでなく、保健医療、教育、警察、保護観察や家庭と関わるボランティアの

* サイバネティクスとは生物と機械における通信、制御、情報処理の問題を統一的に取り扱う総合科学。生物も機械も目的を達成するためのシステムであり、そのための行動を取りながら外界から情報を集め、行動結果を予想あるいはフィードバックして次の最適行動を取るように自己制御している。その過程に注目し一般的な法則を理論的に研究し、生物・機械・社会の管理と制御の技術開発をする科学。

セクターなど、子どもや親と接するその他のサービスを取り込んで、他のほとんどの国のシステムより公的に連携している。これらの組織は担当地域の子どもたちの幸福と安全を守り増進するため、イングランドの法律（1989年児童法、17条）のもと協働する義務を負っている。私のレビューではこの多機関による多様な専門家の大きなシステムについて扱っているが、特に社会福祉のサブシステムについて検討事項として取り上げている。

もう１つのバウンダリー（境界）設定は、専門的システムの要素に関することであった。これまでは人と行動に焦点を当てて、そのコンテクストに対しては限られた注意しか向けられない傾向があった。人間のパフォーマンスを理解するには、このアプローチは狭量すぎるということが他の分野では分かっており、我々も「社会技術」システムを学ぶ必要があるのである。パフォーマンスは、個人、ツール、資源、組織文化といった要因の相互作用から生まれるものと理解されている。このアプローチについては第10章で実践をどうやってレビューして、質の低い実務やエラーをどうやって減らすかなどを詳しく検討する際に取り扱う。

個々人のパフォーマンスを形作る要因の変化の量を考慮すると、レビューの焦点を社会技術システムに向けることは特に重要である。1970年からの一連の改革は職員たちの自律性を減らし、パフォーマンスに影響を与える技術的、管理的部分を強化してきた。例えば、記録をコンピュータ化したり、規範的手続きを増やしたり、職員のパフォーマンスに関し、より緊密な管理監視を行うようになったりした。

## 因果相互作用とフィードバックループ

私は、こうした改革がシステムを一層複雑にし、それがどう相互に作用するかがシステムの問題を分析するキーになると結論付けた。それまでのレビューでは標準的な還元主義のアプローチが取られており、実務における問題を相対的に隔離して検証した結果として、それぞれの具体的な問題に対してはよく合った解決法を生み出してはいた。しかし、それによる変化がシステムの他の部分でどのように相互作用するかに対しては十分な注意が払われなかったのである。

システム分析を使って我々は、それまでの改革によって、予期も意図もしない結果がシステム内の要素の相互作用によってどのように引き起こされたのか分かるような説明を展開した。

例えば子どもや家族が自分たちの処遇決定に関し、必要以上に長い時間待たされるという問題が続いていた。子どもを有害な状況に放置するこういう傾向は危険である。すでに緊張状態にある家族を不安定なままに置くことは、不要なストレスを与えることになるからである。そこで初めの通告があってから7日以内に対象家庭に対しその後の調査あるいは措置・委託の有無を知らせるように指針が導入された。これは個々のケースに際し、専門的判断の適用決定のガイダンスとして意図されたもので、もっと迅速に決断をしなくてはいけない緊急性の高いケースもあるし、このタイムスケール内で十分なアセスメントを行って方針決定をすることは難しい複雑なケースの場合もある。

児童保護システムは行政システムのサブシステムであり、上部システムの変化により制約を受ける。そのため政府のニュー・パブリック・マネジメント（市場の規範を公共行政分野に持ち込んだアプローチ［Hood, 1991］）の施行には大きな影響を受けた。これは透明性と説明責任を新たに要求するもので、そのためパフォーマンスについての情報を集める方法を見つけるのが大がかりな事業となった。社会福祉業務の専門知識が一般に共有される範囲は狭いため、社会福祉業務を「監査可能」なものにするためのネックになったのである（Munro, 2004）。実務についての専門的な分類の詳細がないままに、行政官は作業過程とタイムスケールを中心にしたパフォーマンス指標の一連のターゲットを開発した。通告後の最初の処遇決定までの7日間という指針は、こういったパフォーマンス指標の1つであった。

当初、7日間というタイムスケールはすべてのケースに適正というわけではないという了解もあった。例えば政策文書には、子どもにとって最善と専門家が判断した場合、指標に沿えなくても免責される余地があると書かれている。しかし国立の監視機関であるOfstedは、タイムスケールに間に合わない場合、それが適正だったかどうかのコメント無しに総合得点のみを報告することを選んだのである。その結果、たった一片の専門的ガイダンスが絶対に従わなくてはならない頑なな規則となり、その他のパフォーマンス指標と相まって、徐々に規則に従うことがすなわち「適正実務」の定義のようになってしまった。このコンプライアンス主義は、私がレビューを書く頃にはすっかり定着していた。

児童保護システムを総合的に分析したところ、その主な原動力として以下のことが明らかになった。

- 一般社会が児童虐待による子どもの死に対し感じる苦悩が、児童保護システムに関わる専門家に向けての個人的な誹謗となり、これがシステム内で働く人々の不安や怖れ、責任追及感情を煽っていること。
- 児童保護業務に関わる避けられない不確実性について、また不確実性を払しょくすることが不可能だということについての理解がほとんどないこと。
- 死亡検証で拙悪な実務が原因だったということが分かった時点で調査が終了してしまい、なぜ実務が拙悪だったのかについての調査がない。ソーシャルワーカーが行動したことや行動しなかったことを問題のありかとすることで、さらに手続きを増やして指示、管理するような提言につながってしまっている。
- 公共部門での透明性と説明責任の要求が増すという政治的変化があり、ニュー・パブリック・マネジメントが導入されたが、これがさらに規定を増やし、現場実務に対する管理側と中央政府の監視を大幅に増やした。一方、選ばれた監視方法は、主にプロセスを調べるものに過ぎなかった（簡単に測れる変数）。これでは、児童保護実務の一部しか描くことができないため、次第に援助の質や効果よりもプロセスに注意が向くようにゆがめられていった。
- 専門性を高めようとしてより多くの指針が与えられたが、次第に高まる不安や自己防衛といった環境の中で、ソーシャルワーカーは自らの判断を助けるガイダンスとしてよりは、それらを厳しい規則として受け取ってしまった。規則や手続きに従うのは、何か

> 良くない結果が出た時に、デュー・デリジェンス、つまり正当な努力をしていたという自己弁護をする証拠のためと見なされた。次第に、最前線で働くソーシャルワーカーも彼らの上司も、自分の専門家としての判断に対する自信を失っていった。

こういった様々な影響が相互作用を推進して数年経つうちに、専門性とその判断が価値を持っていた専門家のシステムが変化してしまい、ひとりひとりの子どもの最善の利益が何かを決めるプロの判断よりも、手続きやパフォーマンス指標を守ることが優先されるコンプライアンス主義にとって代わられてしまった。現場からのフィードバックでさらに見えてきたことは、「記録」されなかったことは「起きなかった」ことになると多くが信じて業務を行っていたことである。プロセスを記録して規則を守る姿勢を見せることを重要視すれば、コンピュータの前で過ごす時間が長くなる。レビューの時に発表された研究では、職員は勤務時間の６～８割をコンピュータの前で過ごしていると報告している（White et al., 2010：410）。そのためにソーシャルワーカーは、担当家族との関係を築き彼らの問題を解決する時間を減らさなくてはならず、結果として仕事の満足感も減少していた。

システムは学習し適応していくので、本来手続き順守に関するこのような問題傾向に気が付き、何らかの対策が取られるはずだが、システムの中心的なフィードバックループは徐々にプロセスを評価し強化する方向にさらに重心を移していった。虐待に苦しむ子どもたちが減ったというエビデンスを収集する公式なフィードバックループもなければ、悪い結果が出ていることをシステムに伝えるのに最適の立場にいる子どもや親からのフィードバックもなかった。ソーシャルワーカーたちも同様に、システムを変える力を持たなかったのである。彼らの苦情や不安は前向きには対応してもらえず、多くが不満を抱えて仕事を辞めていった。しかし職員が定着しないことは機能不全の現れとして捉えられず、その原因は職場環境というよりは家庭問題に関わる仕事にはつきものといった説明がなされて、以前は高い離職率の問題がなかったことは見落とされた。

このようにバランスを取るループの欠如のせいで、イングランドの児童保護システムはプロセス評価と「適正実務」の再解釈を通して、子どもや家庭への有益な影響よりもプロセスの順守を重要視して、おのずと閉じられたものになっていってしまった。

児童保護分野へのコメントとして私が提言した分析（Munro, 2010）に対する広範囲からのフィードバックを見ると、この分析は的確であるとして歓迎されていることが分かる。児童保護システムの中の数えきれない人々がこの問題に気が付いており、変えたいと思っていながらもどうすればよいか分からずに、それができないでいたのである。

## フィードバックループを変える

児童保護システムはすでに複合的だったにもかかわらず、シンプルで線形であるように管理されていた。このことがイングランドでは主要なトップダウンという管理方法において示されていた。中央政府から指針と規範がシステムを通して下ろされ、指示通りに施行されて、望ましい変化を生むことが期待された。要求された結果が達成されなければコンプライアンスに失敗した証拠と判断されるから、規範的アプローチが効果があるという前提のもとに、より一層の努力をして規則が順守された。

このような対応に対するGeyer & Rihaniの指摘は「現代の社会科学者と政策アクター（行為者）は、社会現象はそもそも秩序だっており、ごく細部まで管理でき予測ができるという前提に不当に立ち続けている」というものである（Geyer & Rihani, 2012：6）。トップの人々は彼らの改革案の結果を予測することができると思い込んでいるが、複雑系の思考はそれに疑いを持っている。実際には、改革案はシステムに単純に組み足すことはできず、他のパーツと相互作用を起こすのである。私のレビューの分析では、この動的システムに組み込まれたそれまでの改革案が様々な他のインプットと影響しあって、いかに予期せぬ、そしてしばしば望ましくない結果を起こしたかのエビデンスを豊富に提示した。

私は改変のための15の提言を行った。これらの提言の芯になっている考えは、児童保護システムを作り替え、子どもの幸福と安全に対する影響についてのフィードバックから学習し、それぞれの地域性に柔軟に適応できる、批判的で内省的な属性を持つ組織にするというものである。

中央政府からの規定を減らすのは、各地域の組織の学習能力や適応力を伸ばす上でとても重要なステップであった。児童保護システムの有効性を向上させる一番の方法という間違った思い込みで長年にわたって中央政府からの規定が増殖してきていた。各地域の機関にもっと自治的裁量を与えることは、ダブルループ学習能力（例えば物事を手続き通り正しくやっているだけなのか、あるいは正しいことをちゃんとやっているのかを検討できるなど）を高めるため、そして組織が学びながら適応していく柔軟性を得るために重要である。

レビューでは多機関協働のために絶対不可欠なルールと適正実務のための原則を除いては、法定指針や達成目標は大幅に減らした方が良いと提言をした。例えば、ソーシャルワークのアセスメントに関わるタイムスケールの規定などは無くすべきだが、専門家がそれぞれの子どもにどんなタイムスケールが最善かを決定することなどがおざなりにならないような原則は保つべきであるとした。

国立調査機関のOfstedの査定が現場の実務の優先事項に最も大きな影響を与えているとし、提供されたサービスの効果について検査するために規定事項の順守を調査するのではなく、子どもや青少年、そして家族の受けた経験を査定システムの中心に据えるように提言もした。

もちろんどんな提言であっても、子どもの状況が安全か危険かを予測する際の児童保護に内在する不確実性に対処することはできない。しかしレビューではその不確実性について説明し、子どもの悲劇的な虐待死を知った時の最初の反応の多くは「後知恵バイアス」により大きくゆがめられており、そのため専門家に対する性急な非難は避けるべきであるということを強調しようと努めた。結末を最初に知っていれば自明と思われることでも、事前にそれを予測することしかできないソーシャルワーカーにとってみれば、もっとああしていればこんな事件は起こらなかったと知ることはできない。

それに関連した提言として、今後の児童死亡・重大事例検証（SCR）では、ケースがどのように取り扱われたかの分析にシステム・アプローチを採用すべきと述べた。このアプローチについては第10章で詳細を説明しているが、キーポイントとしては致死的な結果につながったと思われる行動や方針決定を特定したところで検証を止めてしまわないで、なぜその選択をしたかについて検証するということである。これは規定事項をさらに増やすようなフィードバックループを断ち切るという点で重要なポイントである。調べてみると、これまでのSCRは結論として「現行の手続きの強化や新たな手続きの追加について報告」してきたことが分かっている（Rose & Barnes, 2008：70）。

それ以前の改革では専門性を高めるという重要な問題に取り組んできたが、そのために規則を処方するということを過大評価していた。私は、指針、規則、専門的スキルと判断力、実務を熟慮して常に学習すること、のすべてのバランスを取りながら、ソーシャルワークでの専門性を発展させるよう求めた。ソーシャルワーカーの基礎研修を改善する対策を導入した社会福祉事業特別委員会と社会福祉事業改革委員会の素晴らしい業績があって、私は専門的能力フレームワーク（PCF）*（Social Work Task Force, 2009）を開発することができた。私はソーシャルワーカーの昇進の選択肢は管理職になるだけではないというキャリア道程を開く改変を提言したのである。専門性を開発するための複雑性アプローチの意義の詳細は、本書の後の章で詳しく説明する。

児童虐待やその可能性があると分類される深刻な問題を抱える家庭に対して関係機関は支援の法定義務があるのにより低いレベルの困難の場合は支援すべき同等の義務がないことが、多くの司法管轄区域と同じように、イングランドでも問題である。早期支援を入れることで子どもが有害な環境に曝される率を減らし、問題が深刻化することを予防できる（よって児童保護システムの需要を減少できる）のに、予算制限があった場合、予防的支援サービスを提供する義務の有無にかかわらずその割り当てには影響が出る。なのでレビューの提言の１つは早期支援の提供を法定義務にするこ

---

* Professional Capabilities Framework。www.basw.co.uk

とであった。

## これまで提言の効果はどうだったか？

政府は早期支援提供の法定義務化を除いて、私の提言をすべて取り入れることにした。しかし教育省は他のシステムとの相互作用に制約を受けており、法定指針にいくつかの大きな変更を加えるには他の主要な省庁の同意を必要としたため、変更を実施していくプロセスには時間がかかった。中心となる法定指針、*Working together to safeguard children*（ワーキング・トゲザー、子どもを守るための協働）は2013年に改正された。同じように、査察の変革のプロセスには時間がかかったが、新たなフレームワークが2013年に導入された。

その後各地で地方行政が柔軟性と責任を高め、家庭問題に対応する業務の明確な実施フレームワークを採用した。刷新を進めるため政府は「刷新基金」を設立し、業務の新たな方法を試す支援となる助成金を提供した。様々な実践アプローチが採用されたが、各機関の刷新で共通して見られた特徴は、家族との関係性を高めることが業務の中心となるように、官僚的な事務処理を減らす必要があること、家族からのフィードバックを業務査定の一部とする必要があることなどであった。査察局によれば、今では「大変に優れている」と判定される地方行政がいくつもあるようである。

しかしイングランド全体で見れば様々な様相を呈していることも事実である。複合科学の視点から見れば、同じインプットをしてもコンテクストにより異なるアウトカム（結果）が生まれるということなのだ。マネジメント研究からの関連性理論では、革新に対する異なる反応の研究から共通の発見があるとするRoger（2010）の「イノベーション拡散理論」がある。改革を実施するにあたり、変化に対してより熱心な人たちもいれば、時間のかかる人たちもいるのである。彼は以下の統計を示している。

- 改革者：2.5％
- 早期導入者：13.5％
- 初期多数派：34％

- 後期多数派：34％
- 出遅れ派：16％

事例的には地方自治体が改革にどのように反応してきたかしっかりしたデータがあるわけではないが、これが様々なパターンがあることを映し出しているのではないかと思う。

## 結　論

この改訂版では、複合性の意味するものに対する私の理解がより深まっていることが反映されている。私の思考そのものに根本的な変化があったわけだが、だからといってこれまで使ってきたものをすべて捨てるということではない。いくつかは深い変化へ、それ以外のものはわずかな変化へとつながっている。

ソーシャルワーカーにとっては複合科学はもう見慣れたものだろう。彼らの仕事はコミュニティや家庭の中の個人に焦点を当てるもので、人々の生活の様々な局面が相互につながっていることはおなじみなのである。行動の代替案として害と益の可能性を天秤にかけながら、何が子どもにとってベストの選択肢かを決めるという難しい仕事をしていれば、予測できることには限りがあるということもよく知った現象なのである。

しかし児童保護を理解するための基本のフレームワークに変革を行うことは、多くの人に非常に深刻で不安な影響を与えた。少なくとも原理上、世界は予測可能で管理可能という心地よい前提、児童保護業務はその実務のベースとなる普遍的な知識の安定した体系を開発できるという前提を、変革が覆したからである。人々は戦々恐々となり、確実なことがないのであれば、要は「なんでもあり」じゃないかと思ってしまったのである（中には変革を喜んだ人々もいたが）。システムが「カオスの縁」*にあるとして

---

*　様々なシステム内に存在すると仮定される秩序と無秩序（カオス）の間の境界に位置する移行空間で、秩序とカオスの間に一定の動的相互作用を引き起こす、制限された不安定性の領域。

複合科学を語ることは、確かに不安の解消はしない。とはいえ、変革が研究と実務を様々な方法へと導いたとしても、それは合理性の放棄にはつながらないと言いたい。様々な判断を行い、理論を検証し、家庭を支援する上では良い方法もまずい方法もあるだろう。しかし最終目標は何も変わらない。子どもが危害や虐待に曝されることが少しでも減るように我々の能力を向上させること、それだけなのである。

## サマリー

- 複合社会システムは非線形の振る舞いをし、予測可能性には限界がある。
- システムの一部の問題を隔離して取り扱うことは、予期せぬ（そして往々にして望まぬ）波及効果をシステムの他の部分に及ぼす。
- 線形視点から離れることで不確実性が見えてくるが、それは「なんでもあり」ということを意味するわけではない。

# 第3章

# 児童保護業務の専門性

児童保護業務にはどのようなスキルと知識が必要だろうか？　有効な児童保護を行うには、何を知っており何ができればよいのだろうか？　１人の支援実務者が他の人よりも専門的だと言えるにはどうすればよいのだろうか？　そして専門性をより高めるには何をすればよいのだろうか？　これらは支援者としての専門家にとって根本的な問題であり、絶え間ない討論、議論の主題であり続けている。その中心になっている論争は、専門性に関わる直観的な思考と分析的な思考の相対的な役割に集中している。一方は人間を理解し関わる中で得た直観の重要性を主張し、もう一方は子どもと家庭への理解と支援のための実践的研究と分析的方略の体系の拡大を主張する。

本章ではどちらかの側の論点に偏るという旧来の議論は避けて、人間の行う推論の２つの形の概要を説明し、異なる推論タスクの中でこの２つが協働しながら我々の論拠のパーツを様々な段階で利用して相互接続していることをフレームワークを使って提示し、理解していく。家庭支援の実務者は業務の様々な段階において直観的であったり分析的であったりする。ある特定のタスクにおいて、それらのどんな組み合わせが最適かを決める正確な（分析的）基準はないが、それぞれの強みと弱点を考慮してそれらの相対的な役割に対し指針を提示することはできる。それらの相対的な適合性については、支援者が直面しているタスクの特性や業務の背景状況を考慮しながら判断をしなくてはならず、そうすればどのようなバランスを採択するかを決める基準が得られるだろう。

本章の多くの部分で支援者個人に言及するが、推論スキル向上の責任を個人の問題としてはいけない。失敗を最小限にすることについて述べている第10章では、個人の推論能力を助けるのも妨げるのも、彼らの所属する規模の大きなシステムの影響だということを強調し、有効性の高い実践がどのように個人ではなくシステムによって達成されているかを論証している。

## 専門知識についての議論

ケア分野の専門家は、サービスユーザー（当事者）を理解し支援する最適の方法を常に論じてきた。専門家というものが現れるかなり以前から、人々はお互いの問題をなんとか助け合おうとしてきたのである。そしてそのような取り組みがもっと組織化されて職業となった時、ユーザーやクライアント、患者を理解し、支援するのに必要な知識とスキルの本質についての論争が始まった。その選択肢の１つとして自然科学のメソッドを活用すると、人々がどうしてそのような振る舞いをするのか因果説明を展開することができる。このモデルは実務においては形式知の要素が一番重要だとしており、その理論と研究が進むにつれ徐々に実地の基盤となり、経験知を余計なものとして扱うようになった。またその逆に、人類は自然界の物質とは大きく異なる存在で、仲間である人間に対しては共感や直観という特別な才能を持って理解をすることができるという考えもある。この種の見解は、我々の日常の中で、民族心理学*や実務者の経験知として要約されている。

これらの対立した視点は推論の直観的モードと分析的モードの議論と呼応している。科学的アプローチは、サービスユーザーへの業務に際して、周知の検証できる知識を見つけて意識的かつ熟慮して使うことを求めている。一方、人文主義的アプローチはより大きな価値を直観と共感に置いているのである。

そのバランスは職種により、あるいは業務の時間的経過により様々ではあったが、実務では、援助の専門家はどちらか一方のアプローチに決定的に頼るということはしてこなかった。医学では前世紀では形式知の探求が支配的だったが、医者と患者の間の関係の重要性、そしてそれが患者の治癒や悪化に影響を与えることが理解され始めてからこのアプローチは批判されるようになった。医術の「美学」は多くの医師によってしっかり守ら

---

* 民族心理学は、種々の民族、人種などの社会集団の持つ心理学的特性について、習俗、道徳、神話、宗教、言語などの文化の発展から特有の心理を比較研究する。様々な社会や国家の特有の精神的特徴は個人意識とは区別された集合表象としている。

れている。臨床心理学者も、研究や研修においては自然科学のやり方を好むが、実務者は直観と共感により価値を置く傾向があり、学究者と現場の人の間での対立につながっている（Sobel, 1996)。社会福祉分野ではこれまで科学的系列もあったが、比較的最近まで実践の場においては人文学的アプローチが圧倒的に強かった。が、研究の方法論の変化、新たな管理様式、効率性を立証せよという政治的プレッシャーなども含めて理由はたくさんあるが、個々の実務者の自主的裁量を減らして、業務実施をより分析的な方法で行うことにますます関心が高まってきている（Munro, 2004)。

社会福祉の歴史を見ると、実務においてより明確な推論方法を促進しようとする課題と、エビデンスによる知識ベースを確立するという課題があることが分かる（Munro, 1998)。19 世紀末に公式の研修コースが始まった時、教師たちは経済学と社会学の理論に期待して社会福祉の実務に役立てようとした。これらの理論は家庭問題を引き起こす社会状況への見識をもたらし、マクロレベルでの改変を導入する方法を示したが、個々の家族と関わっているソーシャルワーカーに実務上の指針を与えるものにはあまりならなかった。1920 ～ 30 年代には、専門職は心理学や精神医学から学べるものに一層関心を持つようになった。しかし心理学は２つの対極にある科学的理論を提示した。一方では、厳正な行動主義が明確な自然科学モデルを元に、直接認識できない心理プロセスを研究する難解さを避けて観察できる行動を研究することに集中するという結論を出した。また他方では、精神分析学が人の心の中で何が起きているかに特に注目してその因果関係を推測し、援助のための治療的方法を提案した。後者は常識を使うそれまでのアプローチと協調性があり、ソーシャルワーカーにとっては行動主義よりもずっと好ましいことが判明したのである。心理学のどちらの学派も引き続き支持されているが、精神分析論が英国とアメリカの研修では何十年にもわたって圧倒的に優位にあった。しかし 1950 ～ 60 年代に入って評価研究の結果、これらの価値が深刻に疑問視されるようになった。「クライアント、諸問題、状況、ケースワークのタイプなど複数のカテゴリーにわたり、効果が見られないことが例外というよりは通例になっている」（Fischer, 1973：19)。

それ以来ソーシャルワーカーは彼らの業務の指針になる別の理論を探している。中には特定の問題に対して効果を示したことに感心して行動学アプローチを採択する人もいる。が、多くは人間に対する行動学のいわゆる機械論的*な視点に嫌気がさして他のものを探した。1970年代には研修コースのカリキュラムは急速に拡大して社会システム論、危機介入、タスク中心のケースワーク、コミュニケーションモデル、人間主義モデルや実存主義モデルなど、多くの新しい理論が取り込まれた。これらの理論は人文・科学といった分野を隔てず広がり、異なる方法論や認識論を統括して、両者の比較を困難にしたのである。学生は、どれを選ぶか本当に困惑した。あるアメリカの学者が同情して、彼らの立場を以下のように説明した。

> 最近の社会福祉学の大学院生は気の毒だ。頭の中がこんなにいろんな概念や理論でごちゃごちゃになっているんだから。クライアントのアセスメントをしようとするだけで、いったいどこから始めたらいいんだろうか？　クライアントのエゴの強さか、社会的役割か、社会心理的なパターンか、性格特性か、それとも彼・彼女の置かれているシステムの状態に焦点を当てればよいのか？　あるいは、家庭内の相互作用か、コミュニケーション・パターンか、選択された外部からの行動強化、それとも何に焦点を当てたらよいのだろうか？（Goldstein, 1986：354）

あまりにも多様な理論が数多くあって、どれを選ぶかだけでなく、それらをどのように使うかも学生たちには大きな問題となったのである。対立するアプローチをコース内でたくさん教えようとするあまりに、１つのアプローチをしっかり学ぶ時間が足りない。学生はそれぞれの理論を浅く理解する傾向があるため、たとえ実践で使ったとしても、正確に使っているとは言えない状況が生じたのである。英国の社会福祉研修の成果を調べる

---

* 機械論とは、哲学で、すべての事象の生成変化を自然的、必然的な因果関係によって説明し、目的や意志の介入を認めない立場。

リサーチでは、理論的アプローチを学んだ卒業生が実務でそれらを正確にしっかりと使いこなす能力に大きく欠けていることが分かった（Walker et al., 1995; Marsh & Triseliotis, 1996）。

様々な理論が急増すると同時に、科学的手段の信頼性が批判されるようになった。1920年代の正説である論理実証主義*には、修復不能な欠陥があることが分かったのである。その代わりに、真実をすべて追究できるとは主張しないが、感覚を通して得た情報は理論を裏付け、厳密な分析に耐えた理論はそうでない理論よりも信頼に値するとする修正された哲学を経験主義**が提示した（Kuhn, 1978; Newton-Smith, 1981）。しかし論理実証主義の死によって、科学が他の研究メソッドよりも信頼に値する知識を生み出すという主張はもう終わったと見る人々も中にはいる。相対主義者は、理論評価には客観的基準がなく、科学にも他の学問分野と同じようにそれ独自の内部ルールがあって外部に通用する普遍的な立場を持っているわけではない、と主張してきた。よって、ソーシャルワーカーは科学の提唱に対し懐疑的になるべきで、自分たちの実務を元にどの理論が一番理にかなうのかをよく考えて選ぶことが推奨されたのである。ある学者は、理論を選ぶプロセスについて、個々の学生が「自分でお金を支払って自分の好きなものを選んでいる」ことを示すものになってしまっている、と表した（Howe, 1987：166）。

このように歴史的な詳細を説明したのは、自然・社会科学の方法論についての中心的な哲学的議論を復習するためではなく（詳細はMunro, 1998を参照）、現在、より明確に系統立てられ、クリティカル（批判的）でエビデンスベースの実務が行われる原動力になった背景を描くためである。分

---

* 特にL.ウィトゲンシュタインの影響のもとに、ウィーン学団が展開した哲学の思想とその運動。認識の根拠は経験による検証であり、命題の意味とはその検証の方法に他ならない。したがって検証不可能な形而上学の命題は無意味であると主張。自然に関するすべての認識は、1つの言語で表現され、したがって科学の統一は可能であるとした。

** 知識の源泉を経験、ことに感覚的経験に求める哲学的立場で、知識の源泉を理性に求める理性論、合理論と対立する。17～18世紀のF.ベーコン、ロック、ヒュームらの思想が代表的。彼らは、人間は生まれながらに一定の観念を持っているといった考えを否定し、すべての知識は経験によってのみ与えられるものとした。

析的アプローチの批評家は、その方法論の極端で時代遅れな概念をよく批判するが、彼らはその前提になっている大きな変容を考慮しないか、気が付いていないのだろう。彼らは科学を未だに実証主義のフレームワークの中で運用しているように提示し、その客観性や信頼性に対して立証できない主張をして、行動を理論化することの価値やそのために精神を研究することの重要性を否定している。残念なことに、（分析的アプローチの）提唱者の中にはこういった攻撃に材料を提供しているがごとくエビデンスベース実践や、リスクアセスメントのスケジュールなどを大げさに主張し、直観的スキルを取るに足らないように否定する人たちがいる。そのため私は実務に貢献する形式的知識及び直観的知識のもっとバランスの取れた利点を提示したいと思っている。

児童保護業務をより形式的にしようという最近の取り組みでは、問題の原因やその解決に対しては明確な科学的理論を使っていないが、実務がより見えやすく標準化され体系化されるように、形式的フレームワーク、指針、手続きを取り入れることには重点を置いている。先進国の児童保護サービスは管理監督やプロセスの規定の度合いなどで大きな改革を経験し、同時に支援実務者の自律性や専門家としての個人の判断の減少といった問題が発生している。どのように児童虐待の調査を行うかなど、詳細な手続きが設定されることが標準になってきているのである。こういった手続きはほとんどが経験から得た知恵の留出に基づいたものだが、その詳細さの度合いやどれほどの柔軟性が許されているかが問題になるのである。これについては本章で分析的推論と直観的推論をもっと詳細に考察した後でまたお話しすることにしよう。

## 直観と分析

この世界を理解するための２つのモード、直観的モードと分析的モードは、遠い昔から語られ、両者の利点についてはこれまで熱く論争されてきた。神経生理学の最近の研究は脳の違う部分がそれぞれのモードに使われるというエビデンスを提供し、その違いに関して実験によって裏付けた。

しかしそれぞれがどのぐらいはっきりと異なるシステムと見られるかどうか、その程度については論争中である（Karen & Schul, 2009 参照）。直観的推論は首位モードであり、分析的推論はその内容を参考にしていると考えられている。Kahneman（2011：31）は、直観的思考と分析的思考をそれぞれシステム１（速い）とシステム２（遅い）と表し、その関係を以下のように説明している。

> システム２（分析的スキル）は自分は主役だと考える脇役である。システム２の決定的特徴として、その運用には努力を要し、その主たる特性としては、時間がかかるということだ。結果、システム１により思考や行動が導かれる。

直観は時として神秘的な、あるいは超自然的なプロセスのように示されるが、その身体的な位置やプロセスの特徴についてはもう分かっている。直観は認識への反応として自動的に起きる、比較的省力的なやり方で広範囲のデータを統合して判断する通常無意識のプロセスである点では神秘的だ。そのプロセスは非常に迅速で、言語からは比較的独立しており、パターン特定に適応している。必ずしも無意識ではなく、はっきりと言葉にすることもでき、この能力は訓練によって向上することも可能である。Simonはこれを経験を通して発達した専門知識の認識と定義した。「状況がきっかけを与え、このきっかけが専門家の記憶の中に格納されている情報へのアクセスを開く。そしてその情報が答えを提供する。直観とは、認識以上のものでも以下のものでもない」（Simon, 1992：155）。ケースワークの指導には現場の実務者から推論を引き出して再考察をするという支援が含まれている。

直観とは対照的に、分析的思考とは意識的で制御されたものである。形式的推論や明確なデータ、ルールを使い、結論を慎重に検討し、算定するのだ。記憶やプロセスの限度容量があり、時間がかかり、負荷が大きいという制限がある。年齢と共に発達するが、また老化により衰えてもいく。

これら理解のモードの身体的発現は、これらを脳の二重プロセスとして発見した神経生理学者により確立された。Damasio（2006）は脳の中の論理展開のモードの基礎構造の解釈を提示した。進化論的観点で言えば、直観的プロセスは最初に発達し脳の古い箇所で遂行され、一方分析的プロセスは後から発達し、脳の新しい部分で処理されるということである。

> 脳の古い部分の中核が基礎的な生物的制御を地階で行い、大脳の新皮質が知恵と巧妙さをもって熟考する。上階にある皮質には論拠と意思の力があり、下階にある大脳皮質下部には感情と本能に支配される脆弱な部分がある（Damasio, 2006：128）。

この物理的位置の違いで、多くの人がこれらのモードが個別に運用されていると思ってしまったが、Damasioはその考えを否定し、両者が相互に接続していることに注目を求めた。

> 合理性の装置は伝統的に新皮質的と思い込まれていたが、従来大脳皮質下部的と思われていた生物的制御無しには作動しないようである。自然は合理性の装置を生物的制御の装置の上に作っただけでなく、それを元に、またそれと一緒に作ったのである。新皮質は古い脳の中心部と深く関与し、合理性はそれらの協調した活動の産物なのである（同書：128）。

## コグニティブ・コンティヌアム（認知連続体）

この２つの推論モードの物理的な相互接続性は、人は直面するタスクの必要に応じてこれらのモードの連続体の中を行ったり来たりしていると見るべきという以下のHammondの1996年の理論に説得力を与えた。

> 認知の様々なモード、あるいは形態は、直観的認知が一方の極にあり、分析的認知が他方の極にあるという連続体の中でそれぞれに関して秩序づけることができる（Hammond, 1996：147）。

この視点は、直観と分析が二分されたライバルという従来の伝統的な学術的論争とは根本的に異なっている。Hammondは、どちらのモードがより優れているかという論争の代わりに、どんな文脈でどのようにそれぞれを組み合わせると最も適切であるかを決定する研究に目を向けることが必要、と主張している。二者択一の視点を否定するのは、それが我々の推論方法の知識とは一致しないからだと彼は論じている。

> 例えば、もし我々が二者択一という視点を取るとすれば、我々の判断はすべてどちらかのカテゴリーに入らなくてはならない。しかし一般には我々の判断は、状況により主に直観的であるか、主に分析的である。天気予報の素人だが傘を持っていくかどうかを判断しなければならない場合、おそらくまず晴れているかどうか空をちらっと眺めて、しかし天気予報が後ほど雨と言ったのを思い出して天気予報を合理的に信じることに決めるが、隣人が傘を持っていないのを見かけ、彼が航空会社のパイロットだったと思い出して、彼のやることを真似しようと決めるかもしれない。この意思決定が完全に分析的な試みだと主張するのは難しいが、分析的要素がないとも言えない。天気予報や、パイロットは天気を気にするだろうということも当てにして、現在の晴れた空と共に考慮したのだ（同書：148）。

Hammondはこの連続体の観点から常識の定義を示している。彼は、常識とは今手元にあるタスクに対応するため連続体の中を動いている論拠であり、できるだけ分析的であると同時に直観的である必要があるし、またその逆もあると提示している。「つまり人はそれぞれのタスク状況に応じて合理的（あるいは直観的）になれるし、なる必要があるし、なるように仕向けられる。人は合理性の限界にぶつかると直観認知を当てにする、あるいは逆のことをする」（同書：150）。特定のタスクのために必要な分析的、あるいは直観的認知をどのように混合するかを決める要因については、本章の後半で取り上げる。

## 感情と論理的思考

児童保護業務は多分に感情的なものである。子どもの安全とウェルビーイングの問題は、大人にとって強い情動反応を引き起こす。子どもが虐待やネグレクトに曝されているというシナリオは、通常大変に緊迫したものになる。虐待の可能性のある家庭への働きかけや調査は、怒り、不安、心配、怖れなどに満たされた強い感情の支配する雰囲気の中で行われる。感情はどのように我々の推論スキルに結び付いているのだろうか？

直観的推論では、情動は特に他者がどのように感じるかという共感的理解に関連し、常にデータの一部として受け入れられてきた。直観的に求められた判断は、それが正しいという「感覚」の強さのため往々にして説得力がある。その逆に、分析的推論では情動は純粋理性*の作用に干渉する破壊的なグレムリン（故障を引き起こす小鬼）として主に否定的に見られてきた。理想的な思想家というのは、しばしば無感情でよそよそしく、意識的思考に専念し、感情などといった異物の干渉は許さないというふうに描かれている。確かに感情が高ぶった状態は我々が物事を判断する方法に良くも悪くも影響を与えるという実験に基づいたエビデンスはある。しかし最近の心理学と神経生理学の研究では、情動の役割についてより根本的でポジティブなものが報告されているのである。つまり、感情は効果的な判断や意思決定に欠かせないものだ、ということである。

研究では特に「情動」の役割に焦点を当て、判断や選択の対象に対するポジティブ、ネガティブな反応として明示されている（Finucane et al., 2003：328）。これはもっと広義の、怒り、恐怖や幸福といった特定の状態の「感情」からは区別されている。意思決定における情動の重要性の初期の提唱者はZajonc（1980）で、彼は情動反応は刺激に対する最初の反応であり、自動的に発動してその後我々の推論を導くものだとした。これは、神経学者のDamasio（2006）が認知スキルは損なわれていないが情動能力

---

* カント哲学で、最広義には、経験から独立した先天的認識能力及び先天的意思能力。広義には、経験を可能ならしめる先天的認識能力。狭義には、概念・判断・推論の能力。最狭義には、推論の能力。

が損なわれた患者を研究したことによっても裏付けられた。彼らには脳損傷があるが基礎的知能、記憶や論理的思考の能力は無傷で残っている。一方、感情の能力、そして情動反応と自分の行動から予測される結果を結び付ける能力が損なわれていた。Damasioは、彼の患者が自分にとって最善の利益だという選択をする合理的な意思決定ができないことを発見したのである。彼らを導く情動無しには純粋理性の限界は明白で、彼らは機能的な意思決定をすることができなかったのである。認知スキルに損傷がないにもかかわらず、彼らは社会的に機能不全になった。

Damasioは我々の合理性の中で、情動はソマティック・マーカー（身体信号）*としての役割を果たしていると述べている。これは我々が物事の結果の一定のイメージと結び付ける無意識の情動反応である。愉快にしろ不愉快にしろ、あるいは危険にしろ有益にしろ、ある行動の結果の可能性を考える時、情動反応の引き金がひかれる。これがポジティブにせよネガティブにせよ行動の選択肢を指し示し（「マーク」し）、我々を最終決定に向ける手助けをするのである。情動のインプットが欠落している患者は、何をしたらよいか考えだす能力に重篤な障害があり、様々な選択肢の良い点と悪い点を長々とリストアップはするが、そこから結論を出すことがしばしば不可能ということがあるのである。

> 情動は良きにつけ悪しきにつけ、推論プロセスや意思決定において不可欠である。対象を絞り込み適正に配置された情動は、それがなくては理性の体系がまともに作動しないぐらいのサポートシステムのようである（Damasio, 2006：172）。

経験主義の多くの研究により、イメージと情動と意思決定の強い関係性がこれまでに実証されてきた。イメージが意識的でなくてもその効果は持

---

* 以前に不快な経験をした時に喚起された情動と身体状態との連合記憶の保持により、新奇な出来事に対して不快情動を連想させる身体状態が生じるならば、その出来事を回避する意思決定を行える。このように、身体状態の監視が直観的意思決定のよりどころになっているという。

続した（Winkielman et al., 1997）。Finucane et al.（2003：341）は実証された情動の強い影響を「情動のヒューリスティクス*」と呼んだ。彼らによるとこれは次のようになる。

> 予期せぬものや知られざるものの間に必要な橋。判断や意思決定において情報の統合を促進し、論理を導き、複数の目標の中で優先順位をつける。

情動は我々を意思決定状況の主要な特徴へと方向づけ、重要でないエリアに無駄な時間を使わずに一番重要だと判断したエリアに注意を向けるよう助けてくれる。

情熱のない思想家は人間の理解や行動の描き方に限界がある。感情は我々の人生を形作る重要な要素の１つだと長いこと認識されてきた。古代ギリシャの哲学者Aristotle（2004）は、理性はそれだけでは何もできない、と意見を述べた。理性は感情や欲望と組み合わされなければ我々に行動を取らせることはできない、と。似たような意見は現代の心理学者も表している。Hammond（2007）は、航海の比喩を使っている。理性は船の舵を取るが、情動が目的地を決めるのである。

情動が我々の注意を導くための信号（マーカー）として行動する役割があるという示唆は、実務者の推論の説明と強く呼応している。経験を積んだ支援実務者が自分の仕事を説明する時に、「なんだか不安に感じた」とか「情報をもらって何かおかしいと感じた」ということがよくある。こういった感触があると彼らは急いでケースの様々な側面をより詳細に検討しようとするのである。現在のレベルの理解度で安穏としてはいられない、もっと満足のいく説明を手に入れなくては、と感じるのだ。こういう警告信号とも言える情動反応の有用性は、ケース会議でも報告書でも正当に評

---

* 人間の思考方法で、必ずしも正解を導くわけではないが短時間で正解に近い答えを得ることができる、問題解決に有効と思われる経験的原理や方法。仮説形成法、発見的手法、常識的方法とも言う。最終結果を得るまでの探索量を減らすための原理や方法、試行錯誤的な推測で問題解決するのもヒューリスティクスである。

価されるべきである。

ポジティブな情動は我々が意思決定をするスキルを高めてくれることもこれまでに分かっている。IsenとLabroo（2003）は、ポジティブな情動にはポジティブな効果があるという研究を以下のようにまとめた。それは認知の柔軟性を高め、問題解決、創造性、意思決定を促進する。多くの研究で、偶然のように見えるわずかなポジティブ体験であっても、思考には有益な影響を与えることが分かっている。例えば5分のコメディ動画を見たり、自分とは関係のない仕事の成功報告をもらったり、無料サンプルやギフトを受け取ったり、あるいは快適な雰囲気の部屋で働いたりした時の結果などが報告されているのである。医学処方決定の研究では、ポジティブな情動を誘導する体験をしたものは、治療介入の診断と決定に、同じ精度でより迅速にたどり着いたことが分かった。また、ポジティブな情動体験をしなかった者に比べると、彼らは頼まれたこと以上の仕事をする傾向があった。この研究結果は、ポジティブな情動は環境を穏やかに思わせ細心の注意を払わせなくするから推論スキルにとって有害だという従来主張されていた見解とは矛盾するものであった。例えば、研究対象になった医師たちが結論を急いだとか、浅薄な決定プロセスを行ったという兆候はまったくなかったのである。

意思決定における情動の不可欠な役割についての発見は、良き決断は認知スキルと熟考によってのみ行われ、感情は判断をゆがめる侵入者としてできるだけ取り去るか押さえつけるべきという従来の考えとは相いれないものであった。もっとも児童保護業務に関わる専門職のグループは、そんな考えはほとんど取り入れてこなかったが。例えば社会福祉では感情の重要性は、家族を理解するための情報源、あるいは職場での人間関係をつなぎとめるものとして受け入れられてきた。しかしマネジメントのアプローチとしてはこれを否定的に取る態度の痕跡も最近よく見られるようになり、職員は事実と決定事項だけを記録することを期待され、感情についての話し合いや記録に対してはほとんど注意が払われないということがある。感情を無視しようとするシステムは、業務に未知の悪影響をもたらす可能性を放置するおそれがあり、今何が起きているかを知る豊かな情報源をおろそかにしていることにもなるのである。

## ケース事例

さて、これまで我々がどのように推論を行うか、むしろ抽象的な説明をしてきたが、ここでケース・スタディをご紹介しよう。以下の引用は、私の学生の担当した虐待通告の事例だが、彼女が分析的・直観的両方の推論を使って、継親への養子縁組を目指した初期通告から、子どもたちに対する虐待リスクのアセスメントまで、ケースの多様な局面を遂行する中で、どのようにコグニティブ・コンティヌアム（認知連続体）の中を移動したか、その豊かで多様な方法を描くものである。彼女の推論についての説明が大変に明快だったのでこの事例をご紹介することにした。これが「良き」実践例かどうかは、読者の方々が決めることだが、ケースの詳細が提示されているためその意見を形成しやすい例になっていると思う。

ドリス（44歳）とロン（49歳）の夫婦は結婚して２年になるが、ドリスの前の結婚でできた２人の娘、メアリー（10歳）とパメラ（6歳）の継親になる申請をしていた。こういった相談には熟練しているソーシャルワーカーがまず標準的な背景チェックをし、特に不利な情報がなかったので家庭訪問をした。

> 家に入る前から、この家庭では規律正しい行動が重要だということがよく分かりました。玄関も窓も家の周りの高いフェンスも新しくて、フェンスには防腐剤がまだ滴るようでした。この垣根は家族を囲い込んでいるのと同時に外の世界が入ってこないようにしているように見えました。私が一度だけ家に入ることが許された時は、靴を脱いで入りましたが、大人は大規模な改装工事について得意そうに話してくれました。どうやら、清潔ということが極めて重大なことのようでした。
>
> ロンは清潔できれい好き、カーディガンを着てスリッパを履

いており、やせ形で穏やかな感じの白髪の男性で、教養ある話し方をする人でした。彼ははっきりとものを言う太った中年の女性である妻の大きさと力強さの影に隠れてしまっているようでした。彼女は我が強く率直にものを言う人で、「当局」に不満を持っているし自分はプライドを持って苦情を言っていると話しました。これを裏付けるように、彼女は子どもたちの学校の規律が緩すぎるので転校させたと話し、さらに彼女の要求通りに薬を処方しなかったと言って医者も替えたと話しました。直接に言われたわけではありませんが、私はドリスの期待に添わなければいけない、というはっきりした警告を受けたと感じました。

夫婦は子どもたちには規律が必要だと熱心に話し始め、ソーシャルワーカーに年下の方の娘について抱えている問題を話した。パメラは頻繁に吐き戻して服を汚し、動物のような食べ方をし、学校では問題行動を起こしている、と。

初めから終わりまで、ドリスはずーっとパメラについては攻撃的で否定的に話し、彼女のことを「けだもの、憎らしい子、嫌なチビのガキ」と呼んでいました。

来訪中、この子が姉と喧嘩をしている声が聞こえ、母親によって部屋に呼びこまれた。

ロウのような白い顔色の子どもで、目の周りにクマが目立ちました。彼女は、母親が非難し、しつこく説教をし、彼女に恥をかかせている間中、ずっと萎縮をしてうなだれていました。

夫婦がこの少女のことを、そして少女に向かって話すところを聞いて、このソーシャルワーカーは継親が養子縁組をする家庭らしくないケースだと感じた。そして初回の面接が終わった後にこの家族の来歴と家庭機能を徹底的に調査することを決めたのである。そうする中で、彼女は母親からの強い抵抗に直面した。

> 家族歴と養子縁組の申請のために必要な法的身元保証を提示するように頼むと、ドリスは明らかに敵意を見せてきました。彼女との会話は、まるで行き止まりに阻まれるだけの言葉の迷路の中に引き込まれるようでした。彼女は私の顔を無表情に見つめて「そんな昔のことをどうして覚えていると思うわけ？」と訊いてくるのでした。彼女が闘いを仕掛けてきているのは認識していましたから、彼女と敵対関係に陥らないようにとても気をつけました。が、最終的には彼女は私の要求に応えて、修正した警察の身元保証用紙を提出してくれました。

調査を手引きする基本的な事実情報を元に、ソーシャルワーカーは母親と接触をしてきた複数の専門家に連絡を取ることができた。他のソーシャルワーカー、教師、医師、成人と児童の精神分析医、そして警察官などである。ソーシャルワーカーは母親には薬物乱用歴とうつ病歴があり、「反社会的人格障害」があると診断されていたといった断片をつなげることができた。さらに、彼女にはもう成人になっている２人の子どもがいて、小児期に身体的・情緒的虐待を理由に親子分離の処遇が取られていたことが判明。パメラの学校の教師は大変に心配しており、この子は不幸で友人のいない、行動や学習に困難を持つ小さな少女であると考えていた。

こういった幅広い情報から、ソーシャルワーカーはパメラが情緒的虐待の被害者かもしれないと考えたが、まず情緒的虐待の診断の難しさを示した。

> 研究者は普通、情緒的虐待の定義は１つではないということで意見が一致しています。Garbarino et al.（1986）は、保護者

や主たる監護者のある種の行動パターンが情緒的虐待の原因になると示唆し、拒絶や隔離的態度、子どもを脅したり無視したり、堕落させたり、間違った人々と交際させたりすることを挙げています。Iwaniec（1995）は定義を示して、情緒的虐待とは監護者のはっきりした拒絶的振る舞いか、受動的なネグレクトであるとしました。しつこく批判し、辱め、なじり、脅迫し、馬鹿にし、侮辱し、軽蔑し、恐怖と不安を引き出し、子どもの行動や成績に絶対に満足しない（そして子どもの心を傷つけるために故意にそうする）監護者は残忍な情緒的虐待者です。同じように、不安のしるしを見せて助け、関心、慰め、安心や励まし、受容を求めている子どもを無視し、距離を置く人は情緒的虐待とネグレクトをしているのです。Benoit et al.（1989）の研究は情緒的虐待を受けた子どもの96％に母親との対人関係の問題があったと示しました。Iwaniec（1983）は自身の研究で情緒的虐待を受けている子どもには深刻なアタッチメントの問題がある、としています。

パメラの幼児期は問題が多かった。母親は最初の結婚が破綻した後に彼女を身ごもった。父親はドリスを妊娠初期に捨てたのだった。ドリスは娘と心が通ったことは一度もなかったと話した。

Bowlby（1984）は精神が健全に発達するために必要なのは、安心できるアタッチメントだと述べています。同じように、Erikson et al.（1989）は子どもに必要な愛情と肯定的な励ましを幼児期から与えないと、精神的発達の段階の進捗を見ることができなくなり、人格の全体像に究極的な結果をもたらすと繰り返し述べています。Skuse（in Meadows, 1997）とAdcock（1995）は、温かみのない批判的な環境で繰り返される永続的な言葉による虐待が積み重なることは、単発的に起こる身体的受傷などよりもダメージがよりひどくなると示唆しています。

私には、パメラがそのような状況で暮らしているという様子が見え始めました。

母親がこれまで専門家たちと争ってきた経歴を見れば、これからも彼女は地方行政と仲良く協力するつもりはないということだろう。公的な児童虐待調査に性急に舵を切った場合、今後母親が敵対心を持ち一切のコンタクトを拒否してくる可能性があった。そうなれば強制的介入に必要な根拠とするのに十分な証拠を集めることが難しくなる。なのでソーシャルワーカーは継親の養子縁組を進めるというベースで接触を続け、こういうケースでは通常行われるように保護者の同席無しで２人の娘と面会をすることを求めた。

パメラは私の訪問を事前には知りませんでしたが、乗り気で会ってくれました。どちらの少女も真面目で熱心でした。私たちは養子縁組について最小限のことを話しました。それはわざと軽めにして、主に毎日どうしているのかを話し合いました。子どもたちは家では罰が厳しくて大変だ、と打ち明けました。２人ともそれがどんなふうかを話し、特にパメラが罰として時には何週間もベッドルームから出ることを許されない、と説明しました。母親をイライラさせると大人たちからは棒で叩かれ、手のひらには赤いみみずばれが残ることも話してくれました。２人とも、パメラの方がひどい目にあうと言いました。パメラは時にはお尻もひどくぶたれる、と。私は、子どもたちが初めて会った見知らぬ大人にこういう内容をすぐに話すことが気になりました。保護者がこの会話を知ったら何が起こると思うか知りたかったのですが、彼女たちはそれはよく分からないようでした。私に何かをしてもらおうと思っているわけじゃないけれど、私に知ってもらいたいことは確かだと感じました。

この状況をどのように取り扱うか決断をする必要がありました。この件で私が保護者と正面からぶつかれば私が家を出た後に子どもたちへの身体的虐待のリスクが高まるかしら？　おそらくそうなるだろう、と私は判断しました。なので、その代わりに保護者には、どんな程度の「懲戒」を与えているのかをあまり具体的にせずに問いただしました。彼らは一番厳しい罰は、権利をはく奪して子どもらをベッドルームに追いやることだと話しました。

ソーシャルワーカーは子どもたちが重大な身体的・情緒的虐待を受けていると結論付けた。彼女はGreenland（1987）とBrowne and Saqi（1988：68）のリスクファクターのリストを使って、虐待リスクが持続的に上昇していると評価、また母親のドリスが虐待者としてとても高いリスクを引き起こすと判断した。さらにソーシャルワーカーは家族歴を見て、今の様子が20年前にドリスが虐待をして長男と分離させられた時と似ていることにも気が付いた。この事例は児童保護調査として取り扱われるべきだと彼女が決定をしたことで、このケースは彼女の手を離れて児童保護チームへと送致され、そこでこの家族がこのまま維持されるかどうかの方針決定が行われる。治療的オプションが可能で、それがうまくいきそうな大きな公算があるのか、それとも歴史を繰り返してまた親子分離という決定が出されるのか？

彼女は保護者の動機を考察してこのケース・スタディを締めくくる。彼女は、なぜ保護者が養子縁組を申請して自分たちを調査の対象として晒したのか、そこが分からない。特に母親には昔、他の子どもたちに関して社会福祉局との軋轢があったにもかかわらず。彼女は「反社会的人格障害」という診断が何か関係があるのでは、と推察する。

反社会的人格は単に反社会的だというだけでなく、真の反社会的人格者は自分たちの行動の結果を把握したり予測したりすることができない、と私は理解しています。その結果、おそらくロンは家族歴のすべてを知らなかったのではないか、そしてドリスは申請にあたってこの家族歴が大きな影響があるということを認識していなかったのでは、と考えられます。または、この夫婦はパメラについてよほどイライラしていてこれ以上一緒に暮らしたくないからどこかへやりたい、しかしそれは信仰に反するからできない、という可能性もあったかもしれません。表向きは彼らの意思に反して地方行政が親子分離を行う、というのが実は彼らの隠れた計略なのでしょうか？

この事例報告では、家庭内で何が起きているかを理解し、何をなすべきかを決定することの複雑さが明らかになった。形式的で明確な知識は重要な役割を果たすものである。この学生は、彼女の義務と権限を形作る司法と手続きの形式的枠組みの中で業務に当たった。また、子どもの発達と成人の精神疾患の形式的理論を用いた。彼女は子どもに対する育児行動の特殊な形態の影響について、経験的証拠を引用して説明した。子どもに対する危険度のレベルを比較評価するためにはリスク要因についての研究を使った。直観的推論も明確だった。学生はその家を訪問した時に他の標準的な家の整頓のレベルと比べて清潔さへの強いこだわりにも気が付いた。保護者への聴き取りでは、特に母親の中で何が起きているか素早く直観的な判断をし、それに合わせた行動を取るようにしている。子どもたちとコミュニケーションした時には小さい子を相手にするための専門性をうまく使って繊細な問題について話し合った。彼女は自分の業務に対する情動反応についても正直である。母親は脅迫的で攻撃的だと感じ、下の娘は悲しそうだと感じ、救いたいと思ったそうである。このケースでは、直観の持つ迅速さと豊かさを一番必要とする家族との直接接触から、分析スキルがもっと必要となるアセスメントの見直しならびに意思決定という後半の段階まで、この学生の推論スキルがどのように移動していくのか、その変化が明確に描き出されている。

実務者の推論の研究は、分析的、直観的推論の両方、そして形式知と暗黙知の両方を使うという点で、この学生がほぼ典型的な例であることを示唆している。それどころか、彼女は理論の利用と推論を立てる道筋を明確に説明できるという点で、平均以上に優秀だと言えるだろう（Secker,

1993; Walker et al., 1995; Marsh & Triseliotis, 1996)。

## 直観的推論の強みと限界

直観的推論には2つの研究の系統がある。一方はその限界を研究するもので、バイアスやヒューリスティクスについて多くの研究がある（Kahneman, 2011 参照、分かりやすい要約が載っている）。もう一方は推論の強みについて研究したものである（Gigerenzer, 2007 参照）。双方の研究結果について矛盾はないが、両方を合わせることで直観的推論のより豊かな報告になっている。

マックス・プランク心理学研究所（Max Planck Institute for Psychological Research）のGigerenzerとその同僚の研究では、直観の隠された合理性を明らかにしたことで、その働きの肯定的な部分をより理解することができた（Gigerenzer & Todd, 1999）。彼らの研究では我々が比較的正確な判断を迅速に行う時に使う簡単なヒューリスティクスを多く特定し、「迅速かつフルーガル（倹約型）なヒューリスティクス」とした。彼らはこれらのヒューリスティクスは我々が環境や判断タスクに直面することに適応する中で発達したものだと主張している。Raab and Gigerenzer（2015：2）は、ヒューリスティクスを以下のように定義している。

> ヒューリスティクスとは典型的な3つのブロックで組み立てられている。情報がどこにあるかを規定するサーチ・ルール、いつ探すのを止めるかを規定するストップ・ルール、どうやって最終決定を行うのかを規定する決定ルールである。

例えば認知ヒューリスティクスは、新たな体験を新規あるいは既知に分けるため、我々の持つ認知メモリーを大変に効果的に使う。これには、サーチ・ルール（メモリから認知情報を取り出す）、ストップ・ルール（その後探す作業を直ちに止める）、決定ルール（認知された目的物を選ぶ）が関わっている。ウィンブルドンの男子シングルス・ファイナルでどちらの選手が勝つか訊かれたら、その判断は認知ヒューリスティクスによることになるだろう。「2つの対象事象のうちどちらか一方だけが認知されているとしたら、そちらの方がより高い価値を持っていると推測する」というシンプルなルールで我々は動いているらしい（Gigerenzer & Todd, 1999：41）。実際、このシンプルなヒューリスティクスは平均して男子プロテニス協会のランキングやウィンブルドンの専門家のシーディングよりも勝者を当てる確率が高いことを示す研究が2つもあるのである（Serwe & Frings, 2006; Scheibehenne & Bröder, 2007）。

しかしこういう精度は保証されているわけではない。ヒューリスティクスが役に立つかどうかは周囲の状況の特性や、認識可能性と対象の予測の間に相関関係があるかどうかにかかっている。

マックス・プランク心理学研究所の研究では、我々の直観的推論が理想的状態から逸脱するたくさんの経路を形式理論や確率論で示した。しかし彼らは、我々の使うヒューリスティクスが一定の状況の中では形式的推論よりも機能的だという主張もした。ヒューリスティクスは分析的理想の失敗作としてではなく、我々が環境に合わせて適応する中で進化してきた、もう１つの推論モードとして理解することが一番なのである。

> 第六感とは、実際は完璧でもないし愚かでもない…進化した脳の可能性を巧みに利用し、我々が驚くほどの精度を持って迅速に行動できるようにしてくれる経験則に基づいている（Gigerenzer, 2007：228）。

彼らの提示する合理性の構想には３つの特徴がある。

1. 限定合理性*：人間の推論能力には限界がある。このため我々の持つ時間や知識、情報処理能力に関する制約に適度に対応できる

---

* 限定合理性とは、人間が合理的に意思決定しようとしても、その認識能力、情報処理能力の限界によって、限られた合理性しか持ち得ないことを表す。合理性が限定されているために、将来が不確実な世界で将来起こりうることを正確には予測できない。

ヒューリスティクスが必要である。

2. 生態学的合理性：人間の心が環境に適合した結果、ヒューリスティクスは高い精度を達成できる。
3. 社会的合理性：最も難しい判断は社会的環境の中で行われる。なぜなら環境は素早く変容するという特徴を持ち、他者がどう判断するかを考慮する必要もあるからだ。迅速で無駄のないヒューリスティクスは素早い意思決定を可能にする（Gigerenzer & Todd, 1999：361）

直観の最大の強みは、そのスピードである。直観のおかげで人は広範囲の変数の中からほとんど即決で結論を導くことができる。会話の速い流れの中でスピーディな理解と応答が必要とされる対人関係のスキルでは、迅速さは欠かせないものなのである。家族との面接で支援者に必要とされるのは流暢に即答できることである。質問を受けた時にどうやって答えるかまごついたりマニュアルを見たりすることは、まず適切ではないからである。研究でもはっきりと実証されているが、サービスユーザーとの関係で良い結果を出すために大切な資質として、お互いの尊重、相手を受け入れる態度、信頼、温かみ、好意、理解そして協力で特徴づけられる助け合いの関係が、より良い結果を生むためには必要なのである（Lambert & Ogles, 2004; Orlinksy et al. 2004）。児童保護において効果的なアセスメントと介入は、保護者が情報を開示してくれ専門家の取り組みに協力をしてくれる良き関係があってこそ円滑に進む（Drake, 1994; Lee & Ayon, 2004）。現在は手続きが実務のほとんどを形作っているとはいえ、それも職員と家庭のコミュニケーションと協力が円滑な関係の中で行われる必要がある。

対人関係のスキルには直観が使われるべきだが、形式的リサーチや知識が役に立たないということではない。共感や無条件の肯定的評価や真摯さといった、カウンセリングの中心となる要素の研究では、どんな振る舞いがこれらの資質を効果的に伝えるかを詳細に示しており、学生は自分たち自身がこれらをもっと明確に表すような研修を受けてもよいのではないだろうか。

直観には人の振る舞いや社会に関して人間が一生をかけて積み上げてきた背景知識を利用できるという強みがある。これは大変に広範囲で複雑で、実際のところ完全に詳細を説明することは不可能だ。かつて行動心理学者たちは精神状態に関するすべての用語を、行動とコンテクストに関する記述にまで減らそうという野心を持ったこともあった（Carnap, 1975）。人々が心理学の用語を使い始めたやり方を見て、これは実行可能に見えたのである。子どもは怒りや悲しみといった言葉をいつ使えば適切かを学ぶものだ。ある特定の設定で人が自分の機嫌を表すためにそういう言葉を使うのを聞き、その際の顔の表情と状況をその言葉に結び付けるのである。言語は公のものなので、そこには人々が使用基準を学ぶことのできる目に見える特徴がなくてはならない。用語が削減可能だとする理論は、言語使用を特徴づける背景知識が複雑であるゆえに、現実的には実践不可能として批評家たちにより覆された（Scriven in Krimmerman, 1975; Putnam, 1978）。実際には行動学者たちもこのアプローチを追求はしてこなかった（Zurriff, 1990）。人間の行動をその背景となる思考プロセスを参照すること無しに語ることはとても難しい。ピーターはジョンに話しかけている、と言うことは行動を記述する以上のことなのだ。これは彼のしゃべる意志についての何かを我々に告げているからである。

直観の背景知識の重要な役割は、それを表す「暗黙知」という言葉を作りだしたPolanyiによって最も雄弁に述べられており、彼はそれは社会科学だけでなく自然科学の中でも避けられない役割を果たしている、と主張した（Polanyi, 1967）。背景知識が十分に明瞭に説明できないということは、それが不可解で検証できないつかみどころのない存在だということではない。推論のすべての段階を形式的な説明にして書き出すことは不可能かもしれないが、ある判断あるいは決定にどのようにしてたどり着いたかを述べることで少し前進するだろう。支援実務者が面接で直観的に、母親がどんどん敵対的になっていると判断しそれに合わせて応答したとする。もしそのソーシャルワーカーが後にこの判断の根拠は何か訊かれたら、母親のボディランゲージ、彼女の話の内容、声の調子など、ワーカーが推論するために使った様子をいくつか挙げることができるだろう。もっともどんな実務者であっても、上記のすべてのサインを明確に意味づける法則を特定したり、敵意があると判断する機会だけを特定したりできることはないだろう。

直観の持つ迅速さと膨大な背景知識の宝庫を利用する力は、我々の無意識の処理能力の大きさに助けられている。それは我々の意識的、分析的推論能力をはるかに上回っているのである。

> 我々の感覚器官はその知覚に入ってくる情報のすべての中から20万～100万ビットの情報を集めていると推定される。意識的知覚は我々が遭遇する世界から吸収するもののほんの小さな一部分に過ぎず、氷山の一角のようなものだ（Thiele, 2006：121）。

直観的スキルを擁護する最後のポイントとして、その中心性を強調しておこう。直観的スキルは、これまでもそして今後も人々が世界やお互いを理解する方法のバックボーンとなり、様々な状況の中で十分にうまく機能していくのである。直観の欠陥を示すリサーチをたくさん行ってきたKahnemanであっても、直観には肯定的なのだ。

> システム1（直観）は、確かに我々が失敗することの多くの原因になっているが、同時に我々が成功するための元にもなっている。我々が行うほとんどの思考と行動は、日常的にシステム1に導かれており、たいていは的確だ（Kahneman, 2011：416）。

## 直観的推論の限界

直観的推論の欠点についての一連の研究を見てみると、人々が「ヒューリスティクス（経験的知識）」、ショートカット、見積もり、経験則といった推論プロセスをシンプルにするものを使って直観的推論のスピードを得ていることが主要な問題だと言える。得られる成果が形式的論理、確率論や決定論で設定された基準で評価されたら、人々はそういうモデルからは逸脱しがちだということが分かるだろう。これらのヒューリスティックな方法は日々の生活の中では十分に機能するが、それによるバイアス（偏り）やエラーが起こり続けることは予測される。研究では判断や決定を再考察する場合にはそれらに意識的に留意する必要がある多くのバイアスが確認されている。いくつかのバイアスにはさらなる議論の価値があるのだ。なぜならそれらは児童保護業務において特に目立っており、児童の死亡検証報告で劣悪な実務の証拠として明らかにされているからである（Munro, 1999）。

## 自分の思い込みにしがみつくバイアス

人間の推論において一番多く見られるバイアスとは、人は自分の信じている考えに固着したがるということである。これは歴史を通して言われ続けてきたことで、心理学の研究で実にたくさん論証されてきた（Bacon, 1960 [1620]; Janis & Mann, 1977; Nisbett & Ross, 1980）。児童保護業務においても、ある家族について新たなエビデンスが現れて疑問を呈しても、自分の信じる考えを変えたがらない専門家がいるという点で、業務に甚大な影響が出ることがある。また子どものリスク度に対する過大評価や過小評価はどちらも有害である。子どもの苦痛や受傷という報告が次から次へと出ても、保護者はよくやっていると専門家が信じ続けることもあるかもしれないし、無実の親が虐待をしていると誤って認定された場合、いくら反証を示しても専門家の思い込みを振り払うことができずに、親は挫折感と恐怖を経験するかもしれない。

人は自分の信念に異を唱える証拠を認めないで済む方法を以下のように数多く採用するものなのである。

- 回避
- 忘却
- 拒否
- 再解釈

「回避」はアセスメントを照合したり監査を進める際にどんなエビデンスが集められたか、注目されたかを見れば明らかにすることができる。

Leanne White（リアン・ホワイト）の近隣の住民は、リアンが虐待を受けているという通告をした。担当のソーシャルワーカーが通告をフォローアップ、他の専門家と協働してチェックを行い家庭訪問も行った結果、通告には確証がない、と判断した。その後、続けて二組の近隣住民から別個の通告があった時に、そのソーシャルワーカーはフォローアップをしなかった。なぜなら彼女はそれらの通告にも、根拠がないと決めつけてしまったからである（Nottinghamshire Area Child Protection Committee, 1994）。

Jasmine Beckford（ジャスミン・ベックフォード）は身体的虐待を受けた後で、母親と継父の元に家庭復帰していた。ソーシャルワーカーはすべてうまくいっている、ジャスミンに対するリスクは減っていると判断して家庭訪問の頻度を減らした。家族と接触がある学校など、この楽観的なアセスメントに反するデータを提供できたかもしれない他からの情報を集めることをソーシャルワーカーは怠ったのである（London Borough of Brent, 1985）。

もし協力的だと考えられる保護者が子どもはきちんと登校していると言ったなら、学校に出席などを確認する必要はないように見えるかもしれない。しかし、親が真実を話しているという前提で専門家がその言葉を照合しないのであれば、親が嘘をついているというエビデンスは手に入れることはできない。

「忘却」は反証を都合よく見落とすという方法で、自分の考えをチェックする時に書いた記録よりも記憶を頼ることが多い場合にしばしば起こる。保護者がネグレクトをしていると考えている場合、記憶はあっという間に自発的に、この結論に導くような振る舞いの詳細やイメージを目の前に持ってくるだろう。まず最初に思い出すのは不潔で寒そうで悲しそうな子どもの様子で、子どもたちが清潔で暖かそうで、家も片付いている時のことはあまり思い出されないだろう。「ネグレクト」というワードで記憶庫のサーチをすればその主張を補強するデータばかりが見つかって、「ネグレクトがない」というエビデンスは上がってこないのである。Stephanie Fox（ステファニー・フォックス）の事例では、ケース会議の当初に読まれた小児科医のレポートは決して軽視されていたわけではなく、楽観的な結論が出された頃にはすっかり忘れ去られてしまっただけのようである（Wandsworth Area Child Protection Committee, 1990：145）。

児童保護業務において反証に対する「拒否」は、もっともらしい根拠のあることが多い。虐待の疑惑を持たれた保護者が専門家に嘘をつくにはたくさんの理由がある。近隣の住民や親戚も悪意や恨みから正直でないことがある。

適正実務の標準原理は（少なくとも理論上は）、たとえその証言に信頼が置けないことがあったにしても、事例対象の子どもたちに直接会って聴き取りをすることである。幼すぎて何を話し合っているのか十分に理解ができないこともあるかもしれない。親から虐待を受けていると本当のことを話した場合にどんな反応があるのか怖がるかもしれない。残念ながら、私の調査報告書の研究では（Munro, 1999）子どもたちが聴き取りを受けることは稀で、もし受けたとしても彼らの提供する証言が面接者の視点と対立する場合には拒否されることが分かった。子どもの面接が分析された10件の報告書の中で、７件では負傷は事故だという保護者の説明を子どもが裏付け、彼らは虐待を受けていないと話した。すべてのケースで、子どもたちはその家族についての専門家の信じたことを補強したので、彼らの主張は信じられた。７件のうちの１件は、真実が何だったのかはよく分からなかった。が、調査の結果、他の６件では子どもたちが嘘をついており、実際には虐待はあったという結論が出された。

他の３件のケースでは子どもたちは虐待を受けていると主張し、その証言はその時の保護者は無実というアセスメントに異を唱えるものであった。が、３件すべてで子どもの証言は信じられなかった。しかし後に行われた調査では、すべての子どもが真実を話していたと判断されたのである。

また児童虐待という特殊な問題に慣れていない他の専門家による証言が、その道の専門家ほどの経験もなく専門訓練も受けていないからという理由で軽んじられることがある。地位の低い専門家の立場はことに脆弱で、真剣に取り上げられないことがある。児童保護事例の審理では、例えば保育園のヘルパーや准看護師など若手スタッフの証言は、主流の意見に矛盾した時に軽く却下されることが頻繁に確認されている。

対立するエビデンスを拒否するやり方は、エビデンスベースのアプローチに顕著である。そこにはリサーチ・エビデンスに対して差別的な態度の傾向がある。人は自分の信じていることをサポートするような研究は大した吟味も無しに受け入れられるものである。一方、対立する調査結果は詳細な分析と批判に曝され、その結果、信頼に足らないとして退けられ無視されることがある（Nisbett, & Ross, 1980）。

反証を無視する最後の戦略は「再解釈」して意味のないものにしてしまうことである。児童保護業務の実に多くのエビデンスには行動の解釈が関わるので、この方策が広く使われている。誰かがある行動を取ったことは明らかでも、その意味合いが疑問視されて再解釈されることがある。母親が入院している子どもを見舞わなかったら、それは適切な愛情が足りていないせいなのか、あるいは敵意に満ちて批判がましい看護師たちがいるせいなのか？　行動は標準に照らして判断されるので、ある規範に沿っている、あるいは反しているとして何かを再分類してしまう余地が大きい。例えば、ここから手前は「普通の」体罰でそこから先はやりすぎの打擲といったような正確な分割点はない、ということなのである。

## 批判的になること

推論が間違っていることを証明するのは簡単なことである。しかし答えを提示することはそう簡単ではない。上述した戦略はすべて時には合理的なのである。「回避」は否定的な言葉だが、時間や資源といった実際的な理由があって、調査やアセスメントの際にどんなエビデンスを集めるかには制限がある。また無関係な情報を忘れていくことは、思考を明瞭に保つためには欠かせない。問題は何が関係があり、何がないかを判断する際に生じる。聞いたことをすべて信用することは合理的ではない。なので時には反証が虚偽だとして否定されることは正しいのである。再解釈も新たな情報に関しては合理的な反応かもしれない。今持っている信念を守る方法とも言える。問題は、エビデンスを判断するために合理的な人なら誰でも同意するようなただ１つの「正解」を必ず特定してくれるアルゴリズムも、精密な一連の規約も存在しないということなのである。これは児童保護や人間の行動の研究だけに特有の問題ではない。社会科学と同じように、自然科学の理論を評価する時にも同じように当てはまる問題なのである（Munro, 1998）。

しかし信念を評価する方法には、より良いものと、より悪いものがある。2000人の子どもを調べて一般化した研究結果は１人の子どもを見て行った研究よりも信頼できるであろう。あるソーシャルワーカーの行った１回の面接での直観的印象に基づいたリスクアセスメントは、より広範囲のエビデンスで行われたアセスメントに比べて根拠に欠ける。エビデンスの領域だけでなく、人々のそれに対する態度も重要だ。エラーを最少にするために一番大切なことはたった１つ、自分も間違うという可能性を認めることである。頭では、児童保護に従事する誰もが知識とは間違いを犯しやすいものだと分かっている。最高の善意と最良の研修をもってしても、人の心の中で何が起こっているか理解することと未来を見通す能力には限界があるのである。しかし感情ではまた話は違ってくる。これまで様々な研究で、人は考えを変えることに大変な抵抗を示すことが分かっている。批判的でオープン・マインドなアプローチで自分の思い込みを変えることにより、専門家は間違いに気が付き信念を修正することができるだろう。もしかしたら自分は間違っているかもしれないと自分の考えの誤りを立証するエビデンスを探すことができるようになる。そして自分の持っている情報を別の方法で解釈してみようと思うことが可能になり、対立する説明を理にかなったものとして扱えるようになるのである。

直観を検証するもっとシステマティックで厳密な方法を開発することも可能である。推論において速度が一番大事な要素である時、直観的方法はより優位に立つだろうが、疑問なく使われるわけではない。人は、直観的思考をチェックする方法を知っているし、それをより厳密にすることも可能なのである。「説得力がある」かどうか、ある人物の行動の一貫した話としてその弁明は真実に聞こえるかどうかを問うことで人は行動の説明を評価している。「民族心理学」は、人は様々な状況でどのように振る舞うかの背景知識の宝庫であり、広範囲にわたって行動説明のチェックに使える。ある母親が息子に対して愛情深く面倒見も良いと考えられている場合、これは観察された行動と合致しているだろうか？　例えばもし男の子が事故で怪我をしたということで入院している時、母親はその状況で期待される行動を取っているだろうか？　彼女がどのように行動することが期待されるかは事前には明確に言うことはできない。なぜならこのような出来事に親がどのように対処するかは、いくつもやり方があるからである。しかし例えば母親は子どものベッドのそばに座っていたにもかかわらず、子どもに触れようともしなかったと看護師が報告したら、これはちょっとおかしい、愛情深い母親のイメージにはそぐわないと考えられるだろう。が、例えば調査を行えば、子どもには触れると痛いような皮膚の疾患があるなど、そこには疑惑を打ち消す理にかなった説明があるのかもしれない。もしそういった理由が見つからないのであれば、彼女のこの振る舞いは警報を鳴らし、思いやりのある母親だという前提に関して、より踏み込んだ調査を急ぐ必要があるのである。

児童保護担当の職員は、自分の考えを分析するのによりシステマティックになることが可能である。Cannon-Bowers and Salas（2000）は「ストーリー（筋書き）」という概念を使って我々がいかに直観的に人の行動について推察を行うかを示し、人は説明を取り囲むストーリーを広げることによってもっと批判的になれると主張した。彼らの研究は海軍の緊急事態の際の批判的思考（クリティカル・シンキング）を向上することが目的とされている。将校たちは敵が何を考えているのか迅速に推察し、見知らぬ船が敵か味方かを判断し、どのように対応するかを求められるという点で、児童保護のコンテクストと類似点が多いと言えるだろう。Cannon-Bowers and Salasの開発したトレーニングは直観的アセスメントをより詳細にし、その妥当性を体系的に評価することに焦点を当てている。

虐待通告のアセスメントが用意できたら、その周りに人間の動機のアセスメントを肉付けするためのストーリーを構築することで専門家の理解は強化される。この状況の中でその人がこの動機を持つに至ったのは過去に何があったからか、もしその理解が正しいとしたら、将来的に何が起こるのかを推測するのである。ストーリーは、もしそれが正しいとしたら何が予測されるかと今何が見えているのかを比較することで検証できるだろう。これは理論を検証する時の科学的な方法に似ている。理論から何が観察されるかを推定し、それから推定が正しいかどうかを見るのである。しかし人間の行動の解釈は往々にして確実性ではなく確率性を伴う。ある特定の設定で人々がどのように振る舞うかを事前に正確に知ることは不可能だ。なぜならそこには様々な可能性があり、そのどれにも妥当性があるからである。とはいえ、行動のいくつかは可能性が低く矛盾するように見えるだろう。ストーリーに反するような行動があれば、ストーリーをその新しいエビデンスの説明がつくように変更してみることで対処できるかもしれない。しかしストーリーが常に修正が必要なようであれば、それは疑わしいものとして新たな説明を探さなくてはならない。専門家はまだ有効性の証明されていないアセスメントと共に仕事をしており、もしそれが間違ったものだった時のために緊急プランの準備の必要性があるということを理解しておかなくてはならない。

３歳の女児が腕を骨折して病院に運び込まれたとしよう。彼女の救急外来に付き添ってきた両親が事故がどうして起きたかを説明し、いかにも真に迫って本当らしかったとする。普通にストレスを感じているように見え、すぐに女児を病院に運んだ点でも責任ある行動である。病室で４時間ほど経った時に、看護師から保護者は子どもに愛情と心配の様子を見せ、また子どもも親がいることに安心している様子だと報告がある。医師は親の説明は怪我と矛盾していないと裏付けし、さらにこの年齢の子どもにはよくある怪我だ、と言う。今現在の出来事から過去（怪我の説明）、そして未来（病室での彼らの振る舞い）までのストーリーを発展させると、両親が真実を話しているという仮説の説得力が増す。

しかし、もし医師たちが負傷は２日前に起きたもので、両親が言うように新しいものではないと言ったら、この仮説は疑問を持たれるであろう。両親はなぜ助けを求めるのが遅れたのか、その説明が求められる。親は女児が2日前にも同じように転倒し、怪我はその時のものだったと主張するかもしれない。愛情深い親であれば女児が痛がっているという事実に対し、気が付いて何らかの対応を取るべきと期待される。両親は当日まで女児は痛がる様子がなく、痛がり始めてからはすぐに連れてきた、と言う。この主張の妥当性は、医師にそんなことがあるかどうか確認すれば検証できる。もし医学的見解をもって、この受傷では苦痛はすぐに起きるはずということになれば、それは両親が真実を話していると信じ続けることは困難になるだろう。もし両親に医学的見解を聞かせても、まだ自分たちの説明に固執するようなら、もっと深い調査が必要かどうかを判断しなくてはいけない。もし最初に判断された通りに彼らが無害な両親であるなら、他の専門家との照合で彼らには心配がないことが明らかになるだろう。この特定のケースでは詳細調査により、この家族は他にも子どもの負傷に関して対応が遅れたことが2件あったという事実があり、それぞれの件で異なる病院に連れて行った（そうするのが面倒にもかかわらず）ために受傷頻度が分からなかったということが明らかになった。ここに至って、専門家たちは怪我はすべて事故だったという両親の主張に対し大いに疑問を持つことになる。実践においての困難は、どこまで調査を進めるか、表面的には説得力のあるように見える説明をいつ受け入れるか、あるいはいつ棄却するかを決めることなのである。

背景知識を使って家族のストーリーを膨らませることは、様々な民族の家族と仕事をする上では難しさの一因となるだろう。自分とはまったく違う文化背景の家族を担当する上で、観察した行動から物語を紡ぎだすことに自信が持てないのは仕方がない。対処の1つの方法としては、保護者の言うことを批判的に見ないで一切受け入れてしまうことがある。なぜなら、何が普通で普通でないか、または行動がどのように整合するかが分からないからである。もし後から保護者に対する信頼が間違っていたことが分かったら、専門家は奇妙な筋書きをそのまま飲み込んだとして大変にナイーブ（考えが甘かった）だったということになるが。

例えば、ジョーンズ氏は彼の16歳になる息子がホモセクシュアルの感情を持っていると打ち明けたからひどく殴った、と言った。これは彼らの宗教ではまったく受け入れられないことで、標準的な対応方法としては、殴ることでその感情を息子から叩き出すことだそうである。ソーシャルワーカーはこの言い分を受け入れた。しかし後日、この父親の宗教の信徒団の別のメンバーがコンタクトをとってきて、彼らの宗教ではホモセクシュアルは肯定的には見られてはいないがひどい体罰を是認するようなことは一切していないと怒りを込めて訴えた。彼の宗派がそんな野蛮なことを行っているとソーシャルワーカーが簡単に信じてしまったことを彼は侮辱だと感じており、子どもの取扱いについて体罰がこの宗教の信条とどれほど食い違っているかを指摘したのである。

いったいどこまでストーリーに疑惑を持てばよいのかの判断は難しいので、他の誰かと討議できることが重要になる。誰かと共有することができれば、自分一人の考えを客観的に見ることが容易になる。時には同じ事務所の同僚でもよいが、ほとんどの機関では慣習として指導監督があるはずだ。スーパーバイザーの役割は極めて重要である。スーパーバイザーは、知的挑戦をして一歩下がって批判的に自分の仕事を見直すチャンスを支援実務者に与えるばかりでなく、感情的にも困難なこの仕事に立ち向かうための安定した環境を提供する。

批判的なアプローチを促す戦略はすべて、人が今の自分の見解は間違っているかもしれないという考えを受け入れる方法を伴っている。1つの方法としては、反対の考えが正しいと仮定しそのための証拠を探してみることだ。そうすれば今現在の考えが間違っているかもしれないという理由を考えるきっかけになる。Koriat et al.（1980）は人々の第一次判断についての過剰な自信を減らすための心理学的研究を行い、これが一番有効な方略だと発見した。この方法が成功するのは、人が自分の信じた考えを補強するために記憶を探るのとはまったく別のやり方を強制されるからである。自分の信じる考えと対立する事実のことよりは裏付ける情報のことを考える方が容易だと見なす一般的な傾向をふまえ、今の見解にただ疑問を持つだけでなく、反対意見を立証する情報を探さなくてはならない。子どもが嘘をついていると信じ込んでいるソーシャルワーカーは、その子が真実を話していると主張するケースを想定してみるといいだろう。あるいはまた逆も同様にしてみるのである。

この方策はあえて反論者の役割を受け持ってくれる誰かの助けを得て行うと、さらに力を発揮する。議論のための議論は、裁判での弁護士のように、アセスメントは間違いだという前提で行い、そのケースの弱点を見つけ別の可能性もあるという状況を描いてみせる。このテクニックを使うとストーリーの中に隠されていた思い込みがあらわになり、人々はエビデンスに他の解釈があることに気が付いて、判断をさらに検証する方法を明らかにすることができるようになる。

## 考えに迷いが出る時

自信過剰と逆の弱さとして、考えのぶれや迷いが表れることがある。支援実務者が１つのアセスメントに執着するのとは逆に、すべての新たな情報のひとつひとつに反応して次々と場当たり的に取り上げ、表層的な扱いをし、協調した一貫する対応をしなくなるのだ（Dorner, 1983）。この前兆として、同じ話を何度もむし返し結論が出ないままに話し続けるということがある。一般的にこういった不確定要素は不快感を大いに高じさせるので、支援者はなんとか解決したいという気持ちを強く持つのである。その対策としては、スーパーバイザーか同僚がその担当ワーカーのために時間を割き情報をもっとシステマティックに調べて、どこから不確実性が出てくるのか、また判断に到達するためにどんな追加の情報があるのかを割り出す手助けをすることである。

## 使われるエビデンスの種類

ある種の情報は他のものよりも容易に思い浮かぶため、ある家族について推論を行う時に専門家にとっては「より手近にある」情報ということになる。その結果、使うエビデンスの種類にはバイアスがかかっており、アセスメントや判定を行う際の正確さに影響が出てしまうことが予測できるのである。人が思い浮かべやすい情報の細目は以下のようなものである。

- ありふれたものよりは、鮮明なもの
- 抽象的なものよりは、具体的なもの
- 中立的なものよりは、感情的なもの
- 過去のものよりは、現在のもの。もっとも、第一印象は例外。そのインパクトは長期間続く

つまり鮮明なイメージを持つ情報が提示されると、ソーシャルワーカーは家族を評価する際にそれに必要以上の重きを置いてしまいがちなのである。例えば家族の中でも実際に聴き取りをした相手から一番大きな印象を受けてしまう。実務ではちょくちょく、あまり話しかけられることのない子どもや男性をないがしろにして、母親の意見ばかりを偏って聞き入れるようなことが起こりがちである。また医師との会話は、古い記録に残っている地味なメモよりもいつまでも記憶に残るだろう。また子どもが恐怖で泣き叫んでいたというような感情に訴える内容の詳細は、学校の出席はこれまで問題がないという退屈なレポートを目立たなくさせてしまうだろう。実際、大変に感情をかき立てる事項が１つでもあると、それが討議の中心となってしまうのである。特におぞましい死を連想させるような虐待の形容は、人々の想像と関心をあっという間に捉え、地味なものを排除してしまう。イングランドで起きた最近の児童の死亡事件は、幼女が黒いビニールのゴミ袋に入れられ風呂桶で寝かされていたというものである。これについては、彼女の毎日の生活における細々としたみじめな出来事に比べ、どの新聞もかなり多く報道していたのだ。また家族に関する会議では、そこに実際に参加して情報や意見を提示する人々は、書面や電話でレポートをする人々よりもずっと強い影響を及ぼすことができる。

慢性的に中度の身体的虐待に苦しむ３歳の子どもについてのケース会議で、参加者らは子どもの保護者に改善が見えてきていると楽観的だった。彼らは、最近の受傷は事故であるはずがないという小児科医の報告書を読んだ。会議の記録ではこの判定に疑念を示した形跡は見当たらない。単に無視されたようである。会議では「心配

するような怪我はなかった」と結論付けた（Wandsworth Area Child Protection Committee, 1990）。

現在進行中の情報を使いがちというバイアスは、児童保護研究でこれまでも指摘されてきている（Social Services Inspectorate, 1993; Farmer & Owen, 1995; Munro, 1999）。専門家は、最新の問題に没頭する傾向があり、一歩下がって長期的な家族史を見ることを怠りがちである。Farmer and Owen（1995）のケース会議の研究では、警察やソーシャルワーク調査からの最新の情報が議論の中心となっているということが分かった。記録から過去の来歴状況を得ようということに注意が向けられていなかったのである。重要視されていたのは、最近何が起きたか、家族が何を話したか、彼らが調査に対してどういう反応をしたかを言葉で詳細に説明することであった。この段階での専門家に対する両親の反応は、彼らの育児の質は正常だということを示していると解釈された。彼らの過去の行動は照合されず、彼らの反応が状況の特異性に影響を受けているかもしれないという考慮はされなかったのである。

家族史を調べずにいて行動パターンを見落とすのはよくあることだが、過去の行動パターンは事態が深刻化したり状況が再び悪化したりすることへの一番確かな警告となることが多いのである。

ステファニー・フォックスは、軽度から中度の受傷が長期にわたり続いた後、1歳の時に行政の保護下に置かれることになった。彼女の父親には前の結婚でもうけた上の子どもがいて、子どもは複数の骨折を伴う深刻な身体的虐待を受けていた。この子どもは一時分離された後、両親が宿泊型ファミリーセンターに参加している間、両親の手に戻された。専門家たちは両親がセンターで良い進捗を見せていると考え、家族を退所させようと計画していたところ、この赤ん坊は吐いたもので窒息して死んでしまい、これは自然死と裁定されたのだった。ステファニーが家族から分離されて1年が経ち、父親が新たなパートナーと別の宿泊型ファミリーセンターに行くことに合意したためステファニーも家庭に戻ると、6週間後に双子の女の子が生まれた。専門家の間に、セラピーのおかげでこの両親は改善しているという楽観的な空気が高まり、8か月後には一家はセンターを出て行った。家族はその後もモニターされていたが、楽観視が優勢だった。ステファニーにあざがいくつもあるとして懸念の度合いを引き上げようという保育スタッフの努力は実を結ばなかった。公聴会では、全部で40か所の傷、あざ、やけどが報告され、そのうちの10か所が双子に、30か所がステファニーに見つかり、彼女の頭部につけられたあざが24か所だった。ステファニーは頭部の損傷で死亡した。それぞれの怪我の報告は個別に取り扱われたため専門家は親の説明を受け入れてしまい、受傷は軽視された。専門家はかくして、全体の状況と怪我のパターンを把握することに失敗したのだ。彼らはまた、家族の一番上の子どもが虐待され、後に自然死として亡くなっていた前歴に類似点を見出すことにも失敗したのだった（Wandsworth Area Child Protection Committee, 1990）。

第一印象とは、長く続くインパクトを持つ過去の一要因である。人が新しく出会った相手に対して素早い評価を下すことはよく知られている（Jones et al., 1968; Dawes, 1988）。この最初の印象は、後から手に入った情報がどう解釈されるかに影響を与える。就職の面接では、最初の１分かそこらで求職者について査定をしてしまい、残りの時間はその印象を裏付けるために費やされると指摘されている（Sutherland, 1992）。この最初の思い込みはおよそエビデンスに基づいたものではないので、大変に不確かな仮説として扱われるべきだが、研究では、人はこれについて過度の自信を持っており、思い込みに反するエビデンスよりもそれを裏付けるものにより注意を向けることが示されている。

ジョンとバーバラ・オックランドには４歳以下の子どもが３人いる。ジョンは失業中で不安症を抱えている。この家族は社会福祉課で把握されており中度の問題家庭と見られていた。新しいソーシャルワーカーがこのケースを担当、ジョンの第一印象は感じがよく善意の人だが、神経質、というものだった。妻のバーバラはそれとは違い、逆の印象だった。彼女は主婦としても母親としても拙く、冷淡で知性が低いように見えた。2歳の娘1人を連れてファミリーホームを退所する際、バーバラは残りの2人の子どもの安全が心配だと言った。彼女は、ジョンは度々彼女に対して暴力的だった、と話したのである。しかしソーシャルワーカーは彼女の通告には悪意があるとして却下し、子どもにとって適切な住居の定まらない彼女に、娘もジョンに渡すように説得した。が、数週間以内にジョンはその女児を殺害し、検死では子どもの身体には暴行による100か所の新旧の怪我が発見されたのである。この死亡事件の公的調査では専門家の持った第一印象が新たなエビデンスの解釈に大きな影響を与え、ジョンの証言を信じてバーバラの言葉を信じなくなった、と裁定した。

ジョンが無害だという考えを覆す事実があったとしたら、それは彼が過去に9週間目の長子を故殺して有罪になっていることだった。彼はこれで懲役刑を受けている。ジョンはソーシャルワーカーにこれは事故死であり、妻のバーバラが関与しているとほのめかしていた。ソーシャルワーカーは警察や社会福祉サービスの記録を照合すること無しにこれを信じ込んだが、それらを調べていればかなり違った状況が見えてきたはずだった。ジョンはまた、妻、両親、そして妹に対しても暴力の記録がある。ここでもまた、ソーシャルワーカーは彼の否定を信じ、妻からの証言を却下して、詳細を照合できたはずの保護観察所に問い合わせをしなかった（DHSS*, 1975）。

利用できる情報の範囲内でこのような先入観を無くすには、エビデンスには留意すべき多様な種類があるのだということを実務者に再認識させるアセスメントのフレームワークとチェックリストが必須だろう。人間のバ

* DHSS = Department of Health and Social Security。保健社会保障省。

イアスのパターンを知っておくことは、直観的に見逃しやすいデータの種類に注目することに役立つ。特にうっかり忘れてしまいそうなポイントをすべてかつシステマティックに調べるというリマインダになるのである。

記録は重要な役割を持っている。実務者は、必要な時にそれぞれの出来事について過去の履歴を精査できるよう、明確で詳細な記録をつけておく必要がある。パターンは実務者が何が起きたか精細な説明を書きとっておいてこそ、見つけることができるのである。小さな怪我がたくさんあって身体的虐待の心配があったなら、負傷の図表を作っておくと虐待の程度の状況が分かるようになる。上述のステファニー・フォックスの場合、ステファニーの亡くなる少し前に新しいソーシャルワーカーが担当になり、こういった図表を作り始めていた。もしこういう図表がステファニーが家庭に戻っていた期間ずっと記録されていたなら、そして30件のすべての受傷が説明された理由と共に明らかにされていたら、その数の多さと頻度だけでもケース会議に集まった人々は保護者についてそれほど楽観的ではいられなかっただろうし、個々の傷についての親の説明を簡単に受け入れることもなかっただろう。

## 基本的帰属のエラー

「基本的帰属のエラー」とは行動が発生した環境を分析せずに、ある人の行動を人格特性や性質のせいにして説明する傾向のことである。我々は自分の行動を理解しようとする時にはこの間違いを犯すことは少ない。例えば自分の怒りは相手の腹の立つ振る舞いへの当然の反応だ。けれども、相手の怒りは相手の攻撃的な性質の表出である、と（Plous, 1993：174）。

この誤りの起きる原因は、人は行動の原因を解釈する際その時に顕著な要因に重きを置くからだと考えられている。他の人で鮮やかに目に留まるのはその人の行動だが、自分自身について考える場合は一番重要なのはそのコンテクストなのである。他の人の行動の目立つところは、その行動を必要以上に重要に考えさせる。行為者は自分の振る舞いを観察者と同じようには見ないものである。

帰属のエラーに対抗するには、同じ状況に見舞われた時に他のほとんどの人も似たような振る舞いをするかどうかを自分自身に訊いてみることである。そうすればその行動が起きたコンテクストにもっと注目するようになるだろう。人がこのように反応するのはよくあることなのか？　もしそうなら、それを個人の性格のせいにして説明するのは不合理だということになる。もう１つは、その行動がどのぐらい特異なのか訊いてみることである。この人は様々なシチュエーションでこのような行動をよく取るのか、あるいは特別な場合でだけなのか？

しかしこの方略の成功には限界がある。ある行動がある状況では普通だと言うことは（つまり、彼らに基準率を話すことは）、帰属のエラーを減らすのには驚くほど効果がないのである。ほとんどの人がある状況の特性の中ではある方法で振る舞うということが分かっていても、その行動を状況ではなく個人の特性的反応のせいにしてしまう帰属のエラーの傾向が無くなることはない。したがってバイアスを減らすための別の方法としては、そのコンテクストで自分ならどう振る舞ったかを自分に問うことである。これで状況を自分の視点で見られるようになり、自分の反応に影響するかもしれない状況の特性を理解できるようになる。

帰属のエラーは、問題の原因を個人に帰するとして過大評価をしたり、要因となるコンテクストの重要性を過小評価したりして、児童保護業務において深刻な影響が出ることがある。多くの家庭は困難を抱えて生活しており、極度の貧困、粗末な住居や貧しいコミュニティに暮らす人々が大変に多い。社会環境の強い影響は個人の性格的な問題と同じぐらい大きく取り上げる必要があるのである。

自分の振る舞いも相手の反応に影響を及ぼすコンテクストの一部であるということから注意をそらせるため、帰属のエラーに陥りやすい。ある母親は息子の問題行動を彼の性格のせいにしているが、そうすることによって母親としての彼女の行動が問題の原因かもしれないという重要な可能性を考えることから逃れているのである。専門家もまた同じように、保護者に対する自分の扱い方が相手の問題ある反応を引き出しているかもしれないということを無視することがある。

情報の記録の取り方１つでも、この種類の誤りにつながることがある。

例えば、短い記録では行動のコンテクストを省きがちである。「ジョンはよく攻撃的になる」という記録と、「ジョンは校庭でいじめっ子が近寄ってきた時によく攻撃的になるが、教室では行儀が良い」という記録の違いをじっくり考えてみよう。

**後知恵のエラー**

児童保護に関わる支援者は、被害者と同様にこのバイアスを一番よく知っているだろう。これは子どもが児童虐待で命を落とした時に世間から激しい非難の声を呼び起こす思考のゆがみで、後から見れば子どもの危険は明らかに見えるので、ケースに関わっていた支援実務者がそれを見落としたと批判されるのは必然だということになる。結果が悪ければ悪いほど後知恵バイアスはひどくなるものである。事件の経過の結末を知った後では、人は何が起こりそうか前もって予見することへの過剰な期待を持ってしまいがちなのだ（Fischoff, 1975）。例えば状況条件に変化が見られたなどの重要な新しい情報は、それが後からどれだけ重要な情報が判明したかを知っていれば自明に見えるだろう。しかしその時点で重要性を見抜けなかったことで個人の責任を問う以前に、その当時状況がどのように見えていて、なぜそれを重要と考えなかったか調査をすることの方がより必要なのである。

人は、その結果により行動を裁定する傾向がある。多数のリサーチが後知恵バイアスの影響力について実証している。代表的な研究として、２つのグループに同じ詳細を記述した説明を渡すが、一方には悪かったという結末、もう一方には中立的だったという結末を割り当てる。その研究結果は一貫して、悪い結末を与えられた人々は中立的な結末を与えられた人々に比べて、同じ判断や行動についてより厳しい批評をすることが分かっている。例えばCaplan et al.（1991）は、患者が受けたケアの質について麻酔医に訊ねたところ、結果が悪かった場合はケアの質が標準以下だったと答え、それ以外の場合はケアは標準的だった、と答えたのである。

他のリサーチでも、結果を知ってしまうと人はその結果が他の可能性よりも高かったと考える傾向が高いということが示されている。また人は結果を知っていることが自分の判断に影響を与えているということに気付いていないことも多い。Fischoff（1975）の行った研究ではこれらの傾向が同時に働いていると実証している。被験者がある出来事について話を聞き、それが起こる可能性について、他の結末の可能性と比べて判断するように問われる。被験者の何人かは、本当は何が起こったか知らされるが、その情報は無視して可能性を判断するように指示される。また別の実践では、その結末を知らない他の人がどのように反応するかを答えるように指示される。結末を知っていた人たちは知らない人たちに比べ、その結末がより起こりうると判断したのである。

後知恵バイアスは、望ましくない結果が起きた時、我々がそれをどのように調査するかの理解において重要である。

> 結末を知ると直ちに対象者について今持っている情報とそれを統合して、つじつまを合わせようとするようだ。このように再解釈することで、報告された結末は再解釈された状況下では今や自明の帰結のように見えてしまう。我々は予見に満ちた心の状態を再構成する際、後知恵の視野にアンカリング（係留）されてしまい報告された結末をあまりにもありそうに見せてしまうものだ（Fischoff, 1982：343)。

推論の際にバイアスがあるという証拠は、我々が家族歴を見直し保護者の行動を判断する際に慎重な推論を行うにあたっての基盤となる。Woods et al.（1994：180）はその証拠として２つの主要な教訓をまとめている。

- 悪い結果を伴う意思決定と行動は、同じ行動をして中立、または良い結果になった時よりも厳しく批判されるものだ。判定者がそういう現象について警告をされ、用心するようにアドバイスを受けていたとしてもこういう結論が予測される。
- 判定者の傾向として、ある事件の関係者は実際よりも自分の状況をずっとよく把握していると思い込むことがある。判定者は、人

> は自分の行動の結果が失敗に結び付くことが分かるべきだったと思いがちである。後知恵バイアスを持った人々がする質問として以下のようなものがある。「なぜ彼らはこれが起きることを予見できなかったのか。誰が見ても明らかではないか」あるいは「なぜXのようなことができたのか？　そんなことをすればYになることは分かり切っているのに」

これまで失敗の検証に大きなゆがみを生じる後知恵バイアスに対応する方法を見つける努力がなされてきた。後知恵バイアスについて周知し、人々に用心するように伝えることはあまり効果がないようである（Fischoff, 1977; Wood, 1978）。一番効果のありそうな方法は、現実の結末とは違う別の結末を考えてもらうこと、例えば物事はどのように違っていたか別の可能性を説明するよう頼むことである（Hoch & Lowenstein, 1989）。その他に、多少の成功を収めた方略としては、様々な結末の可能性についてそれぞれ賛成と反対の理由をリストアップしてもらうことだろう（von Winterfeldt & Edwards, 1986; Fraser et al., 1992）。

### ハロー（後光）効果

ハロー効果は、ある人の何かに好意を持ったとすると、その人の他の特徴についても好意を持ちやすく、惹きつけられることを言う。我々の直観的推論は人物に対しての見方に対する感情的な強い一貫性を際立たせる。ソロモン・アッシュの古典的研究（Kahneman, 2011：82 に引用）では、アランとベンという２人の人物を以下のように描写し、それぞれの人格についてどう思うか、コメントをさせた。

> アラン：インテリ、勤勉、衝動的、批判的、頑固、嫉妬深い
> ベン：嫉妬深い、頑固、批判的、衝動的、勤勉、インテリ

どちらも同じ特徴を持っているのに、ほとんどの被験者がベンよりもアランに好意的だったのである。リストに載っている最初の特徴が、残りの

特徴の解釈を変えるからである。

このバイアスが児童保護の会議での協議やミーティングに影響を与える。オープンディスカッションでは、最初に自信たっぷりに話した人の意見に大きなウェイトが置かれ、その他の意見がそれらと合致するようにするハロー効果を与える。このバランスを取るためには、ディスカッションの前にすべての参加者に彼らの意見の短いサマリーを書いておいてもらうのも良い方法である。そうすれば情報も意見も多様なものを使うことができるだろうし、先に出たものに引っ張られて自分の意見を変えるという傾向を減らすこともできる。

## 分析的推論の強みと限界

分析的推論は、アイデアの構築を促進して我々の思考をより正確で明確にし、論理のルールや確率論を使って思考のステップの正当性を判断し、検証可能な推定を引き出す助けになる。分析的推論は時間と労力を大変に使うため、そこに制限がある場合は、より迅速で容易な直観的推論に頼ろうという誘惑が起こる。また分析的推論は直観的推論と個別に機能するわけではなく、バイアスにも弱いということを覚えておくことも大切である。アンカリングバイアスに関連したこれらの問題を考察する中でKahnemanは以下の指摘をしている。

> システム２（分析的推論）は、システム１（直観的推論）の自動的で無意識の操作で記憶から取り出されたデータで作業を行う。よって、システム２は情報の中のいくつかの方がより容易に取り出せるというアンカリングのバイアスの影響を受けやすい。さらに、システム２は効果を制御することはしないし、その知識もない（Kahneman, 2011：127)。

本書の後章で取り上げるリスクアセスメントと方針決定のフレームワークは、形式的手続きを踏むことで、複雑な問題が小さな扱いやすいステップに分けられ、思考の要素ひとつひとつの信頼性が確認でき、エビデンスから結論へと推理していく方法を解明するのに役立つという手順の実例である。次章では、特に児童保護業務での介入評価のリサーチメソッドとしての使用に関連して、分析的推論をさらに詳しく考察していくつもりである。

## 結　論

我々の推論には直観と分析という２つの方法があって、これはKahnemanの用語を使うとシステム１とシステム２になる。これらは異なる方法で作動し、多くの人は従来よりできるだけ直観を使うことを廃して分析的推論の方を重んじてきた。しかし現在、我々の脳の働きはより理解されつつあり、このような見解は立場が弱まりつつある。推論にはどちらも必要で、直観がまず主要であり、分析的思考はそれに寄生していると言えるだろう。

素早く推論をしようとすれば、ヒューリスティクスから発生するバイアスのために直観的推論は当てにならない。研究者の幾人かはヒューリスティクスの使用は欠陥であり、人が理想的な合理性からどれほど遠いかの証拠だと提示している。しかしヒューリスティクスは高度に機能するという主張も可能なのである。人間の脳は限られた容量しか持たないため、ヒューリスティクスが複雑な認知プロセスを単純化する方法を提供することで、人間の持つ能力と妥当な時間の制限の中で必要なタスクを遂行することが可能になる。どれほど重大な事柄でも、すべての判断や決定に長い時間をかけることは非効率だろう。とっておいた時間と労力はヒューリスティクスが生み出す持続的なバイアスの埋め合わせのために使うことができる。さらに神経科学のエビデンスでは直観的プロセスは無意識に働いて意識的な思考に影響を与えるので、児童保護の職員はある程度までは常に直観レベルで稼働していると考えた方が現実的である。直観のバイアスをただ避けるということが目的ではない。人間の脳が作動する手法上、それは避けられない一面らしい。専門家は意識的な分析推論を使ってそれを察知し、最小化することを目指せるだろう。Thiele（2006）の比喩を使うと、専門家は意識的な判断力を良き秘書または個人トレーナーとして、直観による結論をチェックし改善するために使うのである。

直観的推論の限界を理解して、それを避ける方向へ行くのではなく、それを認識した上で強みとして戦略の中に組み込み、推論のバイアスを取り除いていくべきなのだ。児童保護改革はこれまで一般的に専門家の判断力を向上させることよりも、系統立てられた形式的ガイダンスや手続きの強化の方向を目指してきた。そういった戦略が提供してきた貢献の価値は認めるものの、それらは答えの一部でしかなく、もっと支援実務者の判断スキルを向上させることに注意を向けることが必要だと私は考えている。これはさらに大きな責任を彼らを雇う組織に負わせることになる。意思決定には単に方針決定のためのマニュアルとツールを与えるだけでは十分ではない。推論を共有してふり返りを行うことをもっと奨励する組織構造と組織文化に目を向ける必要もあるのである。

## サマリー

- 児童保護業務は、人間のあらゆる種類の推論スキルが要求される、知的にも感情的にも困難だがやりがいのある仕事である。支援者は形式的知見と経験的知恵、感情的判断力、そして倫理観を使って家族を支援する。
- 形式的知見と経験的直観のどちらが優れているか敵対して争うという昔の議論スタイルは不毛で、科学哲学の進展の中では時代遅れ。それらは補完しあうと見る必要があり、どのように統合できるかについて重点的に取り組むべきである。
- 推論を助けるための形式的補助ツールを開発して実践を向上させる試みとしては、直観スキルを軽く見たり価値がないとして退けずに、その不可欠な役割を認識し、その上に構築されなくてはならない。
- 実務者は批判的な推論スキルを向上させ、自分の推論が分析と直観の両方のプロセスがどのように合わせて用いられたかをふまえて再検討し、確かめてみなくてはならない。

# 第4章
# 複雑な社会的介入の評価

経験実証的リサーチメソッドでは、できる限り直観の役割を減らして分析的推論を用い、観察と調査によって問題への信頼できる答えを求めようとする。これは世界を複合的であると理解することで、リサーチが何を生み出し、その成果をどう利用できるのかについてのまったく新しい考え方を導く分野なのである。本章では児童保護業務の専門性の発展のためにリサーチが何を提供できるか、その活動の効果評価との関連で論じたいと思う。後の章では、様々な虐待問題のリスク要因の変遷の理解に関するリサーチの貢献について考察する。

まず初めに「エビデンス（証拠）」について３つの意味を定義して物事を明晰にしよう。児童保護業務も含めて、一般的に「エビデンス」とは結論を裏付けるための情報を意味し、特に児童保護業務ではアセスメントや方針判断や決定、勧告などを行う時に使う情報を言う。裁判所への報告書を書いている実務者は、最終勧告を裏付ける広範囲の種類の情報を利用する。見聞きしたこと、その場所特有の知識、他の人の観察や意見、理論など。これらすべては結論を立証するために利用される段階で「エビデンス」となる。どんな情報も、この意味でのエビデンスになるための内在特性を持つわけではない。誰かがある情報を自分の審議に関係があると決めた時に限り「エビデンス」となるのである。

「エビデンス」の２番目の意味は、エビデンスベースの、あるいはエビデンスに裏付けられた実践と政策の話の中に出てくるものである。ここではそれは実証的リサーチメソッドによって集められた情報に限定される。曖昧さを避けるために、これを「リサーチ・エビデンス」と呼ぶことにするが、前述の指摘と同様にリサーチ結果はそれを誰かが自分の審議に関わると判断した時にのみ「エビデンス」となる。どんな情報であっても、エビデンスになることはそれに本来備わっている特質ではない。

「エビデンス」の最後の意味は、日常的に使う「信頼できる」「正確な」、あるいは「真実の」と同義語のようなものである。したがって、もし誰かがある情報を与えられた時に「これはエビデンスか？」と問う時は、「これは証拠として使うことを正当化できるほど信頼に足るか？」という意味になる。

研究に複雑系理論を応用するにあたり、私は現在主流のリサーチ・パラダイムに挑戦することを目指してはいるが、研究法そのものの価値を疑問視するつもりはない。それらが主張するように普遍的で客観的なレベルの知見を提供できているかを問い、どの研究法が複雑な実践を評価するのに最適か、またその研究結果を政策立案や実践にどのように利用できるのかを検証するつもりである。

最も初期の頃のエビデンスベースの医学（Sackett, 1996）とそれをソーシャルワークに適応したエビデンスベースの実践（Gambrill, 1999）はニュートン学説的な世界観の中で発展していった。その前提には、我々は信頼性が高く客観的で普遍的な因果プロセスの知識を手に入れることができるため、予測は可能だという線形因果関係論が優勢だったことがある。これに対し、複雑系はこの単純な世界観を批判したのである。小さな変動が結果に対して大きな違いをもたらしかねないため、予測可能な規則性は見つけられないだろう、と。我々にできるのは、例えばXはおそらくYの結果に導く可能性があるといったように、確率的予測に限られるのではないだろうか。ある場所で対照群や比較グループと比べてポジティブな結果を生んだ介入が、別の場所では、あるいは同じ場所であっても別の機会には、同じような結果を得られるとは限らない。

社会的介入の評価はある機会で効果があったかどうかを明らかにするだけでなく、他の場面でもそれが使えるかどうかの知見を導くことを目的にしている。RCT（ランダム化比較試験）*は時折、介入が有効かどうかを立証する絶対的基準のように言われているが、社会で成り立つ世界の複雑さを認めるなら、1つの場所での結果を単純に別の場所に移して当てはめることはできないことを認識せざるを得ないだろう。RCTは「ここでは効果があった（他の介入と比較して相対的に）」が、その介入が別の場所、別の時間に効果があるとは限らないことを示しているのである。

例えばある薬品は、RCTでは「効き目がある」と示されるかもしれな

---

* RCT（randomised controlled trials）とは、対象の集団をランダムに複数の群に分け、その試験的操作の影響・効果を測定する比較研究法。

いが、これは通常は多くの、あるいは幾人かの人にとって効き目がある（通常は症状に対して様々なポジティブな効果を伴う）ということを示しているに過ぎない。因果関係は確率的なのである。ある特定の患者にとって必ず効果があるということは、医師は確信できない。一部の人にとっては効果がないどころか深刻な症状の原因になるかもしれない。それを「副作用」と呼ぶが、それは医師の意図するところではないにしろ、ある特定のコンテクストの中で起きるその薬品の正常作用でしかない。

新たなコンテクストの中では様々な結果のパターンがあることから、主流の介入の多くに関しての転用可能性の問題は児童保護の分野ではよく知られている（Littell et al., 2005; Robling et al., 2016）。不均衡で一貫性のない結果が評価研究でも散見されることから、因果関係を複合的視点で見ることは大変ふさわしいと言えるだろう。

## コンテクストの重要性

こういった複雑な状況への対応の１つとしては、介入が忠実に行われたかどうか――「それ（効果があるとされる介入）」の効果の検証を行う際に実際同じ「それ」の評価をしているかを問うことである。介入には具体的に何が含まれるかを明示し、新たな設定の中でどのように使用されているかを検証する必要は確かにあるが、現在ではこれだけでは不十分だということが一般的に認識されている。コンテクストが重要、すなわち同じモデルを異なるコンテクストの中で運用すれば、別の因果結末を引き起こすことがあるかもしれないということなのだ。

> すべてのプログラムの重要な特性は、それが遂行されると同時に社会システムの中に埋め込まれるということだ。社会的関係のシステム全体の仕組みを通して行動や出来事や社会条件に変化がもたらされる（Pawson, 2006：30）。

これに対処する従来のやり方は「外的妥当性」（結果を他の対象や条件に

当てはめても同様の結果が得られること、またその程度）といって、RCTの結果を当てはめてもよいくらいコンテクストが十分に類似しているかどうかをよく考慮するように人々に勧告している。しかし多くの要因があるためこの判断は複雑になっている。

第一に、社会学の研究の主要な概念の多くは社会的に構築されたものである。つまりそれらは同じ用語で記述されていても、別の社会的コンテクストの中では別の意味になるかもしれないのである。例えば「結婚」という概念はそれぞれの役割について様々な意味合いを持っているが、国によっては最近その概念に大きな再構成を施し、現在では同性婚も含めるようになっている。そのため、あるRCTの結果を見て同じ効果があるかどうか判断するには、その社会的概念にも十分な類似性があるかどうかを考慮する必要があるのである。

第二に、他の人から効果があると判断された「それ（介入）」のマニュアルには、同じ効果を再現できるほど詳細な説明があるだろうか。マニュアルのドラフトを作っている人々は彼らが何をしたか記述する以上のことをしなくてはいけない。彼らはどの要因を含めるかについて数えきれない判断をしているはずだが、例えば家族が支援者と会った曜日までは書かないかもしれない。なぜなら彼らはそれが実際には因果的な重要性を持っていたという仮説を立てないからである。

第三に、マニュアルに記述したり、あらかじめ決めておくことができることには限界がある。個々のワーカーや個々の家族の要因が彼らの相互作用の進行に影響を及ぼしているからだ。影響の強さに関しては議論もあるが、セラピスト（治療者）の変数があらゆる介入の効果に影響を与え、そして「信頼、理解、受容、親切、温かさ、人間らしい思いやりといった治療的人間関係の中では、改善がかなり促進される」（Lambert & Ogles, 2004：331）ということについては一般的な合意がある。

第四として、因果プロセスの複雑性は、新しい実践が一度実施されたらシステムの他の特性と相互作用し、予期せず望まない結果に導くことがあるということを意味している。児童保護に関する私のレビュー（Munro, 2011）では、前回の改革が時間と共に予期せぬ相互作用を起こし、新たな問題を生み出したことについての説明をしてある。このことが「モデルへの忠実性」という概念へ疑問を投げかけている。

介入が実施されるコンテクストの多様性に結果が依存するということの重大さは、私が関わったイングランドのプロジェクトで明らかに実証された。私もメンバーであるサインズ・オブ・セイフティ（Signs of Safety）のコンサルタント業務では、サインズ・オブ・セイフティを組織と実務のフレームワークとして実施しているイングランドの10か所の地方自治体と協働した。この導入プロセスでの私の実地研究は各自治体がどこから始め、どのように導入を進めていったか、その多様性の広がりを明らかにするものであった（Munro et al., 2016）。スタート地点での差は著しく、地域によってはサインズ・オブ・セイフティをすでにある程度運用しており、別の自治体ではまったく初めてというところもあった。英国教育水準局のOfstedから「良」の査定を受けている自治体もあれば、「改善の余地あり」の評価を受けているところもあり、また最低評価である「不適格」の査定を受けているところも1か所あった。比較的安定した経験を積んだ職員がいる自治体もいくつかあったが、派遣のスタッフに大きく依存しているところもあった。進捗状況もばらつきがあり、決まったパターンはなかった。サインズ・オブ・セイフティにまったく慣れていない人が大きな進歩を見せたこともあれば、長く使用していた人の進捗が遅いということもあった。独立した評価報告では「特に組織の再編が同時に行われているところでは、進歩は必ずしも直線的とは限らない」と注釈がついていた（Baginsky et al., 2016：12）。興味があれば、Baginskyの報告書にはさらに詳細が示されているので参照いただきたい。

## 因果関係のメカニズムの重要性

RCT（ランダム化比較試験）は評価の「ブラックボックス」のようなものである。「それ（あるコンテクストの中で行われていた介入）」が比較される基準よりも優れているかどうかの結論が出せるように設計されてはいるが、どのように作用するかについては分からない。しかしそれは弱点ではなく、むしろ望ましいものだという人々もいる。因果関係は理論化するにはあまりにも憶測的で、その必要もないと彼らは見ているからである。実証主義のリサーチでは一般的に因果関係についての議論は避けて、確率や相関関係について議論することを好んできた（Pearl & Mackenzie, 2018）。だが、介入がどのように機能するのかを少しでも理解すること無しには、自分のコンテクストでその効果があるかどうか判断することはできないだろう。

因果律の複雑さとは、Xはいつも Yの原因となるという通常の線形の前提が使えないところである。それどころか意図する結果は別のルートで達成されることもあり、同じインプットが別のコンテクストでは異なる効果を生むこともあることが認識されているのである。Mackie（1965）は、社会問題と社会的解決をもたらす複雑な方法を理解するために、確率的因果律についての思考法を提案した。原因を問われた時、我々は通常「ある出来事にはその原因となる先行する出来事が起こり、その両方の出来事は後者が起こるために必要十分である」と答えたくなるものだとMackieは仮定した（p. 245）。しかし彼は因果関係のこの説明には修正が必要だと主張した。そして彼は「INUS条件（Insufficient but Necessary part of an Unnecessary but Sufficient condition）」、必要条件ではないが十分条件下での十分条件ではないが必要な部分という概念を提唱したのだ。その根拠となる前提は、ある結果には複数の原因があるというものである。

Mackieはこの概念を説明するために家屋の火災を例に使った。調査員が、火災は電気のショートが原因だったと結論付けたとしよう。しかし彼らの言う「原因」とは実際は何を意味しているのだろうか？　電気のショートが火災を引き起こす必要条件だったと言っているわけではない。例えば石油ストーブの転倒など、他にも多くのことが原因になりえたかもしれないのだから。同様に専門家は電気のショートが火災のための十分条件だったとも言っていない。なぜならショートが起きた時に近くに可燃物がなかったなら、火災が起きることはなかっただろうから。Mackieは可燃物の存在などが電気のショートと合わさり、そういう一連の条件があって火災の「原因」となるのに十分な複合的な状況を作りだしたのだ、と説明をする。それは十分条件ではあったが、必要条件ではなかった…なぜなら火災は他の方法で起こることもあり得るからである。電気のショートは、それがなければ火災にはならなかっただろうという点で、特にこの複合的条件の不可欠な部分ではあった。しかしそれはあくまでも部分であって、十分条件の全体ではない。なので、それは火災の複合的十分な（しかし必要ではない）条件の一部と言える。この全体的十分条件は必要条件ではない。というのは可燃物の上に捨てられたタバコなどといった他の条件のクラスターが火災を発生させることもあり得るからである。なので火災の説明としては、INUS条件という説明が示されるということになる。

「INUSパイ（円グラフ）」は、様々な要因の複雑な相互作用をシンプルに視覚化して見せてくれる。以下、私も共著した*Child Abuse Review*（児童虐待報告書）の中の記事から紹介しよう（Munro et al., 2013）。

保護者がなぜ虐待をしたか私たちが説明しているとしよう。ここではINUSパイの全体が「十分条件」となる。結果（大人の加害）をもたらすのに十分な、という意味である。もっともこれはすべての条件がそこに存在した場合だけに起こる。それぞれの十分条件は、十分条件ではないが必要な要素によって成り立っている。それらの要素が必要だという理由は、もしそれらが取り除かれれば、虐待は起こらないからである。それらの要素が十分条件ではないという理由は、どれ１つとしてその要素だけでは大人の加害という結果を生み出すことはできないからである。例えばＡグループのメンバーは、示されたすべての要因を同時に持っていたため、児童虐待の加害者になった人々である（図 4.1 参照）。

特定のグループ（Ａグループ）にとってこの特定のコンテクストのこれらすべてが大人による虐待加害という結果を引き起こすために必要な要因なのである。「要因不明」と示されている部分があるのは、今現在の我々の学識では個人が虐待者になるためのすべての条件を特定することがまだできていないからである。子ども時代の被虐待歴については、それだけでは結果を引き起こすには不十分である。これが虐待の「原因となる」にはその他のすべての要因が同時に揃う必要がある。中には虐待をする時としない時のある人もいて、その場合、他の要因が不在だったり揃っていたり

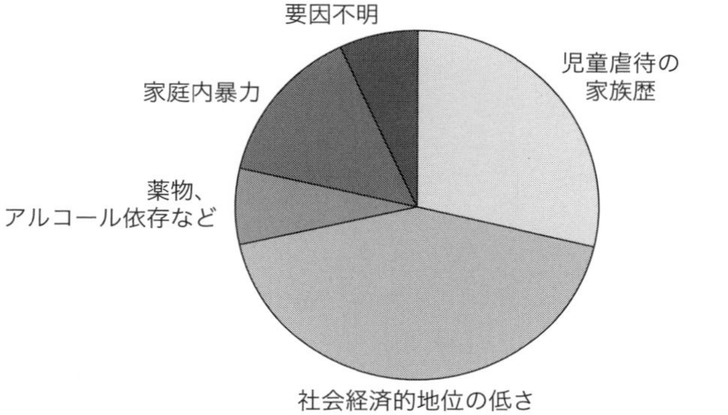


図 4.1　A グループ（子どもの頃虐待を受けた）

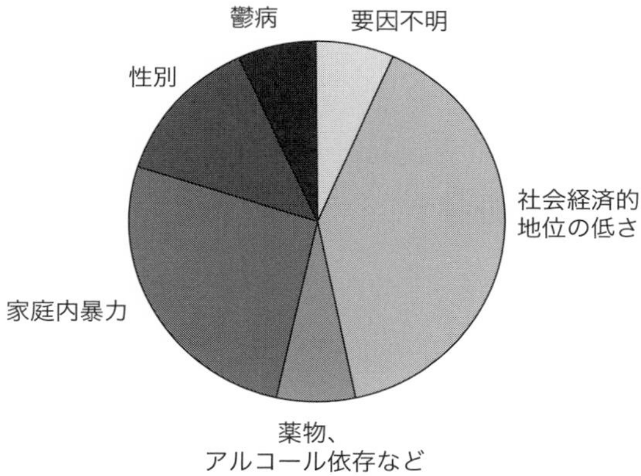


図 4.2　B グループ（子どもの頃虐待を受けていない）

することが観察されている。電気のショートは住宅火災には欠かせないパーツ（部分）だったが、それだけが理由ではなかったのと同じように、子ども時代の家庭での被虐待歴は数ある虐待の理由の一部分でしかなく、また十分条件の一部でしかない。

とはいえ、研究結果はＡグループに見られた要因がすべてに応用できるという単純な結論には至らなかった。Ｂグループに示されたように、条件は個人間で様々であった（図 4.2 参照）。

Ｂグループのメンバーは、子どもの頃虐待を受けていない人たちで、Ａ

グループとは別の「不十分だが必要な」一連の要因が合わさって大人の加害へと導いている。

Bグループでは別の要因の一群が虐待犯行と関連している。Bグループのメンバーは子どもの頃に虐待を受けていないが、多くの要因が合わさって、ある特定の人々にとって虐待を犯す環境を作りだしている。

児童虐待の原因と結果についてのリサーチでは、MackieのINUSの概念と一致する研究結果を出している。例えば母親の薬物乱用は必ずしも子どもの虐待の必要あるいは十分条件ではないが、虐待の起きている家庭では平均の家庭よりも多く発見されている要因ではある。またIQが高いことは虐待による悪影響の抑制を保証するものではないが、高かった場合、長期的に悪影響を受ける被害者は平均よりは少ない（Fonagy et al., 1994）。支援者は自分たちが対応した家族の履歴は多様であることをよく知っているが、INUSによるマッピングはそれらの概念化に役立つであろう。

## 介入は効果があるのか？

リサーチのエビデンスを利用する際には、それが新たな時期と新たなコンテクストで自分に役に立つかどうかを判断する追加作業が求められる（Cartwright & Hardie, 2012; Munro et al., 2017）。そのリサーチの適合性を査定するには、因果プロセスがどのように有益な結果に導いたのかを理解することもその一部となってくる。

ある介入が自分の置かれたコンテクストで効果があるかどうかを判断するには「サポート要因」に注目する必要がある。例えばその介入が原則として自分のサービスユーザーに効果がありそうだと考えたとしても、その他に何が必要だろうか。支援者は介入をきちんと提供するだけの時間が十分にあるのか、新たな業務方法は支援者が使う記録システムに適合するだろうか、現存する品質保証システムは実務の質をちゃんと評価できるか、などである。これらは実務を有効に行うための要因である。

組織というコンテクストは介入がどのように実施されるかに一番大きな影響を与える。RCTで良い結果を出した新たな教育方法がよそで使われた時にどのようにうまくいくかを観察したSchorr（2011：29）のレビューでは、失敗の確率が高いことを発見し、以下のように結論付けた。

> 我々はコンクリートでバラを育てることはできないことを理解していなかった。人的サービスの改革者や教育者はおしなべて、課題は新たなアイデアを開発することであり、制度を変えることではないと思っていた。彼らはイノベーションや「優れた製品」は、システムの財源、規則制定、標準設定や、説明責任の要求などといった、革新とは相いれないものに縛られることなく、その価値ゆえにシステムの主流になると思い込んでいたのだ。

複雑な社会的コンテクストで介入を実施するかどうかを決める際に検討すべきもう１つの問題が、進行が妨げられる可能性の有無である。どんなものが進行に干渉してくるだろうか？　そういったことはちょくちょく直接業務や機関のすぐ外部で起こるものである。財源の変更は、介入を満足に実施できなくするよくある脅威だ。また協働している他の専門機関などの反応が否定的で、業務を元の形に戻すようプレッシャーをかけてくる場合もある。政府の政策変更があれば、良くも悪くもそれまでとは違う影響を担当家庭に与えて、業務を中断させる可能性もある。

こういったことに対応する１つの戦略を「死亡と失敗を予測する演習」を考案したGary Kleinが提案している（Klein, 2009）。検死の可能性のある児童保護という業務においては無神経なネーミングかもしれないと認識し、彼はこれを別の名前、「水晶玉」演習と呼ぼうとも提案している。これは、自分の介入が適正な機能を果たし、正しいサポート要因の環境が整っているかどうかを考える良い方法を提供してくれる。自分のチームに、自分の決定した取り組みが数週間、数か月後に失敗している様子が水晶玉に映し出されているという設定で、失敗の理由をすべて書き出してもらうのである。この方法でもすべての不備を見つけ出すことはできないだろうが、自分と自分のチームがこれから直面するであろう問題に対し心構えをすることはできるだろう。

**3つのステップを遂行する戦略**

検討している介入方法に自分が狙っている結果を生み出す可能性がどのぐらいあるか評価をするには、3つのステップでの取り組みを遂行する必要がある。1つ目は因果的な役割について、2つ目はサポート要因について、3つ目は介入のプロセスを妨げる要因についてである。

ステップ1
1.介入の因果的な役割を明らかにする
2.自分の状況設定の中でその介入が機能するかどうか査定する

ステップ2
1.自分の状況設定の中でどんなサポート要因が必要かを明らかにする
2.状況設定の中にそのサポート要因が存在するか、あるいはそれを手配できるかを査定する

ステップ3
1.自分の介入の進捗を妨げるものは何かを明らかにする
2.検討中の介入がうまくいかないならば他の介入方法を選ぶなりして、その進行の妨げを軽減するにはどうすればよいかを査定する

(Source. Munro et al., 2017：52)

## 継続的な学習の重要性

方針決定をして新しい課題介入の実施を行った後、複合システムの視点で業務を行うことは管理職にとっては新たな課題を生み出す。介入にあたって、手続きを守ることを監視しているだけでは十分ではないからである。そのアプローチは、一度列車が正しい軌道に乗ったら、そのまま走ることを監視していればきちんと正しい目的地に到着するだろうという線形因果律の前提に立っている。一方、複合システムにおいては、予期せぬ事態が起こることを想定しておかなくてはならない。新たな介入がシステムの他のパーツと相互作用して因果経路が予測不可能なルートをたどるかもしれないという知識は、「常に学び続ける組織」を作ろうという意欲に役立ってきた。つまり何が起きているかを監視するだけでなく、そこから学び、学んだことに応えて適応することのできるシステムとしての組織である。

私は自分のレビューで、イングランドの児童保護のシステムは学習し適応するシステムではあるが、ここで目指しているような学び続ける組織ではないということを示した。規則や手順を順守しているかどうかを学習することは得意だが、有効な児童保護サービスを提供しているかどうかを学んだり、そういった学びに応えて適応することに得意なわけではないのである。これを概念化する１つの方法は、Argyris と Schon（1978）のシングループとダブルループの学習の概念を使うことである。イングランドの児童保護システムは、皆が（規定通りに）物事を正しくやっているかをチェックするシングループ学習しかできなくなって、（子どもたちを助けるという）正しいことをやっているかどうかをチェックするダブルループ学習ができないという硬直したシステムになっていた。ダブルループ学習は、人々に正しい目標設定があるか、その目標を達成するために最適のメソッドを使っているかを考えさせてくれる。このような学習は、小さな修正につながることもあれば、例えば児童保護の改革が何十年も思うような改善ができない理由に対する私の考えの変容のように、問題に対する自分の心象自体を大きく変えて、目標やメソッドを見直すという結果をもたらすこともあるのである。私がレビューで提唱したのは、システムの中の硬直したコンプライアンス中心の実務や文化的要因を変革し、フィードバックとシステム内の柔軟さを促進する要因に置き換え、そのフィードバックに応えて適応し、進化していくということであった。

## 複合的介入のためのリサーチメソッド

社会システムの複合性を認識するためのもう１つの対策は、介入への適正な評価方法としてのRCTの寄与をできるだけ小さくして別の方法を探すことである。Byrne は次のように主張している。

一度この実社会が複合的だと理解したなら、単純性に基づいて構成された方法論の価値は、無ではないが大幅に限定されており、それも特別な状況下でしかあり得ないことを認識しなくてはならない

（Byrne, 2013：226）。

106ページにリストされているウェブサイトにはより詳しく載っているが、複合システムの研究のためのメソッドの共通特性は、「何を」だけでなく、「なぜ」そして「どのように」という質問に答えることに焦点を当てていることである。ほとんどがリアリスト（実在論者）*のリサーチ・パラダイムと一致している（Pawson, 2013; Mitleton-Kelly et al., 2018）。メソッドは、結果を達成するための因果経路やどのように因果要因が組み合わさっているかを解き明かすためのメカニズム研究を検証しようとする。社会システムの変容のメカニズムは、一部は人々の行為主体性に、一部は信念、行動に起因しているとも見られている。介入は単なる業務における有効な因果要因の１つと見られており、それがどのようにシステム内の他の要因と組み合わさるかをより良く理解することが目標の１つなのである。

例えば質的比較分析（Qualitative Comparative Analysis, QCA）**は（Ragin, 2014）、どの要因に影響力があるかを見るために、個別のケース・スタディのより深い理解と、様々なケースを比較する利点とのギャップを埋めることを目指している。これはケースベースの比較メソッドで、質的分析・量的分析の両方を行う。同じ結果を生み出す可能性のある多様な組み合わせの因果条件を含んだ複雑な因果関係を査定するため、INUS条件にも対応することができる。ケースに立脚した反実分析の形に取り組むことも可能にする。

---

* 実在論（realism）とは認識論の考え方で、意識・主観とは異なった独立の客観的存在を認め、それを正しい認識の対象または基準とするもの。知覚や経験の内容をそのまま実在と考える素朴実在論をはじめとして、色・かおりなどの主観的知覚の背後に物理的実在を考えるロックの科学的実在論、カントの経験的実在論、ラシュリエの唯心論的実在論、英国の新実在論、アメリカの批判的実在論など、時代的・地域的に様々の立場がある。

** 質的研究とは実証的研究におけるデータの収集、分析、結果の提示に際し、数量的形式に依存せず、言語的・概念的な性格を持つ質的データを尊重する方法。生態学的妥当性の高い現場でのデータ収集にこだわり、行動の背後にある意味、属する社会や文化に共通の意味やシステムを重要視し、行動の取られたコンテクストに注目。また帰納的な分析により個別事例から一般的ルールを導き出す推論を試みる。

動的パターン・シンセシス（Dynamic Pattern Synthesis, DPS）*は、複合システムの介入を検証するための縦断的方法である。

> DPSは縦断的にケースの軌跡を調査するためにデザインされており、ケースの類似点と相違点の程度が時間とともに安定するか変化するようになるかを検討する。したがって収束（合致）と散逸（相違）のモデリングと、あるケースが１つのクラスターから別のクラスターに移行する場面の観察に関心を払う。このメソッドは継続的なはずれ値を特定し、なぜそれが存在するのかを理論化するためにも使われる。
>
> DPSは時間と共にケースがそれぞれの関わりの中でどのように変化していくかを検証する。
>
> DPSは、例えば「良い」または「悪い」パフォーマンスのパターンや、あるケースが経時的にどのように変化し別のクラスターグループに移行するかを定義しより理解できるように、政策評価者を補助することができる。
>
> 従来のメソッドはケースの収束（合致）を理解する試みとして、散逸（相違）の主要定義を提示するたった１つの従属変数に依存していたが、DPSは類似点と相違点の多変量計測を可能にする。
>
> DPSは必要に応じて、経時的なケース経路を比較対照するために記述的効果統計量を補助的に利用することができる。
>
> （CECAN, 2017）

リアリスト（実在論的）・シンセシス**（Pawson, 2013）は、RCTのシステ

---

* 動的パターン・シンセシスは、クラスター分析、質的比較分析（QCA）などから得た複数のデータを使い、ケース介入で起きる変化の新たなデータを合成（シンセシス）して縦断的に検証する解析方法。

** リアリスト・シンセシスは、内在する因果メカニズムを特定するための広範囲のエビデンスを合成し、それらがどのような条件で作用するかを検証する。何が機能するのか、ではなく、何が誰のためにどんな条件下で機能するのかに答える。

### エビデンスベースの実践に関連した資料とウェブサイト

Drisko, J. and Grady, M.（2012）*Evidence-Based Practice in Clinical Social Work*. Essential Clinical Social Work Series. Dordrecht: Springer.
Macdonald, G.（2000）*Effective Interventions for Child Abuse and Neglect*. Chichester: Wiley.
Newman. T., Mosley, A., Tierney, S. and Ellis, A.（2005）*Evidence-Based Social Work: A Guide for the Perplexed*. Lyme Regis: Russell House Publishing.
Rubin, A. and Babbie, E.R.（2016）*Empowerment Series: Research Methods for Social Work*. Boston, MA: Cengage Learning.

### 実務に関連したリサーチ結果の載ったウェブページ

インターネットにより、実務者のリサーチへのアクセスは一変した。膨大な種類のデータにアクセスできるだけでなく、常にアップデートされ、最新の研究成果を見ることができる。実務者の必要に応じてリサーチ結果に便利にアクセスできるように、多くのウェブサイトが開発されている。関連するリサーチのウェブページへのリンクと同時に、リソースをどのように使うかのガイダンスまで提供してくれる。多くは研究結果の要約を載せ、実践にどのように影響があるのかのあらましを教えてくれている。

**www.campbellcollaboration.org**　こちらは国際的NPOで、社会学、行動学、教育学の分野での介入の有効性について確実な情報を得た上で、人々が意思決定できるよう支援することを目的にしている。ランダム化比較試験（RCT）の一覧表を収容しており、介入研究のシステマティック・レビューも使えるようになっている。「社会福祉」の項では、児童福祉に関するたくさんのレビューが載っており、さらに多くのレビューが追加の過程にある。

**http://whatworks-csc.org.uk**　The What Works Centre for Children's Social Careは、子どものソーシャルケア部門で働く実務者と政策立案者に可能な限り最善のリサーチ・エビデンスを提供する新しいウェブサイトである。

**www.eif.org.uk/**　子どものネグレクトに特に関連がある、The Early Intervention Foundation（早期介入基金）は、将来、劣悪な状況を経験するリスクの高い子どもや青少年の生活を改善するための有効な早期介入に役立つ研究のサマリーを提供している。

**www.scie-socialcareonline.org.uk**　「training and learning（研修と学習）」の項目ではインターネットのスキルの向上に役立つオンライン授業のリンクがあって、検索エンジンをうまく使って関連のあるリサーチを見つけるためのキーワードの設定方法や、リサーチ成果をどのように批判的に評価するかを学ぶことができる。

**www.nice.org.uk**　The National Institute for Health and Care Excellence（英国国立医療技術評価機構）は、児童虐待とネグレクトに関した広範囲の資料を所有している。

**www.childwelfare.gov**　元はthe National Clearinghouse on Child Abuse and Neglect とthe National Adoption Information Clearinghouse。現在はthe Child Welfare Information Gatewayで、このサイトでは子どもを保護し、家族の絆を強めるための情報とリソースへアクセスすることができる。

**http://cwrp.ca**　The Canadian Centre of Excellence for Child Welfare（CECW, カナダ児童福祉研究所）は、児童虐待とネグレクトの防止と対策の知識を普及し、研究を育成している。

**www.aifs.gov.au/nch/**　児童虐待とネグレクトに力を入れる、家庭内暴力に関連したオーストラリアの情報諮問研究ユニット

**複合的介入の評価メソッドについての参考資料**


Blackman, T., Wistow, J. and Byrne, D.（2013）Using Qualitative Comparative Analysis to understand complex policy problems. *Evaluation*, 19(2): 126-40

Byrne, D.（2013）Evaluating complex social interventions in a complex world. *Evaluation*, 19(3): 217-28. doi:10.1177/1356389013495617

Callaghan, G.（2008）Evaluation and negotiated order: developing the application of complexity theory. *Evaluation*, 14(4): 399-411.

Mitleton-Kelly, E., Paraskevas, A. and Day, C.（2018）*Handbook of Research Methods in Complexity Science: Theory and Applications*. Cheltenham: Edward Elgar Publishing.

Pawson, R.（2013）*The Science of Evaluation: A Realist Manifesto*. London: Sage.


**複合的介入についてのウェブページ**

**https://realistmethodology-cares.org**　The Centre for Advancement in Realist Evaluation and Synthesis（CARES, リアリスト評価シンセシス促進センター）は、オンラインの研修コースを提供し、過去の研究者によるプレゼンやリアリスト評価を使った研究の詳細などを収めたライブラリーを運営している。

**www.cecan.ac.uk**　The Centre for the Evaluation of Complexity across the Nexus（CECAN、ネクサス領域を横断する複合性評価センター）は、現実世界の一連のケース・スタディ・プロジェクトを通して、食品、エネルギー、水、環境などのネクサス領域の政策評価を横断的に行う革新的なアプローチとメソッドを共同出資者と共に先駆けて開発、試験、利用促進している。またトレーニングコースやセミナーを提供し、アイデアをシェアすることを奨励している。

**www.betterevaluation.org/en**　オプション（メソッドやプロセス）や、アプローチの知識を創出しシェアすることで評価実務と理論を向上させるための国際的協働の組織。

マティック・レビュー*に代わるものである。介入において、変化の理論（Theory of Change, TOC）や論理モデルは、何が起きるのかの理論化だけでなく、どう起きるのかを予測する因果メカニズムに注目するという出発点を授けてくれる。その狙いは、変化の因果メカニズムの中でひとつひとつのステップを支えるためのエビデンスを集め、それらがどんな条件の下でどのように作用するか、「何が、誰のために、どのような状況下で役立つか」という疑問に答えることである。例えばサインズ・オブ・セイフティの変化の理論では、家族と協働関係を築くことがステップの１つとして組み込まれているが、協働の因果的重要性についてのリサーチの多くが、このステップをプロセスに取り入れる根拠となっている。

## ウェブサイトと参考資料

本書の前版では実証主義のエビデンスベースの実践のための参考資料とウェブサイトを取り上げた（106ページ参照）。本版の改訂を反映して、複合的社会介入の評価に関した参考資料とウェブサイトのリストを追加することにした。

## 結　論

本章は、理論を検証するためのエビデンスを求める厳密で明確なリサーチメソッドの価値に疑問を呈するものではない。しかし児童保護の実践に情報を与えるために客観的で普遍的に応用可能な理論は開発可能だとする、現在主流の実証主義的アプローチには挑戦するものである。この世界の複雑性はそのような野心を持つには深刻な限界があることを私は述べてきた。そうではなく、情報は偶発的なものであり、時と場合によって変化するので、ある設定で有効な実践も別の設定で同じように効果があるかどうかは

* システマティック・レビューとは、文献をくまなく調査し、ランダム化比較試験（RCT）のような質の高い研究のデータを、出版バイアスのようなデータの偏りを限りなく除き、分析を行うことである。

分からないのだ。だからといってリサーチの成果を放棄しろということではなく、それが自分たちにも本当に有効かどうか判断するためには、もっと調べる必要があるということである。

加えて、エビデンスベースの実践のための標準的アプローチが原因を議論することを避けてRCTのブラックボックス的方法論を好み、相関関係だけを議論しているのとは反対に、複雑性はリサーチの結論に導く因果メカニズムを理解することの重要さを強調する。質的比較分析（QCA）や動的パターン・シンセシス（DPS）などの新たなリサーチ方法は質的・量的の両方のメソッドを兼ね備えており、変数が展開する因果経路に影響するかだけでなくどのように影響を与えるのかを明らかにできる。

支援者は介入の評価研究を十分に活用しないといって批判されてきたが、整然とした客観的な世界観の実証主義的研究と、支援者が毎日遭遇する多様で複雑で予測不可能な出来事の程度とのギャップを思えば、彼らの抵抗も理解ができる。おそらく複合科学に則ったリサーチの方が、支援者にとってはより関連性があるように見えるのではないだろうか。

## サマリー

- RCTの結果はそのコンテクストに限られたものである。新たなコンテクストでも応用できるかどうかは元のコンテクストと新たなコンテクストの詳細な理解が必要である。
- 効果の有効性が達成される因果メカニズムの理解が深まるほど、これを新たなコンテクストで再現することが容易になる。
- 介入がどのように使われているかをモニター（監視）し続けることは重要である。実務者の行動は彼らが働くシステムの変化により影響を受けるからである。
- オープンな社会システムに見られる複雑な因果経路に適合するように設計された複雑な介入を評価するのには、新しいメソッドが使われるようになっている。

# 第5章
# 社会的コンテクスト

1989年の国連児童の権利に関する条約は、現在、南スーダンとアメリカ合衆国を除きすべての国連加盟国によって批准されており、子どもの処遇と養育に対する理念と基準を提示している。特に第19条は児童虐待の問題について取り上げている。

> 締約国は、児童が父母、法定保護者又は児童を監護する他の者による監護を受けている間において、あらゆる形態の身体的若しくは精神的な暴力、傷害若しくは虐待、放置若しくは怠慢な取扱い、不当な取扱い又は搾取（性的虐待を含む。）からその児童を保護するためすべての適当な立法上、行政上、社会上及び教育上の措置を取る（United Nations, 1989：318）。　（政府訳）

一見したところ、子どものニーズや権利についての高いレベルの国際的合意というものが存在し、児童保護業務とも共通点が多いように見えるかもしれない。しかしこの条約は、実はまだどの国でも達成できていない子どものウェルビーイング（幸福）と社会的地位に対する強い望みを反映しているのである。実際、世界の膨大な数の子どもたちにとって、戦争や飢餓、干ばつ、洪水、疫病や慢性的な貧困に曝されている現実から、これは程遠い。条約の項目にある高尚な抽象的概念からそれぞれの国が子どもをどのように捉え扱っているかに目を移すと、そこに大きな食い違いを見つけることになるだろう。子ども期や家族についての基本的な概念、子どもと親との関係に関しての考え、そして親と国家の持つ相対的な義務や権利についても、それぞれの社会ではその基本的概念が大きく異なるのである。

親や養育者による危害から子どもを保護する業務は、そのプロセスのすべての工程を形作る社会的コンテクストの中で行われる。あるレベルで見れば、推論のプロセスはどの国でも通用し、判断や決定を行う論理構造は一定である。しかし判断や決定の内容は、そもそも何が虐待と見なされるかという最初の前提から始まり、専門家の介入に対する義務や権利、どんな選択肢があるか、また可能性としての他の解決法の相対的な望ましさに至るまで、それが行われる社会の産物である。現行の児童保護システムの形は、すべてその文化と歴史の産物なのだ。また虐待する親だけでなく子育てに関してすべての親にどのようなタイプの支援を提供しているのかや、国家の家庭や子どもに対するより一般的な姿勢に関連しても理解する必要がある。

虐待による死亡率のばらつきは、子どもが育つ社会的コンテクストがいかに重要であるかを示す特筆すべき証明となる。UNICEFによる富裕国の比較研究（Innocenti Research Centre, 2003）では、比較可能な統計の確保の問題も認識された上で、報告された死亡率について顕著な差異があることが分かった。スペイン、ギリシャ、イタリア、アイルランド、ノルウェーの５か国で特に低い発生率であり、アメリカ合衆国、メキシコ、ポルトガルでは、平均よりかなり高い発生率があった。ドイツと英国では毎週２人、フランスでは毎週３人、日本では毎週４人、アメリカでは毎週27人の子どもが虐待とネグレクトにより死亡していた。

社会的要因の重要性は、BriggsとCutrightの1994年の研究でも描かれている。幼児の殺害率を1965年から1988年の間に21か国で国際比較したものだが、それによると家庭内のストレス、利用できる資源、女性の地位、暴力的行動様式などのすべての指標が乳幼児の殺害率に独立した大きな影響を与えていることが明らかになった。彼らはさらに、乳幼児の殺害率の高さに関して以下の３つの相関関係を挙げている。女性の労働率が高くなると、女性の高等教育の在籍が男性比で低くなり、レイプの率は高くなるというものである。

本章では、現在における子ども期の概念や家族政策全般（特に児童福祉サービス）の発展、福祉国家システムにおける現在の緊張、変遷する社会のパターンと構造など、多くのことを取り上げる。また先進国の概要から入り、実例として英国の歴史に焦点を当てて、広範囲の説明を行う。児童保護における社会的コンテクストの重要性を実証し、未知のインパクトを与えるであろう大きな社会経済的変化を明らかにしていくことが本章の目的である。子どもたちの経験と発達の経路の多様性は、複雑な世界観と合致するものなのである。

## 子ども期への認識

私たちが先進国で知っている子ども期という概念は、比較的新しいものである。子どもは生きるために身体的に他の人に頼らなければならない特別なニーズを持っているが、その期間は大変に短いものだという考えが昔は支配的であった。かつて子どもたちは5歳か6歳になって基本的な世話が自分でできるようになれば、大人の世界の仕事や遊びに仲間入りをしていたのである。16世紀の英国では、法的に大人と見なされたのは10歳からであった。女子はそれまでに結婚していることも多く、男子の結婚はそれより少し遅いぐらいであった。ほとんどの子どもが公的教育は受けていなかった。「生活は粗野で学ぶべきことなどあまりなかった」(Aries, 1962)。

16、17世紀になると富裕層の間で子どもへの新しい視点が発達し、子ども期は大人の持つ義務から解放された、無垢な遊びの時期だと見なされるようになった。Ariesは、当時大人になることを遅らせた1つの実際的な理由は、甲冑が子どもが身に着けるには重すぎるようになり、上流家庭の子息は父親の横に並んで戦うようになるまでは大人とは見なされなかったからだとしている。

しかしほとんどの家庭の子どもたちは貧しく、体力的に可能になればすぐに稼業に貢献しなければならず、子ども期という特別な期間はなかった。農村社会では仕事と家庭、あるいは私生活と公的な生活のはっきりした区別はなかった。また今日の核家族のように家族の境界もなかったため、子どもたちのニーズは親だけでなく、より広いコミュニティの中で満たされていた。

子ども期の本質と子どものニーズについての議論は、そこに内在する子どもの本質に対する認識の著しい相違を常に反映してきた。子どもは聖人とも罪人とも見られてきたのである。例えばルソー（Rousseau）のように、ロマン派は子どもは聖人で子ども期は無垢な時期だと提唱した。彼らは生まれた時は善だが、世間によって堕落する。したがって子ども期は悪の世界から守り、純粋な時期をできるだけ長引かせなくてはならないという。

しかしJohn Wesleyが提唱するように、福音派の視点では逆の立場を取っており、子どもは罪人として生まれ、善になるためにはしつけられなくてはならないとしている。親は「子どもを親の意志に従わせ、ゆくゆくは神の支配下に置く」ために「子どもの意志を打ち砕く」ことを強く促されるのである（Holway, 1963）。

イングランドで起きたJames Bulger（ジェイムズ・バルジャー）の悲惨な事件は、子ども期に対する上記のような２種類の認識が今でも不穏な近さで共存していることを示している。２歳のジェイムズは２人の10歳の少年により、残忍に殺された。ジェイムスは無邪気で脆弱な子どもの典型として全英の同情をかった。彼が殺人者である少年らを信用してついていくところがCCTV（監視カメラ）で録画されていた。一方の加害者たちは、自分たちが何をしでかしたのかを十分に理解できるのかも疑問なほどまだ幼かったにもかかわらず、邪悪と堕落の典型のように描かれたのだ。彼らをこのような行動に駆り立てるには、いったいどのような人生経験を彼らがそれまで耐えてきたのか、それに対する関心はほとんどなかったのである。世間が強く望んだことは加害者の治療や更生ではなく、罰を与える判決であった。この処罰感情は大変に強く、８年後に彼らが刑務所から出所した時も、安全を配慮して新たな身分を与えた上でメディアは新たな名前も住所も生涯にわたり曝露できないという禁止令が出された。

聖人であれ罪人であれ、現在子どもは成人の能力をゆっくりと身に着けるため、社会に出て十分な役割を果たす前に長期にわたる指導や助言が必要だと考えられている。先進国では、その養育の場は家庭だという見方が典型的である。

> 一般的に、家庭と、その子どもを生産し社会化させる役割に関しては、代わるものはないとされており、愛情と個性を大切にする家庭養育は社会が尊重する結果を導くためには欠かせないものだというエビデンスが次々と見つかっている（Zigler et al., 1996：31）。

国連児童の権利に関する条約は、現代社会において子どもは周りの大人と同様に自身が独立した権利の主体だという新たな子ども観を反映しており、子どもはその潜在能力を最大に発達させるため、成長過程で複合的なニーズを満たしてもらう権利を有する。この文脈の中では虐待やネグレクトからの保護というのは多くの要求の中のたった1つでしかなく、各社会はこれまで子どもや親に対して広範囲のサービスを展開しており、その質の良し悪しが子どもたちの安全を促進したり妨げたりするのである。

## 福祉と家族政策の現在の課題

子どもと家庭に対する公共政策は先進国では社会政策の不可欠な一部となっている。ここでは「家族政策」という言葉を使うが、子どものいる家庭の状況に影響を及ぼすように設計された政策（例えば母子保健政策など）と、家庭に明確な結果を引き起こす政策（例えば母親がパートタイム職をすることを偶発的に妨げるような税制など）の両方を総称して使っている。家族政策の形成の基礎的根拠は、「社会には子どもが必要で、子どもには健康で良い教育を受けて、最終的には生産的な働き手としての市民、親になってもらう必要がある」（Kamerman, 1996：32）というものである。

社会政策は経済政策とは切っても切れないものであり、過去50年にわたって後者の変化が幾度となく社会政策の大きな改正をもたらしてきた。そしてすべて家庭への福祉提供に大きな影響を与えてきたのである。先進国の政策の詳細にはそれぞれ違いは多々あるが、1945年以降の経済政策では全般的に3つの大きな局面があった。「埋め込まれたリベラリズム」「ネオリベラリズム」そして現在出現している「社会投資型社会」である。

第二次世界大戦の後、ブレトン・ウッズ協定により新しい世界秩序が構築され、国際連合、世界銀行、IMFや、バーゼルの国際決済銀行などが設立されて国際関係の安定に寄与した（Harvey, 2005：10）。ソビエト連邦圏以外の先進国はケインズの経済理論に基づいて、完全雇用、経済成長と国民の福祉に焦点を当てるべきだという認識を共通に持っていた。この目的を達成するために、彼らは市場プロセスには国家権力を使って介入するべきとしていた。こういったアプローチは「通常『埋め込まれたリベラリズム』と呼ばれ、市場プロセスや企業などの活動が、ある時には制限を与え別の機会には経済産業の戦略を先導する社会政治的な制約の網や規制的環境に囲まれていることを示唆するものであった」(Harvey, 2005：11)。

この経済的アプローチでは、提供の方法は様々であったが、ニーズのある人々に保健、教育、住宅や所得維持といった社会福祉のサービス提供を是認するものであった（福祉国家の進化の種類の詳細説明はEsping-Anderson, 1990を参照)。社会的統合や社会正義についての懸案事項は、課題の中でも優先順位が高かったのである。

埋め込まれたリベラリズムの介入主義的アプローチは1950～60年代に高い経済成長率と共に、保健、教育、所得維持、子どもの福祉や発達に並々ならない影響を与えたサービスで、高い福祉支出を主導した。しかし1960年から問題が出始めた。失業率とインフレ率が上がり始め、税収の減少と社会支出の増加につれて危機が起きてきたのだ。対抗策として、左派政党は国家の管理や経済規制を強めることを提唱し、右派は管理を弱めることを支持した。そして後者が勝ったのである。程度の差はあれ、世界中でネオリベラルの政策が次々と導入されて1990年代までには「ワシントン・コンセンサス」*が生まれ、ネオリベラリズムは新たな正説となった(Harvey, 2005)。ネオリベラリズムは「強い私的財産権や自由市場、自由貿易に特徴づけられる構造枠組みの中で、個人の起業家精神の自由とスキルを解放することで人間の幸福を最も高めることができると提案する」(同上：2)。その結果1970年代以来、市場や貿易の自由度を上げるために、規制緩和や民営化が進められ、社会福祉提供の多くの分野から国が手を引くという強力な変化が起きた。埋め込まれたリベラリズムが、ニーズのある人々には政府がセイフティネットを提供する必要があると理解していたのに対し、ネオリベラリズムは福祉サービスの経済的コストや人々がそれ

---

*　ジョン・ウイリアムソンが1989年に用いた用語でラテン・アメリカなど危機にみまわれた途上諸国に必要な経済安定・改革のための政策の総称。米政府、連邦予算局やIMF、世界銀行等の国際機関など、米国首都（ワシントンDC）にある組織の間のコンセンサスとしておよそ10の政策処方箋を挙げた。貿易や投資の自由化、公的部門の民営化、政府介入の極小化、通貨危機には財政緊縮、金融引き締めを提言するなど市場原理を重視した。

**特に子どもに注目した統計**

- 270万人の子どもがBHCで相対的低所得で（子どもの19%）、前年とほぼ同じ。
- 220万人の子どもがBHCで絶対的低所得で（子どもの16%）、前年より20万人減。
- 410万人の子どもがAHCで相対的低所得で（子どもの30%）、前年よりも10万人増。
- 350万人の子どもがAHCで絶対的低所得で（子どもの26%）、前年よりも20万人減。

(Source：DWP Households below average income, 2016/17)

に依存的になるリスクの方により関心があったのだ。1980年代にネオリベラリズムの政策を熱心に実施してきた英国やニュージーランドでは、福祉の提供はその量だけではなく、その提供のされ方——対象を普遍的なものから選択的にしたり、福祉サービスへ民間やボランタリー部門の参入を利用したりするなど、大きな変化が起きたのである。

またこの時期には社会的格差が大きく広がり、子どもたちに大きな影響を与えた。英国では、1980年代の高い子どもの貧困率が労働党が政権を取った1997年から2008年までの間には低下したが、その後また高くなっている。上の枠内に2016～17年の政府の統計の数値を載せてある。貧困の水準は2段階になっている。相対的低所得は、その年の所得中央値（インフレ率調整後）の60%未満の収入の世帯である。絶対的低所得は、基礎年（通常2010～11年）の所得中央値（インフレ率調整後）の60%未満の収入の世帯である。住居費込みの所得（BHC）と住居費を除く所得（AHC）も記録してある。低所得世帯では住宅費に平均以上の比率を費やしている。

貧困を経験しているのはひとり親家庭などの特定グループだけではなく、すべての領域の家庭である。工業生産の形が変化してきており、都市や町から雇用が失われつつある。雇用されている住民の方が特別だという集合住宅には、親が働いているところを見たことがないという子どもたちがおり、犯罪や薬物乱用の率が高く、住宅の質も公立学校の質も劣悪という地域である。このような地域で育つ子どもたちには、多くの子どもにとって当たり前とされる人生のチャンスはほとんど手に入らない。適度に裕福な人々と、極貧の人々の二極化はどんどんひどくなり「社会的排除」という概念が新たに生まれたのである。この言葉の曖昧さには悪評があるが、ただ貧困のみを表すのではなく社会に十分に参加できていないという目に見えない顛末を捉えようとしている。この問題を議論する時、生活困難者に対する利他主義と利己主義、あるいは同情と怖れといった根強い相対する態度が反映されがちである。アメリカのコメンテーター、Charles Murrayにとっては、怖れが一番支配的な感情だ。彼によると社会的排除は、法律を守り真面目に働く市民になれずに薬物などの犯罪に関わり、自活もせずに子育てすらまともにできないことで社会に脅威を与える、社会規範外に住むアンダークラスの人々を作りだしている（Murrey, 1990）。一方ベテランの労働党議員のFrank Fieldはより同情的な視点から見ており、彼らが社会で十分な役割を果たそうとする時に直面する様々な障害を考えれば、それこそまさに社会的に排除されていると定義されるとしている（Field, 1989）。

貧しい親であっても子どもの面倒をきちんと見ることはできるが、常に基本的ニーズを満たすための闘いに追われている状況は、彼らのストレスを著しく高めている。よって、児童保護サービスの職員が知る家庭の、すべてに当てはまらないものの主要な特徴に貧困があることは、驚くにはあたらないのである。英国の公的養護の対象になっている子どもの90％の家庭は所得補助金を受けている（Local Government Association, 1997：3）。低所得の家庭では生活は食べ物や暖房、必要な衣服など基本的なニーズを満たすための絶え間ない闘いであり、彼らには他の人々が当たり前と考えている活動に参加するような機会もないことが研究で示されている（Kempson, 1996; Middleton et al., 1997）。

福祉政策は個人の自由と社会正義との葛藤に常に直面してきた。ネオリベラリズムは個人の自由を優先したが、一部の人間の富を増やした一方で、それが作りだした社会変化がその他の人々には負のインパクトを与えたため、社会正義という点で懸念が生まれた。1997年に政権を取ったニュー・レイバー（新しい労働党）は、埋め込まれたリベラリズムの経済的失敗も、ネオリベラリズムの社会的不正義も避けて、「第三の道」を取ることを約束した。ニュー・レイバーの説明する理念は、福祉を提供するための「社会投資」を包含したもので、経済成長を進める社会政策を求めて経済政策と社会政策を組み合わせるこれに類似の傾向は他の国々でも表れ始めている。

社会投資アプローチのキー・ポイントは、投資をすればリターンを期待するというものであり、人々が経済活動に参加して社会に対する責任を果たすことができるようになれば、それがリターンである。埋め込まれたリベラリズムは人々の自活を助けるというよりは、依存的な状態を維持するタイプの（福祉の）提供だと批判される。当時の財務大臣のゴードン・ブラウンは社会投資モデルがどのように違うかを説明した。

> 政府の役割は、教育や雇用、経済的な機会を拡大し、より強いコミュニティを奨励することで人々の能力を高めてエンパワーし、彼らが家族や自分の将来のためにグローバリゼーションを役立てるようにすることです（Brown, 2002）。

「セイフティネットではなくスプリングボードを提供」とか「ハンドアウト（ただ与えること）ではなく、ハンドアップ（自主的に手を挙げること）」などといった政治的キャッチフレーズは、福祉が短期支援を提供し積極的な救済者となって、人々が自立できるようにする意欲を伝えている。英国で新たに導入された様々な政策は人々が依存から抜け出すための支援という目的を共有している。社会正義は、ひとりひとりに平等な機会が提供され、それぞれがチャンスをつかみ取る責任を持つことで、最善に達成しうると考えられている。

投資に焦点を当てるのは、子どもへの投資が多くの人にとって社会投資アプローチのキーであると理解されているからである。Esping-Anderson et al.（2002：30）は「子どもに向けた社会投資戦略は社会的包摂のためのあらゆる政策の中心でなくてはならない」という典型的な見解を示している。子どもの幼児期の体験と教育への投資は、費用対効果が一番良いと見られている。結果として、Every Child Matters（どの子も大事、イングランド）、No Child Left Behind（１人も落ちこぼれない、アメリカ）、Every Child, Every Chance（どの子にもチャンスを、オーストラリア、ビクトリア州）など、似たような名前を付けた意欲的な政策が多くの国で立案された。導入されたプログラムは、特に学齢前の子どもに保育を提供してより教育的な体験をさせたり、育児教室や集中的な家庭訪問など、保護者の育児を支援するための幅広いサポートを提供することに焦点を当てて取り組んでいる。

小児期の逆境体験（ACEs）の因果的影響についてのリサーチのおかげで、子どもの発達と予後のために家庭支援のサービスをもっと増やそうという政治的議論が強まっている（House of Commons Science and Technology Committee, 2018）。そういった支援サービスが子どもの逆境的体験を減らすだけでなく、長期的に見ても集中的な（かつ高額の）児童保護というサービスの需要を減らし、公的資源を倹約できるというエビデンスも出されている（Early Intervention Foundation, 2016）。また子どもの後半の人生では、刑事司法やメンタル面や健康面でのサービス供与への需要が少なくなるという点でさらなる節約になる（Conti et al., 2016）。

ACEsについての多くの研究報告では、子どもの発達の多様性が示されている。人生の後半で発生する様々な問題の確率をACEs経験が高めるというエビデンスはたくさんあるようだが、一方でそれぞれの子どもがどのような人生経路をたどるか予測することはできない。ウェールズの成人を対象にした研究では、ACEsの体験のない成人の14％、ACEsの中の１つを体験していた成人の16％、そしてACEsの２つか３つを体験していた人の23％、４つ以上を体験していた人の41％が、精神的に不安定になった時に悪影響が現れたという結果が出ている（Bellis et al., 2016）。このように多様な因果経路が示唆しているのは、背景にある原因は非線形だということである。

この一連のリサーチでは、自分が研究するシステムの範囲をどこにするかというシステム上の問題も例証している。このケースの場合、ACEsリサーチでは問題の焦点は家庭内のことだが、別のアプローチとしては、家族が生活をしているより広い社会システムを取り込むこともできる。この場合、貧困はACEsのうちいくつかの可能性を高めるだけでなく、子どもの発達に負のインパクトが及ぶ可能性も知られているため、対象に加えた方がいいだろう（Cooper & Stewart, 2017）。

人口動態の変化もまた、福祉の提供を左右するものである。先進国はすべて、現在大きな変換期にある。平均寿命は延びて出生率が低下しているため、高齢者に対する若年者（及び退職者に対する労働者）の比率が変容しているのだ。イングランドとウェールズでは、65歳以上の人口割合が1901年には5%だったが、2017年には18.2%になった。家族構成もまた変化している。欧州のすべての国で結婚する人の数が過去20〜30年の間に減少し、同棲することがますます当たり前になってきた。英国では、16歳から29歳までのカップルで同棲している人の数は1980年代からはほぼ2倍になり、40%ほどになった。生まれてくる赤ちゃんの3分の1は、婚外子となっている。また英国で結婚する10組のうち4組が離婚するほど離婚率は上がってきており、ひとり親世帯は1971年から3倍に増加、すべての家庭の中の4分の1を占めている。このような変化の結果、一家には稼ぎ手の夫がいて専業主婦が子どもの面倒を見るという伝統的な家族は、現在では全世帯の8%でしかなくなったのである。

働き方のパターンの変容もまた、子育てに大きな影響を与えている。子どもを持つ女性がかつてないほど大勢労働市場に参入しており、良質の保育サービスの提供や、育児休暇や時短労働の条件など子育てに配慮した雇用政策への需要に結び付いている。

## 児童福祉と児童保護サービスの発展

法定サービスには、主に以下の3つの責任領域がある。

1. 両親が何らかの事情により子どもの保育に欠ける場合の、代替ケアを提供すること。
2. 家族を支援して子どもたちのニーズを満たすこと。このカテゴリーは虐待やネグレクト問題だけに狭く焦点を当てるのではなく、広い範囲のニーズをカバーすることを知っておくことが重要。例えば障害を持つ子どもはこのカテゴリーに入る。

3. 養育者からの虐待やネグレクトのリスクがあると思われる子どもを調査して保護すること。

現在これら３つの要素はすべて明白に評価されてはいるが、その相対的重要性は国によって違いがあり、それぞれの児童保護機関で異なる優先順位を形成している。大まかに一般化すると、英語圏の国（英国、アメリカ、カナダ、オーストラリア、ニュージーランド）では調査や保護サービスに予算を投入しているが、ヨーロッパ大陸では家族支援により重点を置いている（Hatherington et al., 1997; Pringle, 1998; Freymond & Cameron, 2006）。

英国の歴史を見ると児童福祉の基本的フレームワークがいかに広く一般社会の視点の産物であるか、また専門家の選択の範囲がいかにこういう外圧によって制限されていて、そのせいで児童保護サービスが常にその国にあつらえて作られているかが分かる。

## 児童福祉の重要な進展

英国における子どもへのサービスの各要素の相対的な重要性は、時代によって大きく変わってきた。1601 年の貧困法では孤児の面倒を見るという第一のカテゴリーだけに取り組んでいた。支援にしろ取り締まりにしろ、国家は家庭内の親密な関係に介入することには歴史的に大変消極的だったのである。家庭のプライバシーはリベラルな社会において、何より重要な権利基盤だったのだ。

最初の公的介入は、実親ではなく里親の家庭に対する間接的なものであった。1872 年の乳幼児保護法は、働く母親のために大勢の赤ん坊が１つの家庭で養育されるベビー・ファーミング（赤ちゃん農場）と呼ばれるものに対しての社会の懸念の高まりを反映している。この法律では１歳にならない乳児を２人以上養育する人間は、地方自治体で登録し、査定を受ける対象となることを求めた。

19世紀になり、子どもの生活の質はより公的になってモニター（監視）の対象になったため、彼らの貧困やはく奪の影響がより明らかになった。子どもは学校に通うようになり、教師たちは劣悪な栄養状態と養育の結果として知的にも体力的にもハンディキャップを持った子どもたちが人口のうちどのぐらいいるのかを把握できるようになった。19世紀の終わりのボーア戦争では、貧困が身体に与える重大な影響が明らかになった。労働階級の多くの新兵が脆弱すぎて軍では使い物にならないことが分かったのである。

このようなはく奪の兆候をなんとかしようという動機の源は、英民族が退化しその結果として世界経済での競争力が落ちるだろうというおそれと、労働階級の福祉に対する直接的な懸念だったのである。当時増え始めていた、フィラントロピー（人道主義）を推進する中産階級の女性グループの余暇や意欲も助けになった（Parton, 1985）。

健康で道徳的な子どもを育てるには、家庭内に重要な因果要因があるという精神学的な理解も高まっていった。ネグレクトや過度に厳しいしつけはどちらも大変に有害であり、死亡や成人期の深刻な問題に結び付く可能性がある。このためアメリカの手本を見習い、児童虐待防止協会（NSPCC）が発足したのである。この団体が強く推して、1889年には児童虐待防止法ができ、父親の体罰などに制限を設けたが、それでも一定の懲罰を許してはいた。NSPCCができてから通告は増え続け、1910年までには1年で5万件を超えるケースが調査されるようになった。この頃は、親による虐待よりも貧困の方が子どもの主な死因になっていた。貧困地区では子どもの3分の1が1歳にならないうちに亡くなっていたのだが、そういうケースがあまりにも多かったため、NSPCCの職員には死体の衛生的な取扱いについて指導が与えられていたぐらいであった。彼らが取り扱ったケースの80～90％がネグレクトと分類され、ほんの7～10％ほどが虐待と分類されていた。子どもの虐待は、貧困層にだけ起きる階級問題だと思われていた。

また、NSPCCでは家庭内での性的虐待にも気が付いていた（これについては1980年代以降にやっと認知されたと言われているが)。しかし確認されたケースの数は少なく、1910年には性的虐待を含む犯罪行為とされていたのは通告された1%未満であった。NSPCCは性的虐待に対してキャンペーンを行い、1908年には最初の近親相姦禁止法を議会で通したが、当初この法の下では訴訟はほとんど行われなかった。初年には24件で、1920年には57件に増えた。1980年代には訴訟は1年に500件ほどになっており、この問題は世間に広く知られるようになり、批判の対象になっていったのである。

かつては虐待というよりは母親の育児能力の低さによるネグレクトが子どもの死の主たる原因と見られていた（父親は子育てを直接行わない一家の稼ぎ手とされていた)。社会は、子どもの生存率に高い期待を持つようになった。劣悪な養育は、両親の道徳的堕落のしるしと見られるだけでなく、子どもの死は適者生存の証明であるとして、許容されなくなったのである。母親の育児の質は重要で、専門家の支援によって改善するということが理解されるようになってきた。1907年には労働階級の母親たちがより良い子育てができるように支援するため保健師による家庭訪問が始まった。一般社会の状況が向上したことが、子どもたちの健康や生存率に一番大きな影響を与えた。公衆衛生対策と生活水準の向上で、子どもの死亡率はそれからの30年で減少していったのである。

第一次世界大戦の後、子ども、特に障害児や非行少年、そして才能のある子の発達を研究するため、心理学や精神病理学が盛んになった。研究の興味は明らかに、経済的というよりは心理学的な要素にあった。この時代には子ども相談のクリニックができ始め、より良い養育のための子どもの扱いを母親たちに提供していた。乳幼児の死亡率と青少年の非行が児童虐待よりも大きな懸念材料だったのである。当時は男性による妻や子どもへの暴力は、世間ではあまり関心を持たれていなかったようである。少なくとも世間ではそういった暴力は非難の対象ではなく、虐待された子どもについて調べたり、保護しようという動機はあまりなかったのである。

第二次世界大戦では、再び子どもの状況が一般の人々の注意を引きつけた。集団疎開が農村地域の人々に、都市部の貧困がどれほどひどく、それが子どもの健康や振る舞いにどれほど悪影響があるかを見せつけたのである。また疎開は人々が人間関係の大切さを思い知る良い機会にもなった。母と子を分離して子どもたちを安全な場所に置き、母親には戦時下の仕事をさせることができたことは政治家には都合が良かったのだが、母親も子どもも別れて暮らすことはつらく、子どもたちは母親から別れることで大変に動揺したのである。こうした所見は、John Bowlby（1953）の展開したアタッチメント・セオリーの研究でも裏付けられた。この理論は幼児期に安定した愛情深い関係を持つことが人間が幸福でバランスの取れた大人に成長していくためにはとても重要だというものである。戦後すぐに彼の見識は世間の注目を浴び、当時の政治的傾向にも合っていたために広く受け入れられた。母親たちに戦時労働をさせるために子どもの養育を他の人に任せるように奨励した政治家たちは、今度は彼女たちに家庭に戻り、仕事は男に返すことを望んだのだ。

戦後、2つの大きな報告書が児童福祉サービスの改正に結び付いた。まず1件目は、1945年にDennis O'Neil（デニス・オニール）が彼の養父に殺された事件で、大変大きな注目を浴びた。彼の養育に関する公式調査では、デニスとその弟の里親はろくな適性検査もされずに子どもを預かり、その後の2人の養育に関して継続的指導もなかったとされている（Home Office, 1945）。2件目は1946年のCurtis報告書で、社会的養護を受けている子どもたちが「親や親戚と暮らす普通の家庭生活をはく奪されている」状況を取り上げた。これら2つの報告書が1948年の児童法に結び付くのだが、これにより児童局や児童保護担当官ができて、里親を査定、監視する責任が大幅に高まったのである。

またこの法律は戦後の福祉国家の創設の一環として制定され、貧困法の汚名を捨てて、もっと前向きで楽観的な家族観を体現するものとなった。

> 1948年の児童法は、悪い保護者を罰するためにできたのではなく、子どもの利益のために作られた。血縁家族の強みとその成長する力を重要視し、子どもを家族の中で育てられるように作られた。この法律は、ほとんどの家族が自分の子どもを家庭で養育すること

を推奨し支援する時代の到来を告げ、また子どもの発達のための血縁の家族と実親の重要性を明確に示すものである（Parton, 1985：42）。

子どもを生まれた家族から引き離すことは防いだ方が好ましいし、そうできるという自信の高まりが1963年の児童少年法につながった。これにより、家族の崩壊の防止に関しての地方自治体の義務と権限はさらに拡大したのである。チャイルド・ケアのサービスは、理論上、劣悪な家庭環境から少数の子どもを最終手段として保護することから、より多くの人々に対するもっと広域でより支援的なサービスへと変わってきているはずであった。

## 児童虐待に対する社会の認識の高まり

支援業務をより優先するという政策は、親の手によってひどい扱いを受けている子どもたちがいるという認識の広がりに影響された。児童虐待に対する社会の関心の高まりは、1960年代に「被虐待児症候群」（Kempe et al., 1962）という用語を作ったアメリカの医師、Kempe（ケンプ）博士の時代に始まった。X線撮影を使っての診断で、医師は古い骨折をすべて見ることが可能になったのである。X線撮影は子どもの受傷の疑う余地のない証拠を提供するという点で、有力であった。ケンプ博士は赤ん坊への虐待を（親の）疾患として見ていた。彼の意見では、親がその治療を受ける間は子どもは家庭から分離される必要があり、その後子どもは返してもよいというものだった。しかしながら精神病的な疾患を持つ親は治療不可能としており、子どもたちは恒久的に代替養育が必要になるだろうともしている。

ケンプ博士のキャンペーンは児童虐待をアメリカ、そして後には英国で知らしめることに大成功した。なぜ社会は彼の話を聞く気になったのか、そしてなぜ虐待がそれほど政治的に重要になったのかを推測するのは興味深い。Corby（1987）は、ケンプ博士が虐待を医学的疾患として扱ったことがその時代にはより受け入れやすく、家庭の自律性を脅かさないで済んだのではないかとしている。さらに虐待の医療化は、それ以前の特に貧困という社会的コンテクストから切り離して見ることも助けたわけである。今や虐待は、社会問題としてではなく医療問題として取り扱うことができる、これは政治的にはより受け入れやすかったのである（Hacking, 1999）。

Parton（1985）は、児童虐待が1960～70年代に大変な注目を集めたのは、当時それに関わっていた２つの専門家のグループにとって少なくともある意味適していたからではないかと示唆している。まず小児科医には診断をするという重要な役割が与えられ、そしてNSPCCにも新しい役割が与えられた。彼らの仕事はその後ほとんどの部分が法定サービスとして引き継がれたが、児童虐待の問題を取り上げたことは彼らに明確に新たな貢献をする機会を与えたのである。

1973年にMaria Colwell（マリア・コルウェル）が継父に殺され、それに続く世論の批判が児童福祉サービスを大きく変えた。マリアの事件の影響が大きかったのは、その真相があまりにも痛ましく、世間がこの事件を認知せざるを得なかったということがあるだろう。しかしParton（1985）は、この事件の意義は主に子どもの福祉や人権に対する世間の姿勢の変化をちょうど正しいタイミングで捉えたことではないかと示唆している。同じように注目を集めたケースが同時期にあちらこちらの先進国で児童虐待に対する社会の考え方を変えたということがあって、この時期は子どもの権利の比重を親の持つ権利よりも高めて、子どもを守ろうという意識が高まっていたことを特徴づけている。

マリアの死とその背景の状況経過はメディアによって広く報道された。彼女はネグレクトのために数か月の月齢で社会的養護を受け始め、叔母と叔父の養育のもと、幸せに暮らしていた。が、再婚した実母はマリアが６歳の時に彼女を引き取る申請をした。マリアの意思に背いて、彼女は戻された。死ぬ前の13か月の間、彼女はむごたらしい虐待を受け、飢えて、いけにえのように取り扱われていたことが後に明らかになった。検死では彼女には数えきれない傷があり、亡くなった時には平均体重を大幅に下回っていたことが分かったのである。この事件に対する世間の憎悪は、彼女のケースに関わっていた専門家たちの業務遂行についての調査に結び付いた（DHSS, 1974）。その結果、虐待事案にどのように対処するかの正式な手続きが導入されたのである。以下が3つの主な指標となった。

1. 児童虐待に関する認知度及び専門家が虐待を認識する能力を高めること。マリアのソーシャルワーカーは虐待という課題についてのトレーニングをほとんど受けておらず、体重の減少などネグレクトの基本的な兆候に気が付かなかったし、例えば学校に相談するなどしてマリアの発達をモニターすることもなかった。
2. 専門家間での協力関係を改善すること。マリアのケースでの大きな失敗は、それぞれの専門家が懸念を持っていたにもかかわらず、それを共有しなかったために全体像が見えなかったこと。情報共有の不在は1970年代の同じような公式調査でも見られた。
3. モニタリングを改善するためにリスク登録を設けること。専門家は誰でも子どもの安全に関して他の誰かの持つ懸念を見つけることができる。

マリアのソーシャルワーカーは家族を1つにまとめ続けようとしていたことを厳しく批判されたが、当時はそれが一般的な方針だった。彼女は保護者との関係を維持することに腐心するあまりに彼らの協力を失うことをおそれて、彼らに疑問をぶつけることをしなかったのだ。

コルウェル事件の公式調査の結果、DHSSはルールではなく指針を提案したが、その中で専門家は虐待の発見を彼らの最優先順位にするべきであるとはっきりと要求した。しかしこの新たな社会の懸念に対する追加予算はつけられなかったため、予防や支援に対するリソースはもちろん減らされることになった。

1983年のDingwall et al.の研究では、より立ち入ったアプローチが政策方針では推薦されていたにもかかわらず専門家は相変わらず介入に消極的で「楽観主義」に支配されており、虐待の兆候が見えていても一番無害な説明を探して保護者に対するアクションを取ることが遅いということが示された。が、メディアなどの絶え間ないプレッシャーや子どもの死亡事件に対する一連の公式調査により、専門家は次第に取り締まりを強化するアプローチに向かわざるを得なくなってきた。この流れの中で起きたジャスミン・ベックフォードの死亡事件は特に影響が大きかった。1984年、マリア・コルウェルの事件とよく似た状況で、ジャスミンは虐待後に保護され、そしてその後母親と継父のところに戻された。マリアと同じように家庭に戻ってから彼女の体重は減り続けたが、ソーシャルワーカーはそれに気が付かなかったか、あるいはその意味を重要視していなかった。ジャスミンは継父に殺される前にも脚の骨折などたくさんの受傷に苦しんでいた。公式調査では、ソーシャルワーカーは子どもの安全よりも親の更生を彼らの主たる目的にしていたと批判するとても感情的な報告書が提出された(London Borough of Brent, 1985)。報告書はソーシャルワーカーの第一の義務は子どもを守ることであり、親の権利やニーズは二の次であるべきだと厳しく結論付けたのである。

DHSSはこのアプローチをサポートするためにさらに指針を発表して、児童虐待という用語を児童保護に変更したのである。社会の中で、児童虐待は能力のある専門家であれば予防可能という思い込みが育ちつつあった。これは特にメディアの報道ぶりで明らかであった。子どもの死は、実際に子どもを殺した親の罪というよりは、防ぐことのできなかった専門家の失敗だというふうに見られたのである。

ベックフォードのケースで行われたような専門家に批判的な公式調査はメディアで大きく報道され、彼らに同情的な報告書は見過ごされた。1973年から1994年までの45件の調査を対象にした研究では、42%はソーシャルワーカーに批判的ではなく（実際は多くがその仕事を褒めていて）、25%の報告では手に入った情報だけでは子どもの死は予測不可能として専門家の失敗は見つからなかったとしていたのに（Munro, 1999）。

1件の虐待ケースも見逃してはいけないというプレッシャーが専門家にのしかかり、子どもや家族支援の仕事は虐待に関するどんな疑惑であっても調査する方向へと偏重していった（Hill, 1990）。時間と資源がほぼこれに吸収されてしまい、専門家と家庭の間の関係に悪影響を与えた。それはまたソーシャルワークに向ける世間のまなざしにも悪影響があった。支援という側面よりも、支配的な側面の方が目立ってしまったのである。専門家は権力を持ちすぎており家庭のプライバシーに簡単に介入してくるという印象ができ上がって反発を招いてしまった（Myers, 1994）。Myersは当時使われた感情的な言葉の例を挙げている。児童保護システムは「罪のない市民の権利を踏みにじり」「ヒステリックに魔女狩り」をすると描写され、ソーシャルワーカーは「ナチス」「マッカーシズムを振りかざした迫害者」、KGBになぞらえられた。

イングランドでは世間の関心が1987年に最高潮に達したが、これは、クリーブランドで性的虐待により保護下に置かれる子どもの数が急激に増加した（Department of Health, 1988）時であった。別の理由で小児科に連れてこられた子どもたちが、論争の的になった診断テストを元にして性的虐待の被害者だと診断されて保護下に置かれる措置が取られ、親にショックを与えたのである。今でも分かっていないのは、いったいいくつのケースが間違って診断されたのか――後から見れば多くのケースは正確だったとはいえ、当時のメディアは専門家が大規模な間違いを犯した、という強い反応を示した。

こうなると、専門家にはどんな間違いも避けなくてはならないというプレッシャーがかかったのである。誤った告発は深刻な虐待を見逃すのと同じぐらい望ましくないことになった。実践ではより正確さを求めて、一層徹底した調査が行われることに重きが置かれた。警察が主導的な役割を果たすようになり始め、その結果エビデンスの基準は「確率のバランス」から、「妥当な疑惑以上の」ものへと上がった。Parton（1991）が指摘するように、児童保護は社会医学的枠組みから、社会司法的なものへと変わったのだった。Thorpe（1994）は児童保護の治療的指向がどのように「法医学的視点」にとって代わられたかを視覚的に説明している。

児童虐待の調査は英国の児童福祉サービスを支配するようになり、その予算のほとんどを飲み込むようにまでなった（Audit Commission, 1994）。子育てでもっと低いレベルの困難を感じている家庭に対する支援はほとんどできなくなり、専門家は問題がかなり悪化するまで関与しないようになった。調査に重みを置くあまりに、皮肉にも虐待のある家庭を見つけた時には彼らが利用できる支援サービスがほとんどないということになってしまったのである（Farmer & Owen, 1995）。

子どもの福利を傷つける原因として保護者による虐待案件が優先されることで、他にも子どもの幸福に影響のあるたくさんの要因が見落とされがちになった。例えば、社会的排除や教育システムの不備の広がりなどである。

そのほとんどを保健省が助成した一連の大規模な研究（1995）が、虐待調査対象になった家庭にどのような影響があったか、その体験の詳細なエビデンスを提供している。虐待事案の真偽を特定しようという調査の過程の中で、多くの家族が何の支援も得られずに苦痛を感じていたという。Gibbons et al.（1995a）の研究では、児童保護登録されている子ども1人に対して、6人が調査を受けた後、解放されていた。リスクアセスメントへ焦点を当てた結果、家庭のニーズを見落とすことになった。家族とソーシャルワーカーの関係は劇的に変化したのである。かつて多くの家庭が援助の源と見ていたソーシャルワーカーが、今では彼らの多くから不信の目をもって見られるようになった。家庭が経験したトラウマの深さ、そして長期にわたるソーシャルワーカーとの関係に対するダメージを見て、Cleaver and Freeman（1995）は、これでは数少ない深刻な虐待ケースを見つけるために支払う代償が大きすぎないかという疑問を抱いた。現行の制度を変える必要性が今は広く認識されており、アメリカやカナダ、オーストラリアやニュージーランドなど、児童保護が家族支援を支配している他の国でも同じような懸念が表明されている。

しかし、その解決法はなかなか簡単には見つからない。英国では、自治体監査委員会（1994）が、専門家はハイリスク・ケースをもっと迅速に正確に見つけるスキルを向上させれば、このタスクにより少ない人手で対応できて、資金をもっと支援的、予防的ファミリーサービスの提供に回せるはずだと提案した。これは元来、多くの国で試されている様々な「ディファレンシャル・レスポンス（区分対応）」システムの目指すところで、従来のように徹底した調査が必要な通告と、よりアセスメント指向の対応の方が適する通告とをどうやって見分けるかの指針を現場の職員に渡しておくのである（詳細はWaldfogel, 2008を参照）。

イングランドの保健省はソーシャルワーカーに、ニーズのある子どもたちというコンテクストでの児童保護に「焦点を定めなおす」ように求め、「取り調べ」を「問診」に置き換えて、現行のリスクアセスメントという狭い焦点ではなく、より広範な家族機能を評価しながら保護者と協力関係の下に取り組むように提言をした。予算が追加されたわけではないので、家族のニーズを満たすサービスを行うには「問診」に割かれる回数も長さも、節約せざるを得なかった。

Parton et al.（1997）は、保健省の提言の実現性に非常に懐疑的である。

> 今の政策討議で取り組もうとしている不確実性と葛藤は、児童保護を児童福祉に、児童虐待をニーズのある子どもに、あるいは取り調べを問診と定義しなおすことが目的の是正措置では変えることはできない（1997：230）。

Partonらは、実務が行われる社会的コンテクストに注意を払わずに専門家の実務を狭い焦点で見ることに対して批判的である。児童保護業務が進んできた道は、社会の持つリスクへの視点と専門家の能力や職務への社会の期待に強く影響されてきたのだ。「児童保護においては現代のリスクの本質が中心になっている」（同上：232）。類似の懸念は、後の英国の政策、「Every Child Matters」（HM Treasury, 2003）にも当てはまり、すべての子どもがその可能性を実現できるようにするという野心的な目標を掲げている。

虐待のリスクのアセスメントでの肯否の誤りの相対的な重要性に関して社会が児童保護の専門家にかける最近のプレッシャーを見ればPartonの主張の強みが分かる。この分析は、児童保護業務における価値観の中心的役割と、その価値観が専門家だけでなく、広く一般社会によって決められるものだということを強調するものである。

リスクアセスメントとは、本質的に不確実な条件の下で判断をすることなので、どうしても避けられないエラーが出る。深刻な虐待の危険に曝されている子どもたちを、1つの間違いもなく特定することは不可能である。専門家は虐待の可能性に対して、間違いを犯しがちな判断をせざるを得ない。とはいえ、そこには2つの犯しやすい間違いがある。誤った肯定判断と、誤った否定判断である。つまり、ある家族は誤って危険だと告発され、別の家族は誤って放免される。児童虐待への社会の見方と専門家への社会の期待の変化は、どんなタイプの誤りだったら許容するのか、そのコンセンサスの変化の形で示される。

Taylor-Russell（テイラー・ラッセル）ダイアグラム（1939）は、関連要素を描き出すのに役立つ。2つの軸は実際の虐待の危険度と、アセスメントされたリスクの程度である。もしハイリスク家族を特定する完璧な方法があるなら、実際のリスクと特定されたリスクが同一だということで、ケースは直線を描くだろう。しかし、実際には我々はエラーを含んだ評価しかできないため、ケースは楕円の中に分布することになる。そして診断システムの精度が低いほど拡散が大きくなる。したがって優れた診断システムであれば、図5.1のようなグラフになる。精度が低い診断システムであれば、図5.2のようになる。

リスクアセスメントを行う専門家は介入の境界値を決定する必要がある。これらが全体像に加えられたら、誤った肯否の割合ははっきりする。介入の境界値が低い場合、高い率で誤った肯定判断が起こり（図5.3）、逆に介入の境界値が高い場合、多くの誤った否定判断が起き、深刻な虐待ケースを見逃すことになる（図5.4）。

介入の境界値に関しては、ある結果の確率の推定とは別の判断になる。専門家がより正確な推定を行うために研究者が手助けすることはできるが、どの時点で行動を取るべきかは決定しない。これは政策決定者たちの価値判断であり、近年では失敗に対するメディアの報道や世間一般の反応に強く影響を受けている。

これらのダイアグラムが示しているもう1つの重要な点は、同じレベルの精度をもってした場合、あるタイプのエラーを減らすために境界値を動かすことは自動的に別のタイプのエラーを増やす、ということである。例

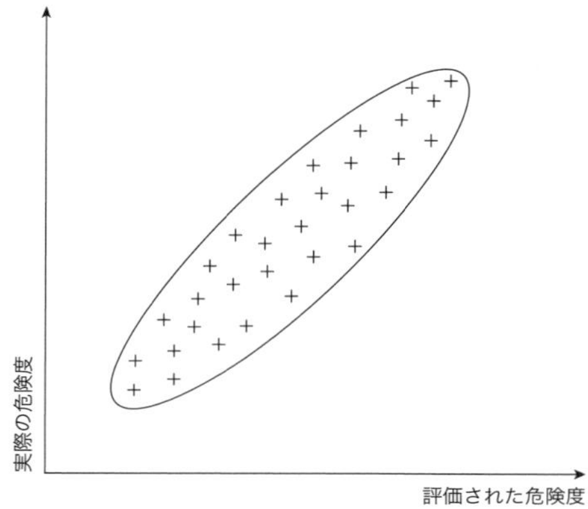


**図 5.1　精度が高い場合**

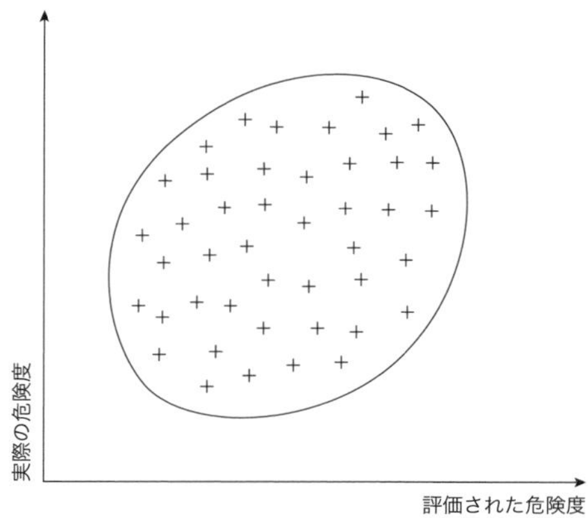


**図 5.2　精度が低い場合**

えば、児童保護史の中で社会がマリア・コルウェルの死に怒りを感じた時には専門家は介入の境界値を下げ、重大な危険の状況にいる子どもを見逃す見込みを最小にしたのである。これは当然、虐待レベルが実際には低い家庭をより多く網に引っ掛けることになった。クリーブランドやオークニーのケースは驚くにはあたらない結果だった。今度は専門家の介入は不適切で多くの子どもを家庭から不必要に取り上げたと批判されたのである。これらの有名な事案はソーシャルワーカーは権限を持ちすぎており、それ

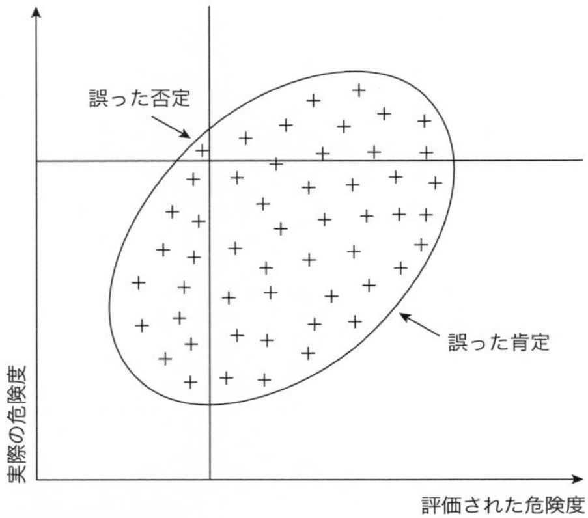


図 5.3　介入の境界値が低い場合

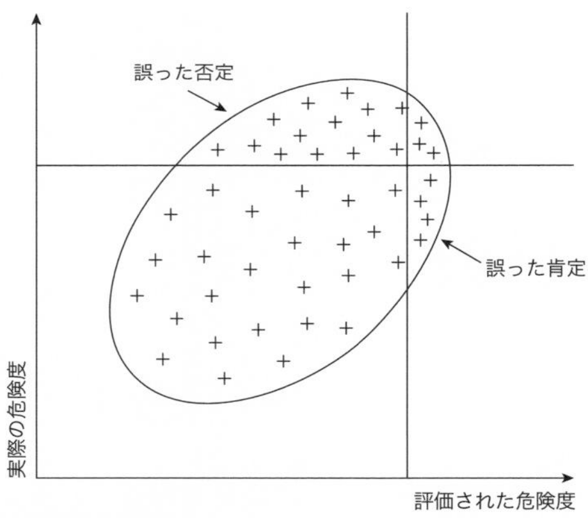


図 5.4　介入の境界値が高い場合

を乱用しているという認識を高めたのである。しかし言い換えれば、彼らの行為は一般世間の期待に添って保護が必要な子どもを見逃さないようにしていただけなのである。

クリーブランドのケースの後には、誤った肯定判断を避けるというプレッシャーが強くなった。しかし専門家にとって残念なことは、そうすればマリア・コルウェルのような悲劇をまた繰り返す可能性を高める誤った否定判断が増えるという論理的帰結に対し、社会の理解がなかったことである。このジレンマに直面した専門家はたった１つ残された合理的な道を取ったのであった。それはハイリスク家庭を特定する精度を上げることで誤った肯・否の判定のどちらも減らすことである。Taylor-Russellダイアグラムで見れば、楕円形が小さくなればどちらのエラーの頻度も下がる。こうして虐待の取り調べは児童保護機関の中心的タスクとなり、ひとえに虐待のリスクに焦点を当てることに徹底したものとなった。家族の他のニーズの評価はおろそかになり、保護機関のリソースを費やしたり家族の苦しみやトラウマを代償にすることを気にしなくなっていったのである。

多くが現行の児童保護システムの状況には問題があると気付いているが、これは愚かさや不注意から生じたものではなく、実際には変化し相反する社会の要求に応えようとする合理的な試みから生じたものだったと私には思える。

## 結　論

児童虐待とネグレクトの発生を減らす支援という児童保護の専門家の仕事は、彼らを取り囲む社会によって形作られている。国連児童の権利に関する条約にほとんどの国が調印したとはいえ、それぞれの子どもと保護者の生活体験は実に多様なのである。安全で健康的な子ども期に必要な基本的要素すら提供できない社会もあるだろう。一方、豊かな社会であっても、子育ては親のプライバシーであり国家の干渉は受けないという信念や、家族を支える環境を作り子育ての負担を共に背負う責任を社会がどれくらい受け入れるかなど、その程度はそれぞれに違う。暴力の程度が一般的にそうであるように、女性や子どもの立場も社会により様々である。

歴史を見れば社会は常に変化していることが分かるが、現在我々が経験している変化のペースは特別なものである。人々の私生活では伝統的な性役割が書き換えられているため新たな家族構造や育児のスタイルが急速に発展しており、これが子どもたちの福祉にとってどのような影響があるかは未知数である。女性の社会参画が大きく増加しており、可能な仕事の種類や、就労パターンも変化してきている。人口動態の変化も社会の形を変え、若年層が高齢者に比べて減りつつある。国家の自治もグローバル化の力を受けて脅かされつつある。伝統的な社会主義に対する拒否反応が広がり、ネオリベラル（新自由主義）の政治が1980～90年代にはまん延した。これは現在、社会の連帯の向上とすべての市民に対する機会均等を目指した中道左派の価値観の新しい解釈によって挑戦されている。この争いがどのように進展するかは今のところ不明だが、児童保護業務というコンテクストにも大きな影響を与えることだろう。

英国にはリベラルで個人主義的なアプローチの長い伝統がある。戦後数十年は、普遍的福祉国家として資金供出するという総意期間が短いながらもあったものの、家族のプライバシーと自律性や福祉への依存の危険性という長年の信条が1980年代には強く戻ってきた。福祉サービスは縮小され、その対象は汚名を着せられた少数になっていった。貧困、特に子どもの貧困は、劇的に増えていったのである。

特に児童福祉サービスの中では、一般社会の関心と優先順位が業務の本質を左右する。現在、英国とその他の英語圏の国では児童保護に対するプレッシャーが理不尽に大きく矛盾しているように見える。あらゆるタイプの虐待から子どもを守るということへの関心が高いことは明白なのに、深刻な虐待を特に優先させようという感情的なプレッシャーにより、業務の他のあらゆる側面で悪影響が出るほどになっている。子どもの権利は最近ではより強く認識されるようになったが、子どもの権利と親の権利が相対立した場合の対応の複雑さに取り組むことには社会は及び腰である。こういう一貫性のない社会の要求に対処することは児童保護機関にとってはストレスの多い、しかし逃れることのできない任務である。

## サマリー

- 保護者や養育者による危害から子どもを守る仕事は、何を虐待とするのかという最初の前提から、介入する専門家の職務と権限、利用可能な選択肢、様々な解決策の相対的望ましさまで、そのプロセスのひとつひとつを形作る社会的コンテクストの中で行われる。

- 家族に対する社会経済的支援のレベルは国によって大幅に異なる。ことに子どもの貧困率は様々である。
- 児童福祉サービスは子どもの保護と家庭支援という、時により相反する２つの目的を持っているが、どちらに相対的重要性を置くかは、時代や国によって異なる。
- 複数の国でハイリスク事例を正確に特定することが重要視されているが、ややもすると、これは児童福祉サービスの他の部分に弊害をもたらすことになる。

# 第６章

# 児童虐待の定義

児童虐待とは、最も簡単に言うと、子どもに危害を及ぼしたり倫理的に良くない方法で子どもを取り扱うことである。ある行為を虐待と呼ぶかどうかは、単なる描写に留まらず評価の問題なのだ。有害かもしれない行為が、倫理的には是認されることがある。例えば医療行為である程度の損傷を加えることは、長期的に見てそれが子どもの役に立つために正当化される。また宗教的な理由で子どもに受傷を伴う割礼などが行われることがあるが、社会グループによってはそれが擁護されている。危害とは子どもの身体や精神に与えられるものだけでなく、より目に見えないものも指している。実際に有害な影響が認知できない場合であっても、子どもの権利を侵害する行為などが含まれる。例えばお尻を叩くことに対する議論で言うと、体罰は長期にわたる悪影響を与えるという主張だけでなく、影響のあるなしにかかわらず子どもの持つ権利を尊重しない取扱いだという批判をすることができる。

したがって、虐待の定義とは、子育てという行為についての信条（何が受け入れられず危険かということ）や、人々の価値観、例えば子どもと大人の相対的権利や、男性と女性の相対的な価値の違いなども体現しているのである。つまり何を虐待的と考えるかについては、文化や時代によって大きな違いがあるということだ。どんな行為を正確に虐待と見なすかについては、普遍的な合意を見つけることはとても難しい。子どもを殺してしまうことは、身体的虐待の究極の形として明らかのように見えるが、すべての社会でそれが非難されているわけではない。多くの社会では、成人しても家族内に残って老いた親の面倒を見る男児の方がより価値が高いため、女児の誕生は失望と共に命の危険に曝されることが容認される社会もある。「バングラデシュやインド、パキスタンでは、毎年百万人ほどの女児が死んでいるが、それは子どもの性別が女児だからである」（UNICEF, 1992）。

世界には、子どもにとって有害だと思われながらも社会で広く行われている慣習が数多くある。奴隷とも言えるような条件で、長時間、危険で健康に悪い環境の中で児童が労働させられる場合も多く、これは低所得の国ではよくあることである（Seabrook, 2001）。その他の社会では、家族の経済状況の向上のために、父親が娘を売春宿に売り飛ばすこともある。また児童養護施設の基準が劣悪で、子どもの健康的な発達が望めない場合もある（UNICEF, 1997）。

このようにコンセンサスがないことが、児童虐待の研究において主たる問題を生じさせている。核心になる概念は曖昧で係争中であり、容易に変化する。しかし、たとえコンセンサスが得られたとしても、虐待の概念にはまだ問題が多い。虐待は人間の故意の行為であることから、この主題を単に行動用語で明確に規定することができないのだ。また許容できる育児の基準の比較や虐待者の心の中では何が起きていたのかも考慮すべきだろう。そういう意味で、ある程度の直観的な評価は必要なのである。ある社会グループの中で虐待を特定する公的基準の策定で進捗があったからといって、行動を人間の直観抜きで解釈するには至らない。本章では、これが研究や政策と実践にどう影響するかを検証したい。まずある定義を例にとって批判的に調べ、より正確な定義の策定の実行可能性を論じる。多くの人が「児童虐待」という用語を「社会的に構築されたものだ」と説明しているが、それで私たちの理解は深まっただろうか？　議論の分析をすると、多くの人にとって、それは単に定義に重要なのは信念や価値観だということを言い換えているに過ぎないことが分かる。一方、他の人々にとってそのフレーズは、社会のどういう人々がそれを構築しているのか、それは他の人々をエンパワーするように再構築されるべきなのかという力関係の問題の調査へのきっかけともなる。本章の最後の部分はこれほど不明確な概念を取り扱っている研究、政策と実践へのその長期的影響について検討する。

## 定義の実例

国際的なレベルにおいて、批准国は児童虐待を糾弾するという点で合意するのに足る定式を見つけている。1989年の国連児童の権利に関する条約の第19条では、児童虐待を以下のように定義している。

性的虐待を含む、あらゆる形態の身体的若しくは精神的な暴力、

> 傷害若しくは虐待、放置若しくは怠慢な取扱い、不当な取扱い又は搾取。

一般的に定義しようとする他の例を探すと、同じように明確さを欠くものが見つかるが、時の経過と共に、当初の重篤な身体的虐待とネグレクトに対する懸念からその概念が拡張してきていることは明らかである。児童虐待に明確に取り組む最初の英国の法律、1889年の児童虐待防止保護法では、虐待は以下の文脈で定義された。

> 16歳以上の者で、14歳未満の少年や16歳未満の少女である児童の親権、監護権や責任を有するすべての者が、子どもが不必要に苦しんだり健康を害するようなやり方で、故意にその子を不適切に扱い、ネグレクトし、遺棄し、危険に曝すようなことをしたり、またはその子が不適切に扱われ、ネグレクトされ、遺棄され危険へ曝される原因を作ったり、引き起こしたりすること（1889 Prevention of Cruelty to Children Act, Ch.44）。

1960年代にはアメリカのケンプ博士の草分け的研究が児童虐待の概念を一般社会に知らしめたが、彼の元々の概念は比較的明確に定義されており、反復的身体的虐待で骨折などの原因になる度合いのものに限られていた。これは当時のアメリカでも通常の体罰の範疇での受傷とは言えない度合いの暴行であった。ところが1960年代以降にはその概念はさらに広げられた（Parton et al., 1997）。それはすぐに拡大し、子どもにとって同じぐらい壊滅的な身体的影響をもたらすネグレクトも含まれるようになり、続いて心理的虐待、そして性的虐待が含まれるようになった。リサーチのエビデンスでは（Gibbons et al., 1995b）、実は心理的虐待が一番深刻な長期的悪影響を被害者にもたらすことが分かっている（身体的な危害を受けた被害者が受傷をしても生き延びたという前提で）。しかしまた、これは同意に至ることが一番難しいものの１つでもある。

虐待の意味が拡大されたということは、ある人々にとっては、子どもの発達を阻むすべての行為あるいは不作為が、児童虐待と同等と見なされることになったということである。児童虐待の世界的ジャーナルである『児童虐待とネグレクト』（*Child Abuse and Neglect: The International Journal*）では、その取り組み目標を以下のように定義している。

> 虐待の予防と治療に特別な重点を置いて、性的虐待を含む児童虐待とネグレクトのすべての局面に関して国際的かつ学際的なフォーラムの場を提供すること。その範囲は、家庭内の最適なやりとりに有利あるいは不利に働く生活全般の側面にわたる（ISPCAN, 1994）。

英国児童虐待防止調査委員会は、さらに広い定義を用いており、その範囲は家族外まで及ぶ。

> 児童虐待とは、個人、機関、あるいは処置による行為の履行・不履行の結果、直接あるいは間接的な危害が子どもに及ぶもの、あるいは子どもの安全で健康な成長発達を阻害するものから成る（National Commission, 1996：2）。

これはシステム（制度）による虐待も含む。法の運用、公的な措置手続き、あるいはシステムや施設内の運用実施によって、子どもや家族に対する回避可能な害がある場合、システム虐待が存在すると言われる。

この最後の定義は明らかにどんな児童保護機関の委託権限もはるかに超えている。児童福祉と児童保護サービスの取り組みの重点は、通常は子どもが親や養育者から受けるおそれのある危害であって、より広い社会から受ける害ではない。したがって私がここで虐待の定義の問題を取り上げる場合、それは家庭内の虐待の範疇とする。

問題を提議しようと真剣に試みるというよりは、大部分は善意の主張なのだが、一般的定式を逸脱すると、直ちに問題が発生するのである。米国学術研究会議（NRC）が、虐待を明確に詳述する上での苦労を以下のようにまとめている。

> 過去20年間にわたる活発な討議にもかかわらず児童虐待とネグレクトについては、明確で信頼に足る有効かつ有用な定義の構築がなかなか進んでこなかった。（中略）この特筆すべき問題の定義に関する曖昧さと不明瞭さは、通報システム、治療プログラム、リサーチや政策立案など、この分野のあらゆる局面に影響を与える（National Research Council, 1993：57）。

個々の社会ではその法制度の中で、虐待とは何かについてもう少し詳細な定義を提供することができる。英国では、DHSS（1988）が、広く基準とされる虐待の4つの分類について以下のように詳述している。

**身体的虐待**

身体的虐待は、打つ、揺さぶる、投げる、毒物を与える、火を当てる、熱湯につける、溺れさせる、窒息させるなど、身体的な危害を子どもに加えることを伴う可能性がある（may）。保護者が子どもの病気を捏造したり、故意に健康を害するという点で、代理ミュンヒハウゼン症候群も身体的虐待の範疇と見なされる可能性がある。

**心理的虐待**

心理的虐待とは子どもの情緒的発達に深刻で長期にわたる悪影響を及ぼす、子どもの心理に対する持続的なひどい扱いを言う。心理的虐待には、子どもが自分に価値がない、愛されていない、不適格だ、あるいは他の人の役に立たないなら価値がないと告げることも含まれる可能性がある。また子どもを度々脅かしたり危険に曝されていると思わせたり、搾取したり堕落させたりすることも含まれる可能性がある。心理的虐待は、児童虐待のすべての種類で一定のレベルが含まれるが、心理的虐待のみが行われる場合もある。

**性的虐待**

性的虐待とは、その時に子どもが何が起きているかを認識しているか否かにかかわらず、子どもや少年を強制的に、あるいは誘惑して性行動を取らせることを言う。その行為は、性器挿入のあるなしにかかわらず身体的接触を伴う可能性がある。また非接触であっても、子どもに性的なものを見せたり、性行為を見せたり、性的に不適切な行動を取らせたりすることも含む可能性がある。

**ネグレクト**

ネグレクトとは子どもの身体的・精神的な基本的ニーズを長期にわたり満たすことなく、その結果子どもの健康や発達に重大な障害を及ぼす可能性が生まれることを言う。親または養育者が十分な食事、住居、衣服を与えなかったり、子どもを身体的危害や危険から守らなかったり、適切な医療や治療を受けさせなかったりすることを伴う可能性がある。子どもの基本的心理的ニーズに応えないことも含む可能性がある。

この一連の定義は、前に上げたものよりもはるかに具体的だが、その概念は行動のみに還元されるわけではない。'may'（可能性がある）という言葉を度々使うことが避けられないのは、虐待となる'可能性のある'行動は、他のコンテクストの中では、悪意がないと解釈されることもあるからである。

「虐待」を特定の行動に還元するには、２つの問題がある。第一に、育児についての信念や価値観が中心となっているため、何が許容範囲で何が危険と見なされるか、明確な合意に至ることは大変に難しい。例えば英国では過半数の親がある程度の体罰を用いるが、何を許容範囲と捉えるかはそれぞれで異なる。与える力の程度、子どもの年齢、子どもの強さや性別、それらすべてが影響して、それぞれの何が許容範囲かの判断に至るのだろう。第二にどんな行為も全体的なコンテクストによって意味合いが違ってくる。例えば、

- 子どもが喉に何か詰まらせた場合に子の背中を叩くのは、傷つけ

ようと思って同じ行為をするのとは異なる。また飢饉が起きている国で子どもに十分な食べ物を与えないことは非難されないが、英国で親が子どもに同じことをすれば虐待になる。人の行為を理解するための解釈で本質的なことは、1つの社会で育児の具体的なルールの合意があっても、ある事例が虐待として見られるべきかどうかは、経験で得た直観による査定の余地があるということである。

- 3歳の女児との挿入を伴うセックスは、性的虐待の明らかな行為例として英国ではほとんど議論の余地はないが、より年長の少年少女に対処する場合には困難が伴う。最近まで青少年（承諾年齢の16歳未満）が他人とセックスをした時は児童売春と見なされたが、今では本人の生活様式の選択というよりは大人による搾取と見なされることが多い。青少年の心身の成熟度と相手になる人物の年齢に配慮して、それが児童に対する性的搾取かどうかが判断される。
- 心理的虐待に至ってはさらに問題が多い。英国の上流家庭では子どもを寄宿学校に送る伝統があるが、時には5歳という幼い年齢で送ることもある。多くの人がこれは子どもの情緒的発達に害があるのではないかと考えている。
- 親は子どもの行動に対し、褒めたり罰を与えたりして影響を与えるものだが、その連続体のものさしの中で、どちらをより多く使うかは人それぞれである。褒めるにしても罰するにしても、どちらかに偏っている親は、他の親に対してしつけが足りなくて甘やかしすぎだと思ったり、逆に懲罰が過ぎて子どもに害があると批判したりする。
- 子どもをどのぐらい監督するかについても親によって様々な意見がある。子どもに自由を与える程度にしても、ある親には独立心を育てるためであることが別の親にすれば子どもを危険に曝す放任として捉えられる。

実際には、特定の社会内では深刻度の低い虐待に関してはかなり議論の余地があったとしても、重大な虐待の場合には通常は高い合意が得られていることが多い。子どもに残忍な懲罰を与えて脳に重い障害が起これば、現代の英国では誰からも虐待だとして非難されるだろう（18世紀の法律ではこれは明らかに許可されていた。子どもを罰している時に死に至らせてしまっても偶発事故として分類されていた［Jones, 1945：10］）。この場合、問題になるのは加害者の動機の解明など、受傷が偶発事故ではないことを確証することである。

子どもをどう育てるかという信念の相違は、育児方法の違いによる影響を実証する長期にわたる研究によって、ある程度は軽減されるかもしれない。英国の保健省は、そのような研究によって意見の食い違いが減るのではないかと考えている（1995）。しかしこれには注意が必要である。第一に子どもの発達に対する具体的な変数の影響を、信頼できる形で特定するための方法論には問題が多いからである。関わってくる変数の数が実に多いので、１つの要因による影響を引き出すために大量のサンプルが必要になる上に、複雑な因果経路のせいで、１つの要因が、ある子どもには負の影響があっても別の子どもには中立のこともあるのである。第二には、この研究は健康な成人とはどのようなものかについての合意が前提になるのだが、合意が取れているとはなかなか言えない。特にジェンダーイシューで顕著であり、その部分への社会的認識は急速に変化してきている（Giddens, 1999）。女子はどのぐらい積極的、あるいは従順であるべきなのか？　女子が挑戦的であることは、まったく悪いことなのだろうか？　彼女は男性に判断を任せるべきか、それとも自分で考えるべきか？　これは男性にとっても同じことで、現代社会の急激な変化は、どんなタイプの男性が成功するか、常に問題提起をしてくるのである。親は息子に自分の気持ちを隠して強く見せろと言うべきだろうか、それとも妹と同じぐらい繊細でもよいと言うべきだろうか？　彼は喧嘩ができた方がよいのか、それとも話術や人間関係のスキルを高めることの方が大事なのだろうか？

Garbarino（1992：158）は、ここ数十年でメインストリーム（中流階級）の子育てに関しての姿勢と行動には劇的な変化が起こったという重要な指摘をしている。例えば子どもを打擲することへの反発が増える一方、認知発達や教育的達成などに対して重要度が高まってきている。中流階級の意見は社会では中心的なので、虐待の査定の基準も変わってきているのである。

自然科学では、概念は理論の発達とともに定義されることが多い。理論が概念を説明し、概念の厳格な範囲を明らかにすることが可能なのである。例えば光の理論を一度科学者が展開すれば、多様な色彩を波長により正確に定義することが可能になる。したがって児童虐待の研究でも、少なくとも虐待の特定のサブカテゴリーに関して同様な進歩を見ることは可能だろう。例えば、持続性の幼児性愛の研究が、その背景にある動機のより明確な定式化をもたらすかもしれず、行動に表れる具体的様式を予想できるようになるかもしれない。

しかし、現状では理論の場は混乱している。虐待を理論化するには、医学的、法的、そして社会学的な3つのアプローチがある。1960年代にはケンプ博士が虐待は親の病気の産物であるとして診断と治療に重点を置いた。法曹界では虐待を犯罪として調査し、加害者を起訴して罰することに焦点を当てている。社会学者は虐待を社会的逸脱の1つの形態として見ており、それを引き起こす社会的要因を理解し、制御する対策を考案するべき問題としている。どのアプローチも異なるタイプの仮説を立て、異なるリサーチメソッドを使って調査をしているのである。

## 児童虐待の社会的構築

虐待の定義の問題は、社会的構築についての討論とよく結び付けて議論される。児童虐待は、しばしば「社会的に構築された」と評される概念である。Gelles（1975）がまず初めにこれを主張して以来、これは広く受け入れられてきた（Parton, 1985; Department of Health, 1995）。これはいったい何を意味するのだろうか？

これは児童虐待と称される行為が社会によって作り上げられたということではない。児童虐待という概念自体は歴史が浅く、1960年代のケンプ博士の研究が主要な出発点だと見ることができるだろう。しかし、もちろん我々が児童虐待とネグレクトという現代の用語を策定するよりも前から、養育者の手によって苦しめられる子どもたちがいた。怒りに駆られた父親に骨折させられた15世紀の子どもは、21世紀の子どもと同じような痛みに苦しんでいた。3歳で強姦された女の子の受傷や苦痛は、彼女が歴史のいつの時代に生まれていたとしても同じである。社会的に構築されているのは虐待の行為ではなく、虐待を我々がどう語るかなのである。昔の人々が残虐な行為、近親相姦と言い表したことを、我々は虐待と呼ぶのである。残虐行為、虐待、殴打された赤ん坊、それぞれの言葉には共通する部分もあるが、それぞれ異なる含意もある。

もし社会的構築という概念が議論に付け加える要素が、虐待の理解における信念や価値観の役割に我々の注目を集めるだけなら、それを強調することに何の意味があるだろうか？

### なぜ社会的構築なのか？

一見すると、社会的構築という見解は議論の余地がない。これはある概念が「歴史的出来事や社会的な力やイデオロギーの産物」だという方向を示している（Hacking, 1999：2)。概念は自然の法則によってできたものではなく、異なる力が働けば、別の見方もできるだろう（そして児童虐待の場合は実際そうであった)。保健省が児童虐待を社会的に構築されていると説明する時は、価値観がその定義に関与していると認識しているということ以外には実用的意義はほとんど無しに控えめにその言い方を用いているようである。

では議論の余地がないのだとしたら、なぜ社会的構築についての言説がこれほどまん延しているのだろうか？　Hacking（1999：6）は概念の社会的構築を話す人のほとんどが、それを「批判するか、変えるか、破壊したい」と思っていると主張した。社会的に構築された概念は**再構築**することができる。社会的構築の議論の主要なメッセージは、概念は常に固定された変更不可能なものではないということである。したがって、概念の変更や対抗する解釈の促進を目的として、それがいかに形成されたかを分析する価値はあるのである。

児童虐待に関する文献を見ると、虐待の概念の形成に関する社会的な力の役割についての思想に2つの明確に異なる学派があることが分かる。明確で厳密な定義への到達の難しさを認めつつも、何が虐待的行為か否かについては社会的合意があり、そこには研究や説明が可能な1つの実体やプロセスがあるとする人々がいる。彼らにとって主たる問題は、虐待の中心的特性ではなく、その境界を明確にする際に生じる。アメリカにおける児童虐待の理論、研究、実践についての米国学術研究会議（1993）の優れた報告書があるが、それはこのカテゴリーに入るものである。虐待の概念の曖昧さ、因果関係の予想される複雑さや有効な介入の難しさなどを認める一方、これを一般化して他国にも使える科学的研究の主題だとしている。因果関係や治療の普遍的な理論への障害としては、有効なツールの開発の困難さや評価者間で高い一致率のある信頼性の高いデータ収集の難しさ、また共存しがちな異なる変数の影響を分離する困難などが、研究の課題として述べられている。英国児童保護システムの運用についての保健省（1995）のリサーチの要約では、社会的構築に関してGibbonsの児童虐待の記述を引用して明確な言及があったにもかかわらず、同じような方向で書かれている。

> 現象としての児童虐待は百日咳というよりはポルノグラフィーのようである。それはある特定の時期のある特定の文化に作られた価値観や意見を反映した社会的に構築された現象である（Department of Health, 1995：15 での引用）。

保健省のリサーチ報告では、児童虐待は育児の形態において、容認できるものからできないものへのコンティヌアム（連続体）として提示されており、主たる問題として強調されているのはその行為の境界値がどこか、ということである。社会的介入の根拠となるには、ある行為がどれだけ容認できない必要があるか？　境界値が低ければ低いほど、より多くの家族が虐待的と認定される。このコンティヌアム（連続体）という考えは、実務上の利点はあるにしても、何が望ましいかそうでないかについての合意が存在することを前提としており、議論の大部分はどの時点で介入をするかに集中している。こういった虐待の定義の議論での支配的なメッセージは、どんな育児慣行が子どもにとって有害かを明らかにする研究によって、ゆくゆくは問題が解決されないまでも、緩和はされるだろうというものだ。そのため十分な研究がなされれば、価値観の違いを超えた合意に基づく定義が可能だろうという期待が示されている。

以上のような社会的構築の重要性を控えめに見積もるアプローチは、虐待に対する社会の認識を形作る権力の役割を強調する人々からは反論されている。概念はある社会の価値観や意見によって形成されているというだけでなく、それらの価値観は支配的なものであるため児童虐待に対する影響力の基盤は検証され、批判される必要があるというのである。

議論の１つは、先進国では虐待は欠陥育児として、個人的な責任と失敗とされており、このため良い親になることを困難にするより広い社会的要因——主として貧困——から注意がひそかにそらされている、としている。第５章で言及したように、ビクトリア朝時代のイングランドでは、初期の児童虐待の法律はほぼすべてが貧困層の家庭に適用されていた。NSPCC（児童虐待防止協会）に寄せられる通告は労働階級の家庭に集中しており、低所得層の家庭におけるネグレクトが主たる懸案だったが、そのうち実際の虐待に関するものは７～10％のみであった。ここ数十年の虐待の概念の発展の特徴の１つは、貧困から離れつつあることである。1960年代のケンプ博士は、虐待をすべての社会階級で見られる病気として提示した。アメリカと英国では、過去20年で虐待問題が貧困から離れてきていることは顕著だが、両国では子どもの貧困が急速に増加している（Piachaud & Sutherland, 2000）。

Beard（1990）は、なぜ世間の関心が、個々の虐待者に向けられているのかに疑問を呈している。

> 英国やアメリカでは子どもの性的虐待（あるいは身体的暴行）よりも、絶え間のない単なるみじめな貧困の方が多くの子どもを傷つ

> け、実際に殺しているという恐ろしい事実がある。貧困がますますひどくなり、社会福祉のプログラムが破綻しつつあるというのに、なぜ私たちは、性的虐待やその他の虐待にばかり関心を向けるのだろうか？

統計からも明らかなのは、児童保護や福祉サービスに把握されている家庭の過半数が貧困であること、そして虐待やネグレクトを受けていると特定された子どもたちの過半数が、貧困だということである（Department of Health, 1995; Radford et al., 2013）。その因果関係としては、稼ぐことが下手な親は育児も同じように下手ということかもしれない。しかし常識で考えれば、因果関係は逆だろうというのが分かる。少ない物的資源と恒常的な経済的困窮の中で子育てをすることは、豊かで安定した環境でそれを行うよりもずっと難しいことなのだ。

概念が構築されてきた方法のもう１つの側面は、いったい誰の価値観が社会的合意の基準として使われているかが曖昧になってきたことだろう。子育てに関しては非常に多様な信念や価値観があるのは明らかだが、どの児童保護システムも１つの信念と価値観をその中核として採択している。保健省ではどんな定義も各地域の価値観と結び付かざるを得ないと認めてはいるが、英国では１つの明確なコンセンサスがあるということを前提としている。しかしこれは、基本的には白人の中流階級の価値観を中心にしているという事実から注意をそらしてしまっている。これでは貧困家庭のみならず、少数民族や新しい形の家族に対しても差別的になってしまう。英国の児童保護システムに関わってくる家族としては、アフリカ系やカリブ系、そしてシングルマザーが過剰出現している。公的機関による今の問題提示の方法では、その価値基準をはっきりと正当化する必要性が見えづらくなっている。

## 虐待の定義の問題の影響

児童虐待の合意された定義の確立と、個々の判断を必要としない方法で定義を規定することの難しさは、リサーチ、政策そして実践のすべての分野に深刻な影響を与えている。

科学的なフレームワークの中でそれを研究しようという努力をしても、主要概念が変動するために妨げられる。問題の大きさを把握しようという試みさえも一筋縄ではいかない。人が隠そうとする行為の発生を見つけることは常に困難を伴う。虐待親が自分の行為について率直で正直であることは珍しい。被害者も何かの理由があって真実を隠しているかもしれない。しかし、使われている定義が多様だということも研究結果の差に結び付いているのかもしれないのである。各国の子どもの性虐待の発生率についての疫学的調査では、女子は 7%から 36%、男子は 3%から 29%という範囲の結果を出している（Finkelhor, 1994）。類似の定義が使われた研究では結果は同等であり、つまり他のいくつかの研究の間での大きな差異は、主に定義の違いだったということが示唆されている。

Hacking（1999：143）は、アメリカの児童保護サービスに通告されてくる多くの子どもたちの例を用い、報告された事件の発生数の変動を説明した。Hacking は全体的な変動に対して相対的に寄与しているのが、定義の変化なのか、報告数の変動なのかを区別することがいかに難しいかを論証した。アメリカの保護サービスで扱う通告件数は、ここ 10 年で急激に増加している（表 6.1 を参照）

明らかに通告件数の伸びの一部は児童虐待への社会の認識と関心が高まった結果と言えるだろう。しかし、虐待の定義の拡大によって、育児行為のどれだけ多くの部分がどの程度その範疇に入れられるようになったのだろうか。虐待の定義の拡大とは適切な育児の基準が上がり、かつては許

**表 6.1　アメリカでの児童虐待通告数**

| 年 | 通告件数 |
|---|---|
| 1967 ～ 68 | 7,000 |
| 1974 | 60,000 |
| 1982 | 110,000 |
| 1989 | 2,400,000 |
| 2017 | 4,100,000 |

容された行為が今では非難されるようになったということである。一方、統計数値の増加は、逆に、実際に虐待を受ける子どもの数が増加していることを示している可能性もある。もしそうであれば重大な懸念事項となるが、そのデータが曖昧ということもあって、子どもへの危害の増加や育児の基準の向上という根本的傾向があるのかどうかを判断するのは不可能なのである。

定義の問題は、研究結果を利用する時にも妨げになる。研究から一般化を行うという議論で第4章でも言及したように、1つの国のことを別の国に普遍化することは問題が多く、また少しでも違う定義を研究者が使うとすれば、同じ国であっても問題は発生する。例えば挿入を伴う性的虐待など、研究目的には虐待の小さな区分のために標準化された運用定義を作ることも可能だろう。送られてくるすべての通告に対応しなくてはならない実務者とは違い、研究者は1つの区分に集中する選択肢がある。だが、運用定義であってもコンテクストや文化的意味や、長期的な行動パターンなどのように不明瞭な要素は存在する傾向がある。そのため、一貫した方法で概念を適用するためのオブザーバーのグループを作るための訓練が必要になるだろう。

実際には、たくさんの研究者が事例記録や実務者の判断に頼ってデータを集めている。つまり、直観的判断がどのようになされたかはかなりのばらつきがあるだろうし、それが研究結果を一般化する上で問題の原因になるだろう（評価者間合意の低さの議論の詳細は第7章を参照）。

定義の問題は、政策立案者にも影響する。一般的に政策立案者はあまり正確な用語を使うことを期待されてはいない。例えば健康保健政策において、彼らは病気や治療の詳細な分類などは医療の専門家に任せている。同じことが児童保護政策についても言えるが、専門家の間でその時の政策をどのように解釈するかのコンセンサスがない場合、問題が発生する。英国では共通の政策があるにもかかわらず、これをどのように実施するかについて国内で大きなばらつきがあることが調査で明らかにされている（Gibbons et al., 1995; National Audit Office, 2019）。通告率や調査率、児童保護プランに載っている子どもの数、親から分離された子どもの数など、国内でも大きく異なるのである。また統計では、特定のグループの過剰出現が明らかだ。経済的要因を考慮したとしても、アフリカ系やカリブ系の家庭が予測より多く計上され、シングルマザーも根拠があると言える以上の関心を向けられている。英国の法律では「重篤な危害」（significant harm）の概念を採用しているが、あるレベルではその意味を理解するのは簡単だとしても、全国で一貫した適用ができるようにより詳細なレベルでそれを規定するのは容易ではない。これは司法において深刻な問題を提示する。公正なサービスの提供が目的なのだから、国の北部に住む保護者は、南部に住む保護者と同じように対応されるべきだし、白人の家族と同じ行為をした黒人の家族も同じ方法で取り扱われなくてはならない。

「虐待」を明確に定義することの困難のせいで、それぞれの事例の判断をする際の実務者の責任がさらに重くなっている。彼らは２層になった問題に直面しているのだ。第一に通告を受けた際に子どもに何が起きたのかを正確に立証する時の様々な実際的な問題である。虐待は観察できる振る舞いだけでない行為も含むので、実務者は自分の知識や全体のコンテクスト、民族心理学などを使ってその行為の裏にある意図を読み解かなくてはならない。第二にその行為が虐待的かどうかを分類し、もしそうだとしたらどの程度深刻なのかを判断しなくてはならない。

通常、ある行為を判断するのは１人では行わず、家族と共に専門家のグループで話し合われる。一般的に専門家は自分の個人的信念を家族に押し付けるのではなく、その社会で主流の価値観に従って行動するようにしている。

現代社会では民族的多様性はますます高まっているため、専門家は広く一般社会の基準で判断をすると同時に、それぞれの家庭の文化的コンテクストの中で彼らの行動を理解しようとすることも学ばなくてはならないというジレンマを抱えている。新たな民族グループに対処する時に専門家が感じる困惑は、我々の日常の中での背景知識、つまり民族心理学の重要性を例証しているのである。ある行為の背景の広い文化的コンテクストを理解していなければ、どう対応すればよいのかまったく分からないだろう。しかし、家庭生活では、文化的な信念、価値観、態度といったものが大きな意味を持ち、それが家族のメンバーのそれぞれの役割や相互関係、そして外の世界との関わりに影響を与えているのだ。たとえある家族の行動が理解できたとしても、ある民族コミュニティの中で起きた子どもへの行為が、社会の他のグループの中では非難されるものであれば、我々がそれをどれほど許容できるかということが問題になるだろう。これは実務の中でしばしば体験する倫理的ジレンマであり、簡単に答えは見つからないものである。

専門家は問題のある家庭に常に接触しているため、嫌でもだんだんに影響されて、社会の他の人々に比べて緩い基準を許容するようになるという研究証拠がある。アメリカでは、Rose and Meezan（1996）が、ソーシャルワーカーとその地区の一般の母親とに、どの程度の育児をネグレクトとするか聞いて意見を比較したところ、母親たちの方がソーシャルワーカーよりもずっと厳しい基準を示したという。さらに、少数民族の母親の方が、白人系アメリカ人よりも厳しい基準を示したことも発見されたという。

## 結　論

児童虐待の定義は、子どもに対するある扱い方を容認できるかできないかという我々の信念に左右される。それぞれの社会グループは時代によって育児の基準に対する信念を変え、またグループによって驚くほど差異がある。歴史を見ると社会はまず子どもを深刻な身体的受傷とネグレクトから守ることに関心を持つ。その後、子どもに対する性的虐待を認識して非難するようになり、さらに心理的虐待まで関心を広げる。虐待のそれぞれのカテゴリーも広がり、糾弾されるのは、最も深刻なレベルのものだけではなくなった。

児童保護機関の歴史を見れば、社会が徐々に子どもたちに多くの権利を与え、その生活の質の向上を望んでいるというとても前向きな状況を示している。しかし世界に目を向けると、どれほど多くの子どもが戦争や飢餓、干ばつで命を落とし、治療ができる病気で亡くなり、「間違った性」に生まれたために殺されているかを忘れてはいけないだろう。他にも数えきれない子どもたちが危険な環境で暮らしており、労働市場や性産業で搾取され、基本的ニーズが満たされない施設で育っているのである。こういう子どもたちの苦難が児童保護機関により救済されることはないが、親や養育者によって加えられる危害だけが子どもたちが耐えている被害ではないことを覚えておくことは、無駄にはならないだろう。

虐待の概念の本質が変遷することだけが研究と実践における問題の原因ではない。どんな行為がどれほど深刻であれば虐待という合意に達するのか、虐待の概念をそこまで厳密に定義することもまた困難である。またある特定の事例で観察された行為が、我々が虐待と考える種類の行為かどうかを判断する難しさもある。これらの問題が、普遍的な適用可能性を持った知識基盤の構築の上で大きな問題となるのだ。

実務者にとっては虐待の概念が複雑なため、通告ケースをどのように分類するかの判断が日々のジレンマとなっている。特に何を深刻な虐待に含めるかを分類する場合など、ある社会的環境での基準については、かなりの程度のコンセンサスを得ることは可能だろう。しかし望ましい育児慣習についての考え方は進化し続けるし、許容される行為と許容されない行為の境目についての議論も常に続けていく必要がある。基準についてのコンセンサスが得られたとしても実務者にとっての人生は単純ではなく、相変わらず報告された振る舞いについて理解し、それがどのような行為なのかを解釈しなくてはならない。民族多様化がますます進んでいる現代社会において人々がお互いを理解するためには、背景となる知識が大切だということは明らかだ。支援実務者と政策立案者が幅広い理解を欠いた時、人々の行動をどのように選別すればよいかを理解することは大変に難しくなる。

## サマリー

- ある行動を虐待的と描写する時には、常に道徳的判断が含まれている。
- 最も抽象的なレベルを除いて、定義に関する普遍的コンセンサスはない。

- 調査研究では、異なる定義が使われており、ある研究成果を他の研究に、ある国の結果を他の国に一般化して当てはめることは困難である。
- 実務では、専門家はある行為がどれほど虐待的であるか、またそれを根拠にした自分の対応がどの程度であれば正当と言えるかについて、しばしばジレンマに直面している。

# 第7章

# 実践における不確実性という課題

児童保護業務には不確実性が伴う。子どもに実際何が起きたのかについての不確実性と、介入の有無により何が起こりうるかについての不確実性である。この不確実性をなんとかするには、子どもを虐待から安全に守りその総合的なウェルビーイングと発達を求めるために取る行為（あるいは不作為）で起こりうる結果に専門家は注意を払う必要がある。そして業務のほとんどは、子どもの安全とウェルビーイングの向上の努力が成功するかどうかを左右する家族との関係の中で行われるのである。本章とそれに続く２つの章では、子どもの最善の利益のためにどのように行動するかについての推論の抽象的及び実践的な側面を取り扱う。その目的は、支援実務者による不確実性の取扱いにおける専門性の向上だけでなく、家族、上司、他の専門家、時には裁判官といった他者に自らの推論を説明する能力を高めるためである。

1980年代以降、不確実性の問題はリスク、つまりリスクアセスメント及びリスク管理という枠組みの中で扱われるようになった。1960年代のソーシャルワーカーにとって、アセスメントとは家族が子どものニーズにどのぐらい応えているかを見るための機能評価であり、リスクのアセスメントではなかった。

児童保護では、即時及び長期のリスクの両方が重要である。この２つのリスクの違いはある程度、虐待の様々なタイプと相互に関連がある。重篤な身体的及び性的虐待は即時の危害のリスクが明らかだが、心理的虐待や極度な形態以外のネグレクトは緊急性の低い問題である。これらの形態の持続的な虐待が積み重なった場合、その影響は子どもの発達にダメージを与える。研究ではそのダメージは深刻なものになりうるとされている。

リスクマネジメントという言葉への変化は、専門家のタスクの本質を変え、将来を予測して管理する責任をより増やすことになった。Powerは「不確実性は管理目的の１つとなることによって、リスクに変容する」ことを観察した（Power, 2007：6）。しかし、社会は児童保護のリスク管理能力を過大評価し、児童虐待から子どもを確実に安全に守るという不可能なゴールを設定することがある。子どもの悲惨な死という衝撃の直後に表出する強い感情的な意見は理解できるものの、政治家や上級管理職の人間は、児童保護業務とは虐待を減らすことはできても完全に無くすことはできないということをはっきりさせることが重要である。しかし子どもの虐待死をきっかけにして、あまりにも多くの司法管轄区域や関係機関が、すべての死は予防可能であるという暗黙の前提のもとにどの専門家の責任だったかを即座に追及しようとしている。が、これをしていると専門家の間では子どもを守ることより、自分を非難から守ろうとする自己防衛主義がはびこるようになるだろう。その結果として「適正注意義務」の順守を示すための手続きの過剰評価につながり、専門家が個々の子どもの特別なニーズに適応したサービス提供を判断することに躊躇するようになってしまうのである。組織文化は合理的なリスク管理を促進、あるいは妨害する根本的に重要な要素であるが、これは第10章で詳細に議論することにする。

合理的なリスク管理には、我々がリサーチやその他の情報源から助けを得て意思決定をするそのプロセスの理解が必要である。リスク管理のアプローチを採ったことは、子どもにとって何が最善か予測をする複雑なタスク分析のフレームワークを提供するという益をもたらし、リスク要因の研究を促進した。また確率理論を導入し、リスクの大きさと見込みをアセスメントするために確率を計算し組み合わせることを可能にした。確率に対する人間の直観的理解は大きく誤る傾向があり、その結果として根本的な問題が起き続けている。したがって確率理論の理解はリスクを合理的に管理するために必要であり、本章では確率に関する我々の直観的推論が間違いやすい主たる点を説明する。児童保護においてこれが最も顕著な項目は、リスク要因の研究の理解と、リスクアセスメントの評価ツールで得られる結果の理解においてである。

この第３版での一番大きな変更点は予測分析を加えたことで、これは意思決定を助けるためにますます使われている。これらのツールは支援を必要とする可能性の高い人々の出産前の特定や困難にある人々のわずかなサインを元にした早期の介入をはじめ、通告調査にあたっての児童保護の重大な判断や、子どもと家族の分離や再統合の決定まで、家族に関わるサービスの様々な場面で使われている。ここでは具体的な方針決定ポイントで使うこういったツールを評価する時に考慮すべき技術的、法的、そして倫理的な問題を提示する。

こういった予測分析の詳細な考察は、児童保護の知識ベースの弱点を浮き彫りにし、リスク管理がどれほど難しいか（しかし必要か）を明らかにする。

## リスク要因の理解

第一歩は「リスク」の定義である。歴史的に見て「リスク」という用語は、ある結果が起きる可能性にだけ注意を向けたものであり、その結果が望ましいものかどうかについては中立的であった。したがって、例えばカードゲームなどでは、大金を勝ち取るか失うか、どちらのリスクもあるのである。また天気予報では、雨のリスクか、晴天のリスクを示している。現在では、リスクは望ましくない結果についてだけ使われていることが多い。例えば児童保護業務では、子どもに対する危害のリスクとは言うが、幸福な子ども時代を過ごすリスクとは言わない。「リスク社会」（Giddens, 1990; Beck, 1992）の論考では、我々がリスクという時は望ましくない結果について話していることが前提であるとしている。このように意味の変化がおそらく進んでいるので、流れに逆らって元々の中立な意味合いでこの用語を使っても、益はない。

とはいえ否定的なものだけに焦点を合わせることは害が多く、不均整な動機を持つという人間の傾向を強めて、児童保護の中では実務にゆがみを生じることもある。例えば、人は成功を達成するよりも失敗を避けることにより強く駆られることがある（Kahneman, 2011：300）。児童保護のソーシャルワーカーにとっては子どもの幸福を促進することが彼らを虐待から守ることと同じように義務である。リスクを避けるためだけに仕事をするわけにはいかない。彼らが安全か危険かの２つの選択肢から選ぶだけということはまずないのである。すべての可能な道程にはいくばくかの危険があり、そこにはリスクのバランスを取りながらどれが一番安全な方法かを判断する複雑なアセスメントを行わなければならない。また同様に重要な点として、どの選択肢にも子どもにとってメリットとなる良い面は含まれているもので、これらを危険と天秤にかけて考えなくてはならない。典型的な筋書きは、子どもを実親家庭に残すか、それとも新しい家庭に引き取って保護をするかどうかの選択である。どうすべきかの最終判断は、その家庭の持つ強みと弱さのアセスメントに沿って行われるが、子どもを保護して代替養育をすることによって子どもが何を失い何を得るか、どんな問題とどんな利点に直面するかを評価することになる。リスクアセスメントに肯定的な可能性を復活させるために、リスクとリワード（報酬）についてもお話しする。子どもの発達の因果要因の研究では、同じ意味の用語は、リスク要因とリジリエンス要因と言う。

児童保護において、ほとんどのリスクアセスメントのリサーチやツールは本質的に偏っているため、それらを使う時には専門家が考慮している様々な選択肢の中で、子どもにとってのリワード、すなわちあり得るベネフィット（便益）のアセスメントと一体化させる必要がある。今では、サインズ・オブ・セイフティやRestorative Practice（修復的実践）などという家庭の持つ強みをベースにしたアプローチを使い、弱さを元にしたアプローチや一方的なアセスメントを明確に避けて家族の肯定的な部分を取り込む方向に関心が高まってきている。

リスク要因のリサーチに目を向けると、虐待のリスク要因は一般集団よりも子どものいる環境の中でより多く見つかる特質である。これはどこに境界線を引こうかという政治的議論のある家庭的あるいは社会的要因である。家庭的要因に焦点を当てるものもいれば、（親の行動の影響を通して）子どもの人生に直接、または間接的に強い影響を与えるとして社会的要因を取り入れるものもいる。虐待ケースで特定の要因が何度も見つかれば、それがリスクの予測を高めると直観的に人は思うだろうが、それは正解ではない。肝心なことは、それがどのぐらい一般的な発生率と関連があるかということなのである。貧困は虐待的な家庭ではよくある特性であるが、それのみでは予測因子としての十分な情報ではない。例えば子どもの25%が貧困の中で生活をしているとしたら、貧困が虐待の強い予測因子になるかどうかを判断するには、虐待家庭での貧困の正確な出現率を知る必要がある。もし虐待を受けた子どもの約４分の１だけが貧困だとしたら、予測上何の意味もない。もし母集団よりずっと高い貧困率があるのなら、それは強い予測因子となるし、より低い率が貧困であるなら、予測する上では禁忌である。

あるリスク要因が望ましくない結末（この場合は虐待）をどのぐらいの確率で予測するかは、２つの変数に依存する。虐待的家庭のサブグループの中でその要因がどのぐらい共通して存在するか、また母集団全体ではどのぐらい共通して存在しているか（基準率）である。リスク要因の的中率を判断する計算は、ベイズの定理*を使う。これは新たなエビデンスを得た時に、仮説の可能性がどのように更新されるかを説明する定式である。例えば親Ａが子どもを虐待している確率は、子どもが腕を骨折しているという追加情報Ｂを得た時に高まるのである。

形式的用語で言えば、ＡとＢという２つの事象があって確率P(A)とP(B)がそれぞれにあるとすると、P(B|A)はＡがすでに発生しているという条件でのＢの確率を示し、またP(A|B)は、Ｂがすでに発生しているという条件でのＡの確率を示し、それを定理では以下のように表す。

$$P(A) \times P(B|A) = P(B) \times P(A|B)$$

図7.1から7.4は、この２つの変数がどのように組み合わされ、それが予測値にどのような効果があるのかを示している。

図7.1は、母集団にも虐待者のサブグループと同じように普通に発生するために、何の予測能力もない要因を描いている。

もう一方の極端な例として、図7.2では、ある要素が虐待ケースと診断されるような強い予測因子となる場合を示している。他の虐待者でない集団ではまったく見られず、すべての虐待ケースで見られる要因である。このような強い予測因子を見つけることは理想的であり、専門家のリスクアセスメントを計り知れないほど楽にしてくれる。医学の分野ではこういっ

* 確率は事象の列よりも個々の事象、あるいは命題に関係したものと考えた、統計的推論や意思決定に関する定理である。条件つき確率を相互変換するのに用いられる。

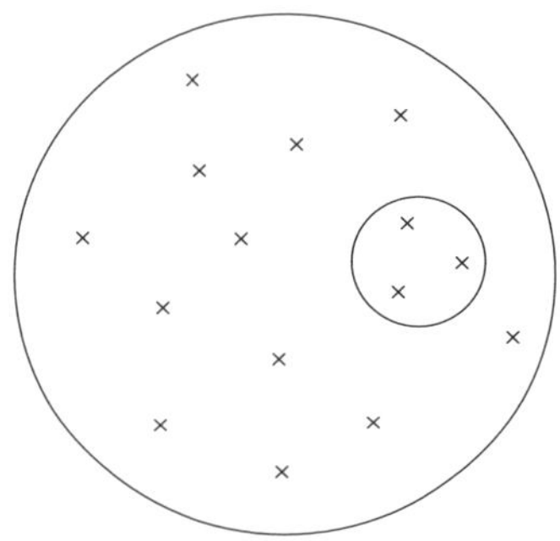

一般母数でも虐待家庭でもまったく同じ発生率である要因


**図 7.1　予測価値がない場合**

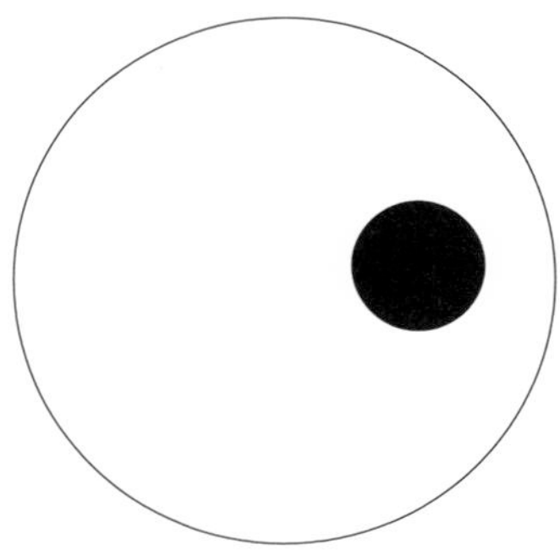

虐待的な家庭のグループにのみ必ず存在する要因


**図 7.2　完璧に虐待予測ができる場合**

た成功例を提供することがある。医師は特定の疾患を持つ患者だけに見られる症状を特定し、かなり正確な診断検査を開発することができている。例えば、あるタイプの血液培養の異常は菌血症の指標となる。しかし児童虐待の予測に関して同じような成功を期待することは現実的ではない。なぜなら虐待は感染症とはまったく異なるからだ。これまで考察してきたように、基本的概念が大変に曖昧であり、広範囲の行為を含むので、１つの共通した原因や指標が存在するとは考えられないのである。

ある要因は虐待ケースの中でも稀かもしれないが、母集団ではさらに稀なので、その要因は高い予測確率を持つ可能性がある（図 7.3）。

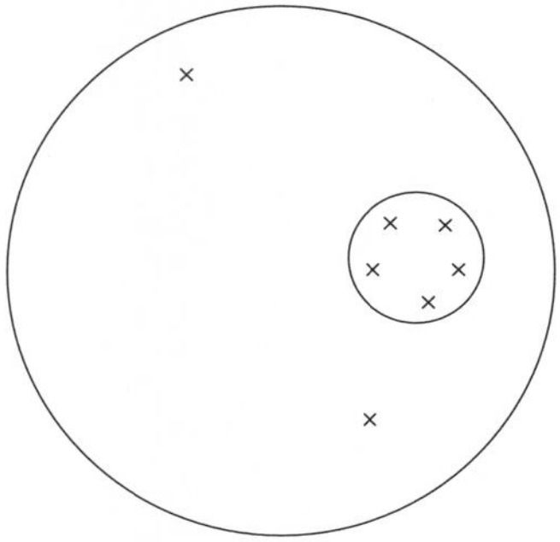


一般母数では非常に稀で、虐待家庭の中でも
稀ではあるがその要因がずっと多い場合

図 7.3　高い虐待予測ができる場合

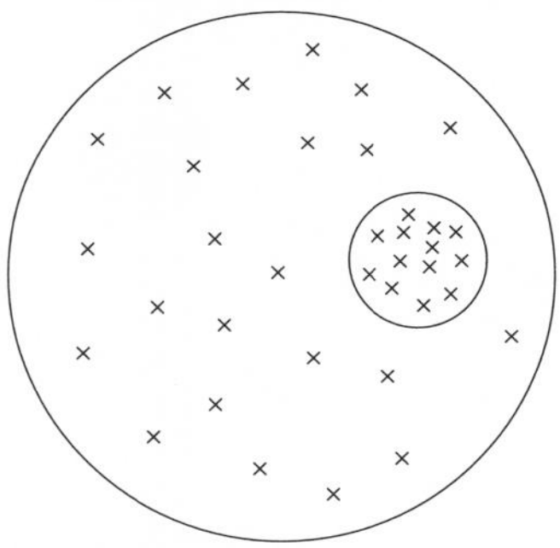

一般母数でもかなり存在するが、
虐待家庭では特に多く存在する要因


図 7.4　ある程度の予測価値がある場合

これまで研究で特定できた最も一般的なタイプのリスク要因はかなり弱いもので、母集団の中でも普通に見られるが、虐待ケースでは多少高い確率で見られるものだ。このリスク要因の強みとしてはいくらかの的中率があるが、図 7.4 で説明する重要な点は、その要因は虐待的、あるいは非虐待的な家庭の両方でよく見られるものであり、虐待ケースというサブグループは全人口のごく一部の割合しかないため、その要因が見つかる家庭のほとんどは非虐待家庭であるということである。例えば、継父は実父よ

りも虐待的であることが多いという研究報告があるが、仮にこれが事実だったとしても、過半数の継父は虐待をしないし、男性虐待者の過半数は継父ではない。

専門家はリスク要因やリジリエンス要因を識別したり、母集団や虐待者の間でそれらがどれぐらい共通に存在しているかなどを、自分の実務体験に頼って特定することはできない。実際、専門家としての実務体験では、幸せで問題のない家庭が相対的にわずかしかないのだから、人間の本質については偏った見方をしてしまいがちである。専門家の受けるフィードバックもまた偏っていることが多い。彼らがもし子どもに対するリスクを過小評価すれば子どもが受傷した時にその間違いに気が付くだろうが、過大評価した場合、おそらく危害を防ぐために子どもを「保護する」措置を取り、子どもがそれで怪我をしなかったという事実によって彼らは自分の判断に疑問を持つことはないのである。

リスク要因の最新のリサーチに関して、英国のNICE（National Institute for Clinical Excellence、英国国立臨床研究所）と、アメリカ合衆国のChild Welfare Information Gateway（子ども福祉情報ゲートウェイ）のウェブサイトが役に立つリソースである。

## 基準率の錯誤

これに関連した２番目によくある直観的誤りは、「基準率の錯誤」として知られている、人々は予測ツールの精密度を理解する時に間違いを犯しがちだというものである。そのようなツールを使用する専門家にとって、実際問題として結果にどれほどの信頼を置くべきかということである。あるツールが、親Xが子どもに危害を与えるという予測をした場合、どのぐらいの確率でこれが実際に起きるのだろうか？　もし肯定という結果がしばしば誤った肯定であったとしたら、専門家はその結果を慎重に取り扱う必要があると分かるだろう。ベイズの定理は、肯定あるいは否定の結果がどの程度正確なのかを調べるための形式的な確率計算式であり、予測解析にも広く使われている。

有名な研究で、「ハーバード・メディカルスクールのテスト」というのがあるが、これは予測検査の評価における基準率の錯誤のまん延を例証している。ハーバード・メディカルスクールのスタッフと学生は、95%の高い感度（病気を持った人が陽性のテスト結果になる確率）と100%とこの上ない特異度（病気を持たない人が皆陰性になる）を持つ診断検査について説明を受けた。そして彼らは陽性の検査結果が出た人の中で実際に病気を持つ人の確率がどのぐらいかを問われた。彼らの過半数が、精度判定の際の基準率の重要性を見落として、感度または真の陽性率である0.95と答えた（Casscells et al., 1978）。以下で説明するように、この推定は正確さには程遠い。診断された病気が一般的なものか稀なものかによって、この検査は臨床的に有用ともそうでないとも言えるのである。

基礎になっている計算が確率理論の言い方で示されていれば人々には理解するのは難しいだろうが、ドイツのマックス・プランク心理学研究所のGigerenzerと同僚は、もっと見慣れた方法で示されれば、そういう人にもその推論がよく理解できることを発見した（Gigerenzer, 2002）。

予測精度の判定には、3つの変数の値が必要である。

感度：たくさんの虐待ケースの中で、どれだけ正確に予測できるか（正しい肯定）

特異度：非虐待の家庭の中で、何件が正しく判定されるか（正しい否定）

基準率あるいは現象の普及率：その現象が一般集団の中でどの程度普通か

以上の3つの変数は、ツールの総合的有用性を把握する上で重要な役割を演じるわけだが、最後の基準率が特に見落とされたり誤解されたりすることが最も多い。簡単に言うと、評価対象の現象が稀であるほど、臨床的に有用なレベルの精度のツールを開発することは難しくなる。逆に言うと、基準率が高いほどそれは簡単になるのだ。このため研究者は、虐待事案が比較的少ない一般集団をスクリーンするリスクアセスメント・ツールを開

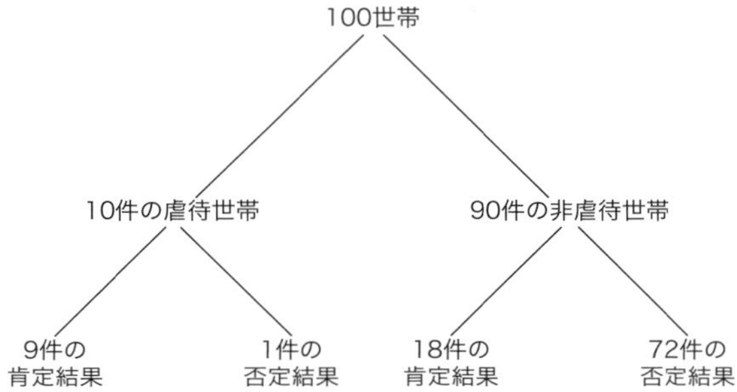


図7.5　ツリー・ダイアグラム1

発しようとして、より困難なタスクに直面することになる。もし、評価対象の集団が児童保護機関に知られた特定の家庭だけなら、基準率がずっと高く開発はもっと楽なのだが。

ここで実際の例を挙げて基準率のインパクトを説明し、感度や特異度が同じように高くても、基準率によって異なる結果が出てしまうことを見せよう。例えば感度が90%、特異度が80%のツールを基準率が10%の環境で用いるとしよう。

> この地域集団では100件の家庭につき10件の虐待が発生している（基準率）。この10件の家族にこのツールを使い、9件に肯定の結果が出る（感度90%）。その他の90件の家庭のうち、ほぼ72件からは正確に否定の結果が出るが、約18件からは、（誤った）肯定結果が出る（80%の特異度）。このツールを使い、ある家族のグループに肯定の結果を出したとすると、そのうちいったい何件の家庭で実際に虐待が発生しているだろうか？

ツリー・ダイアグラムが計算を分かりやすくしてくれる。

図7.5を参考にすれば簡単に理解できるが、合計で27件の家族が肯定の結果を得ることになり、そのうちの9件が正しい肯定で、18件が誤った肯定ということになる。つまり、肯定の結果が正しく出る確率は、9割

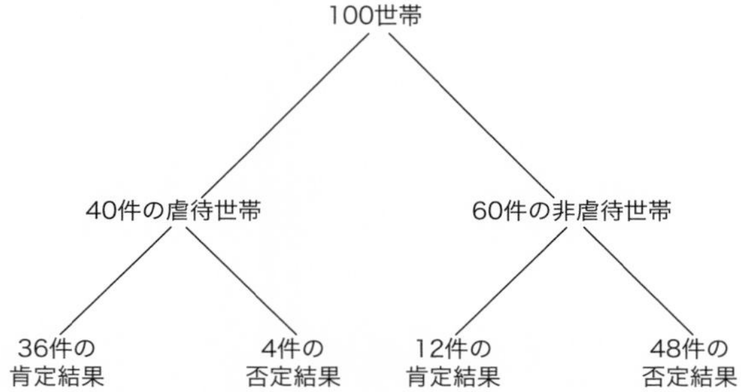


図 7.6　ツリー・ダイアグラム 2

る 27 で、0.33 ということになる。要するにこのツールで危険だと判定された家族の約 3 分の 2 は、そうではなかったということになる。

これに対し、もしこのツールをより高い 40% という基準率を用いるだけの理由のある人口のサブグループに使うのであれば、相当する数字は以下のようになる（図 7.6）。

> こちらの集団の 100 件の家庭につき 40 件の虐待がある（基準率）。ツールを使い、そのうち 36 件の家庭で肯定の結果が出る（感度 90%）。その他の 60 件の家庭のほぼ 48 件からは正確に否定の結果が出るが、約 12 件からは（誤った）肯定結果が出る（80% の特異度）。

合計で 48 件の家庭に肯定の結果が出て、そのうちの 36 件が正しい肯定、12 件が誤った肯定になる。したがって、肯定結果が正しい肯定である確率は、36 割る 48 で 0.75 となる。すなわち、ツールで危険だと判定された家庭の 4 分の 1 は、そうではなかったことになる。

ここでの重要なメッセージは、比較的稀な事案を予測するのに高い精度のものを開発することは驚くほど難しいということである。虐待家庭かどうかを正確に特定できる家族の統計値が高いように見えるツールでも、総合的な精度は失望するほど低いものである。ツールが虐待的と判定する過半数の家族は実際のところは虐待を行っておらず、これらは誤判定ということになる。

## 統計的リスクアセスメント、臨床的リスクアセスメント

虐待の予測因子についての知識はどのように使えるだろうか？　文献には２つの競合するモデルが示されている。臨床的予測と統計的予測である。Grove and Meehl（1996）は、以下の定義を提供している。

> 統計的アセスメントは、「決定に到達するための形式的なアルゴリズム的で客観的な手順（例えば方程式）を含む」（1996：293）

> 臨床的アセスメントは、人間の臨床的判断で（どうにか）到達する「非形式的で、『頭の中で行う』、印象に基づく、主観的な結論に依拠する」（1996：294）

この２つの定義の言葉の選び方から、彼らはおそらく統計的アセスメントの一覧表を強く支持していると読み取れる。彼らはまた２つのモデルを分析的思考と直観的思考の考えの絶対的違いを反映した非常に明確な二項対立として提示している。実際には児童保護のリスク評価では、どんな種類の情報が集められどのように検討されるかという両方の論点の間で多様な補助ツールを利用できる。虐待要因の存在を判断するエビデンスに関して言えば、観察記録を使うことも、専門家の知識を用いることもある。例えば、関連するファイルを読んでいて犯罪歴の詳細が突き止められることもあるが、親子のアタッチメントの質を確認する場合は専門家の判断が求められる。またツールは要因を異なる方法で算定する。ほとんどが臨床的判断を用い、その際専門家に集めた多様な情報の直観的な評価をすることを求める。しかし統計的ツールでは、すべてのエビデンスに数値的な評定がされ、統計的定式を使って答えを得る。したがって、リスクアセスメントのツールは情報を集めるための多かれ少なかれ構造化したアプローチと、

それを解釈するための直観的あるいは形式的メソッドを提供するものだと考えると役に立つだろう。

弱点を検討する前に、統計的ツールの現在の、そして潜在的な強みを考察したいと思う。Grove and Meehlの統計的予測に対する熱意には十分な根拠がある。こういったツールが開発され評価される分野では、それは専門家の判断よりも高い精度や一貫性のレベルを見せるものである。Grove and Meehlは、心理学と医学の136の研究のメタ分析で臨床的予測と統計的予測を比較して報告した。その中で臨床的予測の方が優れていると示されたのは8件のみであった。64件では統計的予測がより正確であり、残りの64件では両者にそれほどの違いは認められなかった。

統計的予測がどのように行われるかを見れば、なぜそちらの方が臨床的予測より正確で一貫していると期待できるかが分かる。まず、それらがどのように開発されたかを考えてみよう。どんな要因を加えるべきかを特定する情報源は2つある。1つの方法は、実験に基づいたリサーチを一般の集団及び虐待的な集団の2つに行って、図7.1から7.4のようなベン図に適合する数字を得ることで、ある要因がどのぐらい強い予測因子となるかが分かるようにする。別の方法としては、現場の専門家のグループがミーティングをして、重要だと思った要因を特定する。この後者の方法は児童保護のツールを開発するのに最もよく使われるということがエビデンスで示されている（Keller et al., 1988）。統計的リスク・ツールで集められたデータは量的あるいは質的なもので、簡単な観察または専門家の判断を要する場合がある。

統計的アプローチはどのように情報を集めるかではなく、集めた情報をどのように取り扱うかで決まる。直観ではなく、統計が答えを得るために使われるのである。それは臨床医が非形式的に行おうとすることを、形式的メソッドで行う方法である。図7.1から7.4のベン図はある要因の予測強度をどのように分析できるかを示している。要因がたった1つであっても直観的にこれを行うのは簡単ではない。リスクアセスメントでは、普通いくつかの要因があって、それを同時に考慮する。このタスクは少なくとも、かご一杯の買い物を一目見て値段を当てるのと同じぐらい難しいのだ。

臨床的判断のエラーに関する心理学的リサーチには事欠かない（Nisbett & Ross, 1980; Meehl, 1992; Plous, 1993）。統計的ツールは手に入るベストのエビデンスを使い、臨床医が非形式的かつおそらく不正確に使っている統計的定式を、形式的に適用するのである。

支援に関わる専門家の中には、統計的メソッドに抵抗のある人が大勢いる。その機械的な側面を嫌う人もいる。しかし機械的な部分はエビデンスの算定の部分だけであって、家族との対応の部分ではないということを忘れないようにするべきである。エビデンスを集める方法として必要とされるのは、いつもの人間関係スキルや調査スキルである。統計的ツールを使うことで、専門家が共感的でなくなったり冷淡になる必要はまったくないのである。未熟な実務者がそのように使えば、これはもちろん家族との関わりを避ける手段になってしまう。しかし面接がうまくできなければデータを集めることも下手になり、結果としてツールの精度も落ちることになるだろう。

統計的メソッドに対するもう１つの議論として、専門家はある家族の詳細を知っていることがあるが、それがあまりにも特異なので統計的リサーチの考慮に入れられないことがあるというものがある。そうなると、専門家が統計的予測を断念して、自分の予測に頼ってしまうことも正しいのではないかと主張する人々もいる。理論的には、ほとんどの統計的ツールのガイダンスに書かれている通り、調査の結果は専門家の意思決定をサポートするものであって、それにとって代わるものではないということで問題解決はされる。しかし、本章の後半で述べるが、このガイダンスには従わなくてもよいのである。

## 予測解析の課題

ここまで原則としての統計的メソッドの長所を見てきたわけだが、ここでその開発と、児童保護というコンテクストでそれをどのように実践するかについて考察したい。初期のリスクアセスメントのツールはリスク要因の研究だけに基づいたものであったが、現在では家族についての数多くの異なるデータセットを結び付けてパターンを見つけ出す予測解析についての関心が高まっている。このアプローチを詳細に検証すれば、その潜在能力と限界を説明できる。

近年では多くの機関がリンクできる記録を次々とコンピュータ化しており、データ・マイニング用に手に入るデータセットの規模に大胆な変化が起きている。これによって、重要な決定場面での正確さの向上を期待した予測解析を開発するためにそれらを利用しようという関心が一気に高まっている。児童福祉・保護分野におけるデータ・マイニングは、保健、教育、警察、収入、住居などを含めたデータセットから家族のデータをリンクし、プロファイリングを可能にする詳細なセットを積み上げている。

子どもたちの将来的結果を向上させるための社会投資という政治的関心に関連して（第５章参照）、リスクアセスメントを児童保護だけでなく、子どもの不適切な扱い、非行、不健康、劣悪な教育的結果などの様々な問題防止や早期介入などにも利用することへの関心が高まっている。政治的選択肢の１つとして、ユニバーサル・サービス*を提供することでどの子どもや家庭、あるいはコミュニティをターゲットにするか検討しなくて済むということがある。しかしこれは今ではそれほど広く使われなくなり、ターゲットをより絞ったサービスが提供される方向にシフトしてきている。したがって誰が追加的支援を必要としているのか特定する方法を見つける必要が出てきた。解決法の１つは、サービスを常に用意しておいて、保護者が支援を求めるというのがあるが、これだと自分から言い出さない親もいるというおそれがある。予測解析には、追加的支援が必要なターゲット層の子ども（あるいは胎児）を特定する能力あるいは潜在能力があると見られている。

私はここで「予測解析」という言葉を使っているが、それは大きなデータセットの中でのパターンを特定するためのデータ・マイニングとアルゴリズム的プロセスを使う判定システムを指しており、人間の判定をサポートしたり自動化する機械学習も含まれている。機械学習とは、コンピュー

* すべての家庭に一律に安定的に提供されるサービス。

タシステムが自身を訓練して、（通常膨大な）データセットの中のパターンや相関関係を特定し、特別にプログラムをすること無しにこれらのパターンや相関関係から情報を推論し予測を立てるプロセスである。これらのシステムには概して「プロファイリング」が含まれる。それは個人の行動、好み、経済状況、健康などに関連した人格の査定を行うために、その人の個人データをプロセスすることを言う。

データ・マイニングは他の分野でも有益だと見られてきた。医療・保健では判定を向上させるために、予測解析の利用に対してかなりの研究がなされている。しかし児童保護でそれを使う可能性に関しては、多くの議論と反対意見が示されている。深刻な技術的、法的、倫理的な課題が持ち上がることが一般的に認識されているが、それらの問題が特定の判定タスクに関しては乗り越えられる可能性があるかどうかについては異なる意見もある。より楽観的な考えの人々もいるが（Cuccaro-Alamin et al., 2017; Schwartz et al., 2017）、子どもや家族に悪影響がある方法で使用されるのではないかと懸念している人々もいる（Keddell, 2015; Oak, 2015; Church & Fairchild, 2017; Eubanks, 2017）。

また、それがサポートするように設計された判定とその利用における進展にはこれまでに雑多なパターンがある。予測解析に基づいた判定ツールを開発したところもあったが、後に使用しなくなった。なぜなら精度や倫理に懸念を持ったからである（ニュージーランドの将来的危害に対する早期特定用予測リスクモデルと、ホットラインへの通告を査定するためのイリノイ州子ども家族サービス省迅速安全フィードバック）。しかし、その他はまだ使われている（例えば、2017年版のアレゲニー家族スクリーニング・ツールと、ロンドン・カウンシルの子どもの安全予測モデルなど）。

児童保護では予測解析を使うべき多くの判定ポイントがあるため、この議論には簡単な答えはない。ここでの私の目的は、ある特定の判定のコンテクストの中で有益で法的で倫理的であるかどうかを判断する時に考慮されるべき要因の範囲を特定することと、児童保護のコンテクストの顕著な特徴についてコメントすることである。

## 技術的妥当性の問題

予測解析のための技術的論拠は、ある面では説得力がある。コンピュータは人間が扱うよりずっと膨大なデータセットの分析ができる。そしてその分析はまた人間の能力を凌駕する精度とスピードを持って行われる。また人間が軽視したり考慮しなかったりする傾向や洞察をあらわにしてみせる可能性もある。機械学習のシステムはシステムデザイナーによって備えられた膨大なデータセットを用いて訓練される。訓練が終わると、これらは情報を推論するか、システムに加えられたデータを元に予測を立てるかして、アルゴリズムに従ってプロセスする。

しかし、コンピュータはある特定の社会的、歴史的、政治的な条件の中で人間によって作られたデータを元に作業し、結果としてそのデータの中に埋め込まれた可能性のあるバイアスや偏見を避けることはしない。Caliskanらの研究では「標準的な機械学習は人間の毎日の行動様式を反映したオリジナルのデータからのステレオタイプのバイアスを得ることが可能」と示している（Caliskan et al., 2017：183）。AI（人工知能）や機械学習は文化的ステレオタイプを永続させる可能性があり、彼らの結論としては「監視されていない機械学習を通して構築されたモジュールを意思決定システムに組み込む時は、警戒が必要である」とした（同上：185）。

予測モデリングがどれだけ隠れたバイアスを含むことができるかは、使われるデータセットの性質上、児童保護では主要な懸念である。その信頼性と網羅性には重大な課題がある。第6章で述べたように、児童虐待の中心となる概念に関しては問題が山積みで、それが何を意味するかという普遍的で固定された詳細な定義はないからである。子どもが今虐待を受けているか、あるいは受けそうかという専門家の判断に対する信頼性は低く、つまり評価者相互の間に合意はなかなかない。何を虐待と見なすかの判断だけでなく、どのケースをもって初期調査や家族との分離の境界線に達すると判断するのか、また支援者が判定において補助ツールを用いるかどうかの判断についてもそうだということがいくつかの研究で示されている（例えばSchuerman et al., 1999; Spratt, 2000; Britner & Mossler, 2002; Jergeby & Soydan, 2002; Arad-Dabidzon & Benbenishty, 2008; Regehr et al., 2010）。したがって、データはそれを入力したある特定の実務者に影響されているということなのである。

Gillingham（2015：168）はデータの構築についてさらなる懸念を挙げている。

> 情報システムに情報が入力されると、そのシステムに組み込まれている分野によって分類されるが、それは実務者が観察した状況に適合する場合も、そうでない場合もある。これは多くの点で起こるが（著者自身のものも参照）明らかな例としては、情報システムによって要求される詳細なレベルがある。例えばリスクアセスメントツールによくある問題として、養育者による不法薬物の使用の懸念がある。こういう問題の項目に、はい/いいえをつけていくのは、あまりに単純化しているだけでなく、混乱の元でもある。データに関して言えば、例えば子どもが寝た後にたまにマリファナを吸う養育者を、１日に２、３回ヘロイン注射をしてほとんどの時間をそのために費やしている養育者と一緒のカテゴリーに入れることになる。Dick（2017）はこれをデータ分類の「平板化効果」と呼んだ。明らかに、それぞれの状況が引き起こす危害やネグレクトのリスクのレベルには違いがある。

データセットの信頼性の低さは全体的な予測の精度にとって重大な問題で、「完璧に測定したデータ（例えばゲノム配列）と不十分に測定したデータ（例えば行政の健康データの請求）の間で関連が探査された時、研究の精度は不十分なデータによって決定されてしまう（最弱リンク説*）」（Khoury & Ioannidis, 2014：1054）。

予測解析に使われる多くのデータセットの不完全さは懸念材料である。特に児童保護のデータセットは無作為ではないという意味で不完全である

---

* ある部材の全体の強度は、その部材のある部分の最低の強度によって決まる。鎖を引っ張る場合において最も弱い輪が破壊することにより鎖全体が破壊するのが最弱リンクモデル。

ことが知られているからである。そこには児童保護サービスに通告されてきた子どもと家族が入っているが、これは虐待に苦しむ子どもたちのほんの一部を取り上げているに過ぎないことは知られている。人々の子ども時代の虐待体験の自己申告の研究では、児童保護サービスに把握されているケースの公式の統計よりずっと数が多いことが明らかになっている（Stoltenborgh et al., 2015）。しかしまた、これらの研究ではその結果に大きなばらつきもある（Radford, 2011：Appendix D）。児童虐待のような現象の信頼できる測定を得るのは大変に難しいのである。例えば、イングランドではGilbertら（2009）が通告されるのは実際のケースのほんの10％だけだと推論している。Jud（2018）は虐待発生率の多くの研究を要約した。それらの研究では大半のケースが当局には知られていないことが示されただけでなく、重大な虐待だけでなく、軽度、あるいは中度の虐待もそこに含まれたかどうかによって発生率にはばらつきがあることも示されていた。さらに、そのデータセットには低所得家庭や少数民族の過剰出現という根強いバイアスがあるというエビデンスもある（Cawson et al., 2000）。

また、児童保護への通告のデータセットには、その後考慮してみると児童保護サービスを必要としないと考えられる多くの人々も含まれている。アメリカでは、2017年の通告のうち、57.6％が選別検査で必要ありと出て、42.4％は無しと出た（Children's Bureau, 2018）。イングランドでは2017～18年の通告のうちの37.9％は、サービスの必要はないと見なされた（Department for Education, 2018）。

不完全なフィードバックしか得られないせいで予測ツールの精度の評価には限界がある。例えば子どもを分離して一時保護へ移すという決定になった場合に、もし子どもが家庭に残されたら非常に危険な状態になるという予測は試されることは絶対にない。子どもが低いリスク評定を受けて家庭に残るなら、予測の評価は児童保護への通告が繰り返されるというフィードバックに限られるだろう。したがって予測アルゴリズムにおいては間違いを学習して直すという能力は弱く、その技術的妥当性には限界があるのである。

## 法的問題

２つの主要な法的事項について、文献には考慮すべき論考がある。データの匿名化の問題と、そして意思決定の透明性と説明責任である。

予測解析の開発者とユーザーは、それぞれの地域でのプライバシーや部外秘として慎重に扱うべき情報の同意なき共有に関する法律に注意を払う必要がある。児童保護のケースの場合、多くの司法管轄区域で個人情報に関する守秘義務は問われないことが多い。英国の法律では、その境界線は子どもが重大な危害を受けているか受けるおそれがあるかどうかである。この法的制限により、予測解析がサポートするよう設計された様々な判断タスクに対して、色々な影響が出る。もし児童保護に通告されてきた子どもの虐待のリスクアセスメントに関する判断であるなら、それ用に開発されたツールが典型的に使っているデータは、判断をする専門家の手にはすでに入っているデータのセットであろう。しかし、虐待防止のためのサービスのリスクアセスメントの範囲が広がっていることと、他の公的・民間のサービスの幅広いデータセットからのデータを組み合わせることへの関心の高まりが、新たな法的問題を引き起こしているのである。

１つ提案された解決法というのがデータの匿名化で、そうすることで特定の個人に結び付けることが不可能になり、個人のプライバシーが守られる。しかし、リサーチのニーズは、特定の個人のプロファイルの充実を可能にする結び付けられたデータにこそあって、それが問題を生み出しているのである。

Paul Ohmは2009年に大規模な文献のレビューを行い、気が滅入るような結論に到達している。「データは、役に立つか、完璧に匿名であるようにできるが、両者が両立することはない」(2009：1704)。類似の意見が、「Science as an Open Enterprise (2012)」のRoyal Society Report中に掲載されている。

過去にはデータの対象者のプライバシーは、彼らの名前や詳細な住所などを外すといった匿名化のプロセスを経て守ることができると思われていた。しかし膨大な業務をコンピュータ・サイエンスを

> 駆使して行う現在では、身元が積極的に求められているデータベースにある個人記録のセキュリティを、匿名化の手続きを通すことで保証することはできなくなっていることが実証されている。

KorffとGeorges（2015：4）は、なぜそうなのかを明確に示した。

> 主な問題は、データセットから直接に身元の判明するもの（氏名、住所、国籍、IDナンバー、誕生日）を取り除くだけで効果的な匿名化ができるわけではないということである。むしろ妥当な対策は「匿名セット」のサイズなのである。つまり、データに関係のある個人のセットである。例えばあなたが「男性」と描写された場合、匿名セットのサイズは35億人になるが、もし「中年のオランダ人の男性でひげがある」と描写されれば50万人になり、もし「中年のオランダ人男性でひげがあり、ケンブリッジの近くに住んでいる」となれば、おそらく3人か4人になるだろう。

データの「偽名化」が部分的解決として提唱されている。これはEUのGDPR（一般データ保護規則）では「人物に付加している情報の使用無しに個人情報のプロセスを行い、データ対象人物を特定しない」と定義されている。問題は、「付加している情報の使用無しに」という部分にある。データベースの増量と共に、付加的な情報はますます手に入るようになってきている。

福祉関係のデータベースと他のものが結び付く可能性を持つことで、子どもや保護者のプロフィルがより詳細になり、より簡単に個人が特定されることで子どもの危険度が高まるのだ。例えば英国では数多くのデータベースを集めて、家庭のプロフィルや郵便番号が分かるようなサービスを提供している会社もあるし、それらは保健や買い物、レジャー活動などを網羅した分類まで開発している。そんな会社の1つでは以下を提供している。

> 英国の人口の地理的人口統計学の区分け。世帯、郵便番号、近隣状況などを６つのカテゴリー、18のグループ、62のタイプに区分する。重要な社会的要因と個体群の行動を分析し、様々なタイプの人々の徹底した把握と正確な情報を提供する（Acorn, 2019）。

こうした詳細な付加的な情報と共に個人特定の可能性がだんだん高くなってきている。

第２の大きな法的な懸念は、アルゴリズムによる方針決定の透明性の欠如であり、誰かが彼らに関わる判定に異議を申し立てたいと思った場合、結果としてこれが困難な問題となるだろうということだ。アメリカの１つの州では、アルゴリズムの詳細を公にすることを要求しているが、その多くは民間企業によって開発されており、それを公にすることを知的所有権と営利上の理由を盾にして拒否している。また仮に詳細が入手できたとしても、その算定を精査したり理解したりできる人はわずかであろう。内在するアルゴリズムを常に向上させるためにフィードバックループを作りだす「専門性の高い」システムの増加により、透明性に関してはまた別の障壁ができてしまうのである。その問題は、いくつかの形で現れる。

> この問題は、しばしば「アルゴリズムの不透明性」と呼ばれ、それは３つのはっきりした形が認められる。１番目は意図した不透明性で、システムの仕組みは知的所有権を守るために故意に隠されている。２番目は非識字の不透明性で、システムはコードの読み書きのできる技術的な能力のある者にだけ理解可能というものである。３番目は本質的な不透明性で、システムの複雑な判断プロセスそのものはどんな人間にとっても理解が困難というものである。これらの２つ以上が合わさっていることもある。例えば、あるシステムが故意に不透明で、あるいはもしそうでなくても、非識字的、あるいは本質的に不透明ということがあり得る。アルゴリズムの不透明性は結果として、自動システムの判断プロセスとは経験を積んだシステム設計者やエンジニアにとっても理解するのが難しい、あるいは

評価が不可能なものだということになるのである（Cobbe, 2018：5）。

予測解析の使用は、意思決定の透明性やプライバシー保護を変化させているために、司法制度にとって新たな課題を生んでいる。

ほとんどの司法管轄区域では現在予測解析に対しての規制を実施している。透明性、説明責任、そして「社会にとって有益な影響のある」ことが、重要な価値基準となっている。しかし、Zuiderveen Borgesius（2018：24）は、警告の言葉を示している。

> AIによる差別と闘うツールとしての個人情報保護法の可能性という観点から、いくつかの差し止め請求が予定されている。まず、施行・順守保証の穴がある。個人情報保護局の人手は限られ、また多くの個人情報保護局は深刻な制裁を加えるだけの権力を持っていない（EUでは、こういう局もGDPRにより新たな権力を得ることになった）。以前は多くの組織が個人情報保護法をまともに順守しなかった。GDPRができてからコンプライアンスは向上したようにも見えるが、まだ結論を出すには早い。

## 予測ツールはどのように使うのか？

ツールはそれだけを評価することはできない。それは人によって、物理的、文化的コンテクストの中で、人の能力と限界と共に使用されるのである。これらの相互作用は、建設的だろうか、否か？

1つの懸念事項は、それが実務で過大評価されはしないかということである。自動化バイアスとは人々がコンピュータにより作りだされた結果に過度の自信を持つ傾向があることを言う。自動システムを使う人々が、自分で判断する人々よりもその結果に相反するエビデンスをより軽視しがちになるのだ。航空と医学では、これが重大なエラーの元になっているというエビデンスがあり（Goddard et al., 2011）、児童保護でも問題になるというおそれを抱いている者もいる。基準率の重要性への理解の欠如は、ツール使用の過信につながり、児童保護の職員が子どもの虐待死の予防に失敗した時に重い罰を与えようとする社会では、自己防衛的な実務が普及することにより自動化バイアスが増加する可能性がある。

今使われているツールの多くは、その名が示すように、専門家の判断を「補助する」ように設計されている。ツールの設計者は一般的に、ツールは専門家の考慮する他のいくつかの要因の１つとして扱われるべきだと強調している。例えばアレゲニー家族審査ツール（AFST）は、ツールは通告のために本文に添えて報告するスコアのためであって、「調査、あるいは子どものその他の福祉判断をするために作られたシステムではない」と説明している。しかし自分の専門知識を使って、ツールが助言したものと違う判断をすることに気が進まない人もいるだろう。望まない結果が出た場合、判断をツールのせいにすることができる安心感があるし、ツールの助言に反することを正当化しようと苦労することへのおそれもある。業務文化が自己防衛的であればあるほど、自動化バイアスが起きがちになる。

予測解析の主唱者は、自動分析のサポートで判断の精度が上がるという点を指摘する。批判者は、それが家族対象の業務の総合的なプロセスにどのように適合するかを心配する。子どもにとって何がベストの措置かのバランスの取れたアセスメントは、置かれた状況の中でリスクだけでなく、強みなどの前向きな評価も必要としている。さらに、たとえすべてではないとしてもほとんどの児童保護の実務のアプローチでは、職員が家族のメンバーとの関係を築き上げて彼らの問題を理解し、より安全な育児ができるように支援をするのである。専門家が予測ツールを建設的にこの人間関係に取り入れることがどうすれば可能か、そしてそれは可能なのかどうかと心配する人々はいるのである（Broadhurst et al., 2010; Oak, 2015）。

Oakはまた、ツールによって行われたリスクアセスメントが「『リスク』や『虐待』といった主要概念を定義する能力やそれらが社会的に構築され、論争中の存在であるといったことを認識する能力も含めた専門家の批判的思考と判断スキルの侵食につながる」のかどうかという疑問を提起している（2015：1215）。これは予測解析が果たすはずの役割を誇張して述べているように見える。予測解析は危害の訴えを調査するかしないかなどの大きな方針決定ポイントのために開発されているが、ソーシャルワーカーは毎日多くの決定をしている。意思決定のサポートシステムは、専門家がリスクを評価し、毎日の仕事の中でどのように最善のリスク管理するかの判断をする必要性を無くすために開発されているわけではない。ある意味、これらは小さな事項のように見える。例えば、たくさんの仕事を抱えているソーシャルワーカー（ほとんどがそうだが）は、どの家族、あるいはどのアクションが優先事項か、自分の時間をどのように使うかの判断をしなくてはならない。これらの判断には、どの家庭を優先して訪問するか決めるという点で、リスクアセスメントも含まれている。これらの判断のいくつかがケースマネジメントにおいて極めて重要だったということは後からでしか分からない。急に行った家庭訪問で危害のエビデンスを見つけたり、あるいは訪問を遅らせた直後に子どもが受傷をしたりということがあるのである。

### 倫理的問題

これらの予測解析の使用について最後の疑問は、それが倫理的に許容できるかどうかということに関連する。それによって子どもや家族にとってどのようなベネフィット（利益）を生み出すことが可能か？　あるいはどのような害が起こりうるか？　それらのバランスをどのように取るのだろうか？

将来問題になりそうな子どもたちを特定する目的で家庭を予防的に検査するために予測解析ツールが使われるとしたら、それはどんなスクリーニング・メソッドであっても標準的な疑問を提起するだろう。そのスクリーニング・ツールの精度はどのぐらいか？　予測された問題解決のための効果的なサービスが今あるのか？　そういったサービスを提供するのに十分なリソースはあるのか？

スクリーニング・ツールの精度の判断には技術的な問題に留まらず、リスク境界値についての判断も必要とする。これまでにも考察してきたように、予測ツールの精度は、予測するために求めている現象の基準率やツールの感度や特異度にも関係しているのである。予測解析から得られる判断のサポートシステムはこれからも100％正確であることはないが、これはアクションを取るためのリスク境界値について判断をしなくてはいけない、つまり予測の感度と特異度の間でバランスを取らなくてはいけないということを意味しているのである。第４章で論考したように、これらは負の相関関係がある。もし感度を高めたかったら（子どもを見落とす誤った否定率を低くしたかったら）、我々は自動的に特異度を低くしてしまう（誤った肯定を増やす、間違った子どもを特定する）のである。

ニーズが特定された場合、それに取り組むために十分に有効なメソッドがあるのか？　健康に関するスクリーニングの主要な原則は、スクリーニングを受ける人たちにとって有益であるということである。なぜなら、有効なメソッドが、スクリーニングで見つかった潜在的に有害な結果を軽減するために得られるからだ。児童保護においては、ある介入が有効（通常、RCTにおける他の介入や治療なしとの比較で）なことが示されたと述べるだけでは足りない。我々は、それが何％の人々に有益だったと示されたか、それがどの程度有益だったのか、また他の人々には否定的な結果があったかどうかなども知る必要があるのだ。

そのサービスを提供するのに十分なリソースはあるのか？　通常は、予防サービスは多数の家庭（誤った肯定の人々も入れて）に支援を提供する必要がある。そうしなければ深刻な問題を起こしかねない人々を見落とすかもしれないからだ。

関心が高まっている小児期の逆境体験（ACEs）のスクリーニングに対する議論では、Finkelhorは以下の反論をしている。

> 我々がここで主張したいことは、次のいくつかの重要な問題に答える前に、ACEsのスクリーニングを広く行うことは、時期尚早だということである。1）ACEsスクリーニングで肯定と出た場合に提供できる、どんな有効な介入と対応を準備しておいたらよいか、2）有効な検査体制の中で留意しておく必要がある潜在的な否定的効果や代償は何か、3）そもそも何のためにスクリーニングするべきなのか？（Finkelhor, 2018: 175）

プロファイルされることの、実際または潜在的な否定的効果について我々はいったい何を知っているのだろうか。家族を支援したいという高邁な動機を持った専門家によって予測は遂行されるかもしれないが、それは必ずしも家族にとって有益な効果を持つとは限らない。育児と子どもの発達にまつわる問題は他人からは実に簡単に否定的に見えるものだ。児童サービスに把握されているという事実だけでも汚名のように感じられる可能性があるし、それが子どもであろうと大人であろうと、彼らに対する否定的な烙印だと解釈する人たちもいる。子どもと接点を持ったすべてのサービスを含む国内のすべてのデータベースに関するイングランドの裁判で、ある学校の校長が児童の社会的養護に把握されている記録を持つすべての受験者をスクリーニングするためにそのデータベースを使ったということがあった。これはもちろん違法な使い方であるが、これに関わった子どもたちには有害な影響があったのである。詳細なデータベースが実際的及び商業的な価値を高めるとなると、犯罪に利用されないと前提する方がおかしいだろう。

最後に、予測解析が使われる時のすべての判断には、専門家の実務に現存するバイアスや偏見をそのまま維持する重大な危険があるが、それらは判断に到達するための科学的メカニズムという一見中立な挙行の中に見えないように隠されているため、より一層危険である。

要約すると、予測解析は児童保護において様々な判断タスクに使用できるが、その主要なものは、問題になりそうな家庭の早期特定だったり、通告を調査するかどうかの判断だったり、子どもを家族から分離あるいは再統合をする判断であったりする。予測解析の便益と課題はそれがサポートしようとする具体的な判断タスクとの関連で評価されるべきである。

その導入に際しては、多くの技術的、法的、そして倫理的な懸念が挙げられる。

機械学習システムは、アウトプットや判定におけるバイアスや不公正、差別、また監視における透明性、弁明性、説明責任、そしてとりわけ個人情報保護、プライバシー、その他人権問題に関連して様々な問題があることが知られている（Cobbe, 2018：5）。

結論としては、最も正確で合法的で倫理的なツールであっても、子どもの安全と幸せを改善するタスクのほんの小さな部分しか取り扱うことはできないということなのである。それは、家族の肯定的な面をアセスメントから省くからだ。家庭での安全な養育を支援することで、あるいは代替養育を提供するために家族と協働することで、相変わらず専門家の時間のほとんどが吸い取られてしまうだろう。

予測解析の使用に関して多くの反論や懸念があるにもかかわらず、多くの司法管轄区域で、限られたサービスをターゲットにして緊急の実務課題に取り組むために予測解析で算出した判定サポートシステムを導入しつつある。おそらく彼らはZuiderveen Borgesiusの用心して進めるようにという忠告を熟考した方がよいだろう。

> 公共部門は人々に関した判定をするAIシステムを導入するのであれば、サンセット法（廃止期日が明記され、延長には議会の再認可が必要）を採用するといいだろう。サンセット法であれば、例えば３年後にシステムの評価を行い、望んでいたものが得られたかどうかを査定することができる。結果が失望をもたらしたのであれば、あるいは不都合やリスクが大きすぎたなら、そのシステムを撤廃することを考慮するべきだ（Zuiderveen Borgesius, 2018：29）。

子どもの安全とウェルビーイングに関した判断の向上という狭い点だけ考えれば、予測解析は魅力的に見えるかもしれない。膨大なデータベースに埋もれた情報を活用して専門家の方針決定を導いてくれるからだ。しかし、関連する技術的プロセスの広いコンテクストや、ツールが使われる社会的状況の中にこのタスクが置かれた時、アルゴリズムに隠されたバイアスや、データセットの不完全さや信頼性の欠如、透明性の欠如、家族へのインパクトなどのたくさんの問題が現れてくる。人工頭脳やその使用に関しての法や規制の改善の研究が多く行われており、それが困難な課題のいくつかを減らすための進化に役立つかもしれない。しかし今のところは予測解析を児童保護に使うことはあまりにもたくさんの新たな問題を引き起こし、それが有益になる可能性をも打ち消してしまうかのように見えるのである。

## 結　論

本章では、子どもに対する将来的な危害を予測することがいかに難しいかを見てきた。虐待の原因を理解していても、虐待的な保護者の持つ強い予測因子を特定するには十分ではない。研究ではせいぜい子どもが虐待される可能性が少し高くなることに少々相関関係のあるデータをいくつか見つけただけである。子どもが生きていく中での正負の要因の複雑な相互作用が、正確な予測の達成の可能性を下げているのである。

これらの研究結果を使う時には、専門家はその結果の算出に統計的あるいは臨床的な方法を選ぶことができる。これまで主張してきたように、難しい判断を直観的査定のみに頼るより、統計的リスク・ツールを使う方が有益だと提唱するにはわけがある。しかし、そういったツールは単純な解決にはならない。予測解析に関した丁寧な議論が、児童保護のための知識ベースの弱点を浮き彫りにするのである。第６章で論考したように、虐待の概念は広く、論争中で、動的である。専門家の間では何が虐待で何が違うかについて信頼性の低い同意しか得られていないため、児童保護局に把握されている家庭のデータセットは、一貫した情報が記録されているとは言えない。さらに、その情報は、例えば低所得家庭などの社会的グループの過剰出現が虐待を受けたと自己申告する人々の研究などに比べて多いというような偏りがあると信じるに足る根拠がある。

統計的ツール、あるいは専門家の判断はせいぜい、ある特定の家庭の子どもの特定の時期のリスクのレベル判断を助けることはするだろうが、子どもがその家庭に残った場合の恩恵や利益のレベルについては沈黙する。またリスクアセスメントとは一生に１回のものではなく、続けて行われるべきものである。家族とその状況は変化し、危険度も変わっていく。実際、ある家族がハイリスクだと見なされた後に専門家たちが物事を変えようと努力し、リスクアセスメントが見直されることは、その家庭への支援を続ける上で必要不可欠な要素である。

正確なリスクアセスメントの難しさについての論考から得られる重大なメッセージは、虐待を予測できるはずという主張には児童保護のソーシャルワーカーは慎重になるべきということだ。これは彼らのスキルに関しての政治家や一般社会に伝わるメッセージに大きな影響を与えてきた。医学界の専門家は合理的な実務に関してより明確な基準を持っており、医師はそれを満たしていれば一般的に免れない誤りに対しては懲戒の対象にならない。児童保護業務に関しても類似の基準の策定が必要で、そうすれば実務者が自信を持って正当化できるリスクアセスメントを行うことができる。彼らは将来に関してまったく過ちのない正しい予測という意味での「正しい」アセスメントをすることは絶対にできない。だが彼らはその時に手にしているエビデンスに基づいて、これが妥当な予測だという意味においては「正しく」なることができる。

リスクアセスメントに誤りが起こりがちなことを許容することは、ケースがどのように行われるかに影響を与える。これは、新たなエビデンスを見つけてリスク判断をやり直すことに積極的になるだけでなく、そういうエビデンスを探すことでアセスメントを意識的に再検討することでその後の家族の支援により慎重になることを促すのである。

## サマリー

- リスクアセスメントは、ある具体的な時間枠に注意を向ける。児童保護業務では差し迫った危険のアセスメントに焦点を当てることで実務をゆがめ、長期のリスクが見落とされたり過小評価されたりすることがある。
- 一般の母集団より虐待的な家庭でより頻繁に見つけられる情報の１つが虐待のリスク要因と呼ばれる。それは虐待的家庭の中でも稀かもしれないが、一般母集団の中ではさらに稀なので、予測可能となる。

- 統計的リスクアセスメント・ツールは、最終リスクアセスメントを算定する統計的定式を提供する。臨床的リスクアセスメントは専門家の経験的直観の見解に頼るが、これも重要な情報を集めるための多かれ少なかれ構造化された指針に基づいている。
- どんな予測システムでも、それが虐待的だと特定した家族が実際に虐待を行うかどうかの確率を実務者は知りたいものだ。それを判定するためには３つの変数が必要である。感度（真肯定率）、特異度（真否定率）そして虐待の出現率（基準率）である。
- 予測される事象が稀なほど、精度の高いツールの開発は難しくなる。
- 予測解析のメリットの評価において、使われるデータセットの完全性、信頼性、バイアスがどのぐらい含まれるかや、予測はどれほど正確か、「ハイリスク」と特定されたことでどんな害が起きるか、危害のリスクを改善する介入ができるか、また介入を提供するだけのリソースがあるかといったことを考慮することは重要である。

# 第8章
# リスクアセスメントのプロセス

リスクアセスメントのような複雑な判断は小さな段階に分けて分析ができればより簡単に対処できる。情報をより入手しやすい方法で整理しひとつひとつのステップで順番に検証すれば、より公になって討論やレビューにも開かれたものになるということである。ここで私が示すプロセスは大変に論理的で秩序あるものだが、現実生活での思考はそんなに整然としたものではない。ある家庭についての情報は無計画にまとまりなく得られるものである。しばしばすべての詳細が分かる前に判断をしなくてはならないし、時には予期しなかった情報が急に出てきて判断の見直しを迫られる。事実や意見、怖れといった児童虐待の検証につきものの混乱状態に秩序を与える代わりに専門家が取りうる手段は、この混乱に麻痺してしまうことである。形式的フレームワークはこの目的を果たしてくれる。

私が紹介する構造は次章で使う意思決定のフレームワークの構成要素だが、本章では虐待リスクの程度の判定の問題についてだけ扱う。次章での主題であるリスク管理は、予測される事態を修正してリスクを減少させるための介入をどのように行うかの方針決定に関わる、もっとのちの段階である。

## リスクアセスメントの段階

第１段階．何が起きた、あるいは起きているのか？
第２段階．これから何が起きそうか？
第３段階．それはどのぐらいの可能性があるか？
第４段階．それはどれくらい望ましくないことか？
第５段階．リスクの総合的判断――可能性と深刻度の組み合わせ

この形式的フレームワークは、１つの結末の可能性とそれがどのぐらい望ましくないかの区別を明確にするものである。あるケースでは低いレベルのネグレクトだが、慢性的でリスクが高くなるケースを示すかもしれないし、他のケースではリスクは低いが子どもの死などといった深刻な転帰を引き起こすかもしれない。これらをどのように算出し比較するかは関

わっている専門家と家庭の価値観とどうしたいかの方向性による。リスクについての判定がなされたなら、次の段階はそのリスクを減らすために何をすべきかを考えることである。

このフレームワークでは、実務において「リスク」という用語はリスクアセスメントの最終的な４つの段階のどれにも言及できるようにかなり緩く使われているように見える。児童保護のケースについて議論する人々は、子どもが虐待されているリスクとは、それが現在起きている可能性があることを意味すると言うかもしれない。また彼らはそれが虐待の結果としてどれほど望ましくないかということを意図して、子どもの死や重篤な受傷のリスクに言及するのかもしれない。「ハイリスク」と査定されたケースの中には虐待の高い可能性があるか、そうでないことがある。リスクとは総合的に見て逆境的な結末の可能性について議論する時にも使うし、その可能性や望ましくない程度について算定する時にも使う。こういった曖昧さが混乱や誤解を招いている。したがって、ここでは総合的なリスクアセスメント（確率と深刻さの組み合わせの結果）に関する場合を除き、「リスク」という言葉を使わないで、推論の初期段階にはもっと具体的な用語を使うことにする。

## 第１段階：何が起きた、あるいは起きているのか？

この質問は一見単純なように見える。が、ある行動の単純な記述から、家庭がどのように機能しているかの包括的なアセスメントに至るまで、様々なレベルの複雑さで答えることができるだろう。またこれは２つの理由から、リスクアセスメントの一番重要な構成要素でもある。第一に、将来の行動の一番の手引きとなるのは、過去の行動だということだ。その日までの家族の行動が、彼らが将来どのように振る舞うかの一番強力なエビデンスとなる。もっともこれを避けられない運命とするべきではない。人は変わることができるし、もちろん支援者は彼らが変わることをサポートするものである。第二に、専門家は拙い予測を立てたこと自体を責められることは稀だが、子どもに何が起こっているか（いたか）の不十分なアセスメントは責められる。不十分なアセスメントに基づいて立てられた予測は、必然的に質が低くなる。したがって本章のほとんどを占めて検討されるのは、この問題ということになる。

専門家が今何が起きているかを立証しようとするレベルは、ケースが進むにつれて対応すべき実務問題と大きく関連している。以下の4つの課題は、ケースがどこまで進むかによって実践の主要段階で起きるものである。

1. **何が起きた、あるいは起きているのか？**　これは「これは対応が必要な児童保護の案件か？」という実務問題に結び付いている。
2. **通告に関して、家族とその他の関係者は何が起きていると言っているか？**　関連する実務問題としては「通告されたケースの虐待は実証されたか、また懸念される事柄があるか？」ということである。懸念材料となる行動領域についての重点的な調査は、懸念材料があるかどうか、より広いアセスメントが必要かどうかという判断に役立つ。
3. **より広い視点から見て、この家庭では何が起きているか？　通告のあった虐待的行動はどんなコンテクストの中で起きているのか？**　これは「専門家による介入が必要か？」という質問に結び付く。この質問で、その家庭では何が十分にできていて何がうまくいっていないかが特定され、子育てが適切かどうかという広い視点が見えてきて、専門家は支援員の介入が必要かどうかを判断することができる。
4. **なぜこんなことが起きているのか？　望ましくない行動に寄与しているように思われる要因は何か？**　実務問題としては「専門家はどうやって介入をするべきか？」ということである。状況を変えて、養育のレベルが向上するには、いったい何をしたらよいのだろうか？

### 行動を直観的に理解する

これらの問題に答えようとすると、第3章で取り上げた人間の行動を理解するための論点が関わってくる。何が起きているかの説明は専門家のアプローチに応じて、直観的理解と説明的な理論の組み合わせを利用して行う。実際、経験で得られた直観は、児童保護のケースで通告された加害者の行為や不作為などの基本的データを理解するために、かけがえのない役割を果たすのである。人間の行為に関しては、その行動の描写を提示するだけでは十分ではない。その行動が行為者にとって何を意味するかの解釈が必要になる。子どもに痛みを与えるためにその腕に針を刺すことは虐待であるが、医師が予防接種をするために子どもの腕に針を刺してもそれは虐待ではない。行為自体が似ていても、行為者の意図が同じではないのでそれらはまったく違った行為として説明される。人間の理解におけるこの特徴は、たとえあるケースの関係者全員が行動レベルで何が起きたのかについて同意しても、それがどんな意味を持つ行為だったかについては意見を異にすることがあることを意味しているのである。

直観的理解は、それがのちに形式的理論の観点で説明できるかどうかにかかわらず、我々に基本的なレベルでの行動のつじつまを合わせてくれる。一般的な人生経験と特に児童保護業務で得た経験とが、人々がどのように、またなぜそんな行動を取るかの背景知識を与えてくれる。が、これが実務では多くの問題を生み出す。観察された行動をどのように解釈するかについて実務者の間で、あるいは実務者と家族の間で意見の相違があったり、事実や価値観のぶれが生じたり、これらすべてが家族の持つ文化への理解の重要性を強調したりするのである。確かに、たった１つの「正しい」解釈があるなどと思い込むことはできないだろう。

直観的理解は多くのコンテクストで十分合理的に機能して、ほとんどの場合、人々は通告のあった基本的行為に関して合意することができる。しかし、専門家は皆少しずつ違う背景知識を持っているので、いつも合意するとは限らない。調査された親が腹を立てることは、ある専門家にとっては無実の人が不当に告発を受けたからと理解できる反応である。別の専門家にとっては、罪悪感の現れだと見えるかもしれない。ある人は、平手打ちは母親が子どもをしつける適正なやり方だと思い、別の人は母親が怒りに任せて虐待をしていると見るかもしれない。

この後者の例は直観的理解のもう１つの特徴を示している。ある行動の解釈は、それが「正常な」育児の例かどうかをそれとなく示す形をしばしば取るのである。しかし病理学的に言えば「正常」の反対が、自分を苦しめている泣き声を鎮めるために赤ん坊の内臓を取り出すような猟奇的な母親のように「異常」であることは稀である。同時に「正常」は行動の主たる形を意味しているわけでもない。どんな社会であってもそこには多数の「正常」の子育てのスタイルがあるのである。児童保護業務では「正常」とは、「許容できる」「社会的に耐えられる」を意味している。これは「悪い」と対比されるが、「悪い」というのはモラルの判断であり、保護者が否定されるやり方で行動しているとして批判するものである。担当職員がどのように最初の通告に対処するかのParton et al.（1997）の分析では、家庭生活のモラル判断がどのぐらい調査に含まれるかについて実証されている。

専門家の多くが実務では自分の個人的な価値観に支配されないよう、それぞれの家庭が属する社会グループの中で彼らを判定するように努力している。これは家庭の置かれる文化的コンテクストを理解することの重要性を強調している。多くの国で民族の多様性が増加する中で、児童保護機関は彼らが対応する家庭の信念体系や価値観の理解を深める必要のあることをよく認識している。異文化による子育ての信念や行動の多様性の幅広さを認識すれば、そこには理想的育児や虐待・ネグレクトの定義の普遍的基準などないのだということは明らかになる。

文化的多様性は、児童保護機関がどのぐらいモラルに準拠しているかという難しい問題提起をする。育児のある側面が１つの文化で標準的あるいは容認できるからといって、専門家はそれを常に受け入れることができるだろうか？　食生活や衣服が異なることを許容するのにそれほど大きな問題はない。しかし過半数の民族から積極的に批判されるような異質な振る舞いが行われた場合はどうだろうか？　例えば子どもの懲戒や、女性の役割、同性愛などといった問題についての異なる姿勢に対しては安易な解決法などなく、大きな問題になるのではないだろうか。社会は人々の価値体系を尊重したいが、同時にすべての子どもに同じレベルの保護を与えたいものなのである（Korbin, 1991）。

ザイール（コンゴ民主共和国）の2つの隣り合う部族は、10代の少年をどのように扱うかについて、大変に異なる見解を持っている。バンツー族には少年のイニシエーションに割礼、食事と睡眠の禁止、打擲などを含む儀式がある。彼らの隣人であるムブティ族はこれを虐待的でむごいと感じており、それに類するイニシエーション儀式はない。一方、バンツー族はムブティ族の10代は虐待を受けていると考えている。なぜなら儀式を受けなければ成人とは見なされず、人生で欠くことのできないステップを奪われているからだと考えるのである（Korbin, 1991）。

ある家庭の文化を知らないと彼らの行動の理解にゆがみが出るかもしれないが、人種差別もそうかもしれない。英国では就業、住居、社会事業へのアクセスなどに関し、黒人に対しての差別の明確なエビデンスがある（Modood & Berthoud, 1997）。児童福祉では公的養護に黒人の子どもの過剰出現があり、また黒人の保護者には家庭支援サービスが提案される率が低く、他よりも早期に子どもが社会的養護に入るというエビデンスがある（Barn, 1990; Chand, 2000）。

専門家の実務に関するある研究では、リスクアセスメントに人種差別があるという明らかなエビデンスを発見している。Birchall and Hallett (1995) は、次の短いエピソードを児童保護に関わるグループを代表する170人の専門家に渡した。

> 職務の過程で、あなたは近隣の住民から隣の家の6か月の赤ん坊の手にしもやけができており、よく泣いているという話を聞く。母親は19歳で幼児もいる。彼女は社会保障を受けて生活しており、燃料は止められている。のちに、赤ちゃんの体重、身長は、3パーセンタイル未満だということが分かる。母親は栄養補給が難しい子で心配だと言っている。赤ん坊は清潔だが、おむつかぶれがある。幼児は元気だが、衣服は暖かそうとは言えない。彼はとても活動的で、おもちゃや母親の扱いはむしろ乱暴である（1995：154）。

表 8.1　対応の重大な差の対比

| 措置 | 記載なし（%） | 黒人家庭との記載あり（%） |
|---|---|---|
| 虐待として最初から対応 | 37.9 | 56.5 |
| 一般的相談 | 35.6 | 50.6 |
| 上司やスペシャリストと会議 | 11.5 | 16.5 |
| 支援開始（児童保護とは明かさず） | 31.0 | 20.0 |
| 母親を焦点にした支援開始 | 17.2 | 23.5 |

このうち半分はこれがアフリカ-カリブ系の家庭だと記載されたものを配布されたが、その記載のなかったグループの対応とは大きな違いがあった（表 8.1）。

この結果を見ると、黒人の家庭が関わっているケースを、虐待疑惑として即座にラベリングし、直接支援や医療的配慮の提案は少ないというところが、アメリカの結果と類似している。専門家は社会福祉機関への紹介を医療支援よりも多く提案しているのである。

民族グループについて肯定的なイメージを提供する間違った思い込みは、否定的なイメージと同じぐらい害がある。イングランドでのある子どもの死についての調査では、祖母の能力に対してソーシャルワーカーの過大評価があったということで、逆差別が批判された。彼女は強くて資質が高いアフリカ - カリブ系の女性と見られ、娘が孫娘の育児をする時の監督役の仕事ができるとされた。しかし祖母自身に少し前に起きた悲劇で多くのストレスを抱えており、自分自身の支援が必要だったのである（London Borough of Lambeth, 1987）。

これらを考慮しながら、4 つの実務上の問題をそれぞれ体系的に検証していこう。

## 問題 1：これは対応が必要な児童保護事案か？

児童虐待に対する世間の関心が高まった結果としてよくあるのが、第 6 章で考察したように近年の児童保護サービスへの通告数の増加である。これは通告の数が増えたせいなのか、あるいは実際に虐待事案が増えたのか、あるいは虐待と分類されるものの定義が広がったからなのか（若しくはこれら３つのすべての組み合わさったものか）は定かではない。第７章で言及したように、かなりの数が選別されて取り除かれている（2017年にアメリカで42.4%、2018年にイングランドでは37.9%）。

通告の急激な増加が仕事の量を大幅に増やし、調査の根拠があるレベルの通告かどうかを判断する最初の段階の重要性を高めていることは確かである。考慮すべき２つの主たる要因は、子どもの安全性確保に必要な「緊急性」と、調査の「密度」である。ここで間違った判断をすると子どもを危険な状態に取り残すかもしれないことを知っているため、これは専門家にとって大変にストレスの高い方針決定の段階である。

各機関や研究者は、通告を分類し、選別し、何件かは他のサービスに回し、調査されるべき事案を優先するための数多くのツールを考案してきた。これら通告の判定に関しては、構造的には分析的／直観的コンティヌアム（連続体）の枠内に位置し、一方では主に専門家の判断に頼り、他方では統計的ツールに頼るのである。Parton et al.（1997）の報告したオーストラリアの研究ではほとんど専門家の判断だけに頼ったシステムを記述しているが、そういった専門家の裁量は稀になってきている。通告の数の増加及び公正公平と説明責任への要求のプレッシャーから、ほとんどの機関が通告をどのように分類し対応するかの指針を作成することにしている。まだ実験実証されているものは少ないが、楽観的なエビデンスも上がってきている（Wells et al., 1989; Waldfogel, 2008）。しかしどんなツールであっても、ユーザーがその結果を合理的に使うのであれば、感度、特異度、そして基準率を無視してはならない（第７章で考察したように）。

コンティヌアム（連続体）の分析の方の末端では、どの通告が虐待の実証性が高いかを見つける予測要因を特定するための研究が行われていた。これまでのところ、そういった試みは専門家の判定よりは優れているにしても、成功は限定的である（Johnson & Clancy, 1988; Wells & Anderson, 1992）。Zuravin et al.（1995）は既存の予測モデルをレビューし、以下の４つの変数の使用において比較的高い整合性があることを発見した。

1. 通告者の属性：専門家からの通告の方が実証性が高い。多少食い違いはあるが、専門家グループが一番根拠のある通告をする。
2. 過去の虐待の通告歴：以前に通告があったものは実証性が高い。
3. 被害者か家族の人種／民族：これについての結果は様々である。9件の研究のうち5件で、少数民族の子どもたちに虐待の実証性が高いことが分かった。
4. 虐待の種類：1件を除いたすべての研究で、ネグレクトなどに比べ身体的虐待についての通告の方がより実証性が高い。

**問題2：通告されたケースの虐待は実証されたか、また懸念される事柄があるか？**

実際に何が起きているのかを立証することの重要性は、強調しすぎることはない。これまで何度も死亡事故は先のことの予測ミスとしてではなく、今現在の子どもの状況の徹底した調査とアセスメントの失敗のせいで起きてきたのだ。例えばDarryn Clarke（ダレン・クラーク）のケース（DHSS, 1979）では、心配した親戚から繰り返し通告があったにもかかわらず、それがちゃんと報告されずに彼らの懸念の基本的な理由が理解されていなかった。ある時叔父がなぜその子どものことが心配なのか明確な話を熱心にするに至って、専門家はやっとその事案の緊急性を認識したのだ。この3歳の男の子は最近母親と共に引っ越して、ある男と暮らし始めたが、その男は過去に母親に暴力を振るっており、暴行の犯罪歴も持っていた。子どもは2度あざのあるところを見つけられていたが母親は事故だと言い、元気で明るい活発な小さい男の子は静かで暗い子どもになってしまっていた。悲しいことに、専門家が通告を正しく理解して男児の徹底的な捜索を行った時には、子どもはすでに致命的な受傷をしていたのだった。

虐待通告のフォローアップ調査には、主に3つの要因から限界がある。自由権*、様々な虐待によるその表出の特性、そしてリソースだ。まず自由

* 国家の介入、干渉を排除して各人の自由を確保する権利を指す。基本的人権の1つで、自由権的基本権ともいう。

権について、専門家が家庭のプライバシー権を侵害することには当然制限がある。子どもを虐待していることを確認するのに、その保護者の協力に頼るだけではほとんどの場合不十分だ。そのためどの国も強制力の使用可能の場合（子どもを親の同意なく診断するなど）の基準制定をしている。

優れた調査とは、家族と接触のある他の専門家からのエビデンスを使って、家族についての複合的な記述を作成する（Munro, 1996）ものだが、そこには自由権の問題があって共有できる情報には制限がある。専門家の多くは子どもや親と守秘義務を持つ関係にあるため、どういった場合であれば守秘義務を破ってよいかという基準が必要になるのである。

家族から協力を得ることの重要性は児童保護業務では特に大きく、典型的な犯罪調査とは異なることは明白である。警察が犯罪を調査するとしたら、犯罪者の結末は一般的に裁判と刑罰である。捜査官は加害者が彼らに向かって腹を立てて敵対してくることを心配しなくてもよい。だが虐待が見つかった場合は、ほとんどのケースで加害者である保護者と協働するプランが立てられ、子どもの実親の家族の中で安全で適切な養育が促進されるように努力しなくてはならない。したがって長期的に見た場合、たとえ法による強制力を持っていたとしても、保護者とパートナーシップを結んで協働することができる機会を最大にしておくために、その権力をできるだけ少なく慎重に使うことが求められるのである。

調査における第二の制限は、虐待の特定の問題から生まれるものである。子どもが虐待されたかどうかを判定するための臨床ガイダンスを提示している有用なウェブサイトが２つある。National Institute for Clinical Evidence（英国国立臨床研究所：www.nice.org.uk/guidance/cg89）と、US National Library of Medicine（米国国立医学図書館：http://medlineplus.gov/childabuse.html）である。しかし、虐待のそれぞれの形態は通告の実証を独特な方法で困難にしてしまう。

身体的虐待においては、受傷が事故か事故でないかの区別が主要な問題である。怪我が事故かそうでないかを区別するための最新の医療ガイダンスは、上記の２つのウェブサイトで手に入る。

性的虐待にはまた一連の別の問題がある。エビデンスの主要なカテゴリーは身体的な兆候、行動的・心理的な兆候、そして被害者からの訴えであるが、どれも限界がある。時には、性的行為が証明できるような妊娠や性病などの身体的な兆候が起こる時もあるが、どんな身体的兆候も曖昧なことの方が多い。英国では小児科医の中には性的虐待の信頼できる指標を肛門拡張テストで見つけることができると考えるものもいたが、これは現在では決定的というよりは症候論的*と見られている（Department of Health, 1988）。また強力な身体的エビデンスがあったとしても、調査員は誰が加害者かを立証する困難に直面することがある。

行動的エビデンスもまた曖昧である。多くの被害者は虐待を受けた時点では行動兆候を見せない（Monteleone & Brodeur, 1998：143）。行動兆候の多くは虐待の可能性を暴くが、最も強力なものは、子どもの年齢に不適切な性的知識である。しかし、ほとんどの行動兆候は非特異性でストレス下にあるどんな子どもにも見られることがある。例えば家出、自殺未遂、薬物中毒や売春、少年非行への関与などである。

一番大きな情報源は被害者の告発である。しかし様々な理由から、虐待が起きている最中には被害者の多くは虐待について話すことはできないと感じており、それは彼らがまだ脆弱な子どもだからである。彼らは虐待について何年も経って大人になってから明かすことがあるかもしれないが、その場合それらは通常、刑事司法制度で取り扱われ、児童保護局が関わることはない。

研究では、性的虐待が秘密にされる理由はそれが行われる方法に関連していると示している（Berliner & Conte, 1990）。加害者は誰をターゲットにするかを選択する傾向があり、受け身で、おとなしく、頼ってきて、幼くて不幸そうに見えて、離婚した家庭など満ち足りていないような、どこか脆弱で近寄りやすい子どもを選ぶ。犠牲者を選ぶと、加害者は子どもが性行為に対して鈍感になるように、だんだんに関係性を発展させるコンテク

---

* 病気治療の指針を確実に得るために、医学的な判断には4つのレベルがある。症候論的診断（あるいは臨床的診断）、病理解剖学的診断、原因診断、そして機能診断である。症候論的診断とは、患者の訴える病歴と症状、医師が自分の感覚（視診、触診、聴診、打診など）と簡単な道具を用いて得た情報から、どの病気に一致するかを判断する。

ストの中で、まず性的でない触れあいから性的な接触へと進行させながらグルーミングの過程をたどる。典型的な虐待者は偶然触ったようなふりをして始める。また子どもを他の保護的な大人から引き離したり、褒美や罰を与えて子どもを手懐けたり、子どもの母親に暴力を振るうところを見せつけたり、暴力や脅すようなしぐさを使ったりというように、様々な強制の手口を使う。秘密にしないと本人か他の人がひどい目にあったり殺されると言って子どもに秘密を守らせることで虐待は継続される。子どもが虐待を明らかにし始めても、その過程はしばしば困難を伴って長期化し、彼らとの面接には特別なスキルが必要となる（Morgan, 1995; Aldridge & Wood, 1998; Milne & Bull, 1999）。

ネグレクトや心理的な虐待の特定には、子どもの養育に関する総合的な状況を把握するために、長期にわたる徹底した調査が必要である。身体的あるいは性的虐待と違い、１つの出来事から証拠が得られるわけではない。親は誰でも皆、時によっては育児の基準に関して完璧ではないし、ある行為を虐待と呼んでも正当化できるには、その慢性の度合いと過酷さが問われるのである。ある子どもの発達や行動が標準からはずれているかどうかを測るには、子どもの発達の知識が必要だろう（Skuse, in Meadows, 1997）。またその家庭の文化についての知識も彼らの行動を理解するためには欠かせない（Department of Health, 2000a）。親子や彼らを知るその他の人々との面接から、家族内の相互作用や子どもや家庭の様子などの直接的な観察まで、広範なエビデンスが必要である。それぞれの情報のカテゴリーに、無数の観察が必要なのである。保護者はある社会状況の中では良いところを見せることができるかもしれないが、すべてにおいてそれを維持できるとは限らない。家の中の１つの部屋をきちんと整えておくことはできるかもしれないが、他の部屋は信じられないぐらい汚いということもあり得るのである。

ネグレクトがひどい場合、親が子どもに対しここまでひどい扱いをすることができるのかと、専門家には信じられないことが多い。1993年にロンドンで亡くなった16か月の男の子は、自分の尿でぐしょ濡れのシーツに何日も横になったまま放っておかれたのである。彼の全身は尿にかぶれて真っ赤だった。指先とつま先は敗血症と腐敗性皮膚損傷になっており、重症の肺炎も起こしていた。彼の両親は故殺で罪に問われたが子どもの死についての責任を認めていない（Bridge Child Care Consultancy, 1995）。

徹底的なアセスメントはネグレクトや心理的虐待の存在を立証するだけでなく、家族の変化を調べるための基準も確立する。家族の行動改善はなかなか進まず、親は専門家が見ていないと思ったとたんに元通りの行動を再開するかもしれないのである。

### 問題３と４：専門家は介入をするべきか、またどのように？

この２つの問題を一緒にしたのは、家族機能に対する徹底したアセスメントは、通常、介入がどのような点に向けられるべきかを特定するべきだからである。

この段階での大きな問題は、家族のアセスメントをどのぐらい総合的に行うかということである。オーストラリア（Thorpe, 1994）とイングランド（Department of Health, 1995）でのリサーチでは、どちらも児童保護機関はしばしばアセスメントに対して狭い見方をしており、通告のあったものだけ対処しているということを発見した。しかしながら、彼らのところにやってくる家族は、ストレスや困難など長期に見れば子どもたちにとって弊害をもたらす多くの兆候を見せている。これを問題だと認識したイングランドでは、将来的な問題の予防のためにより広範囲のアセスメントと支援を受ける人々の数を増やすように努めている。しかし、こういう類の政策変更は各国の政治的意思決定によらなければならない。

新たな通告のスクリーニングと同様に、アセスメントのより構造化されたアプローチへの実践は明確にシフトしてきている。支援実務者はこれまでアセスメントの際に基準となる項目をいくつか使ってきたが、最近のモデルでは３つの点でさらに構造化されてきている。多くは問題をもっと詳細に規定している。何を評価すべきかのみならず、どのように評価するかについて記述するものもあり、例えばカナダの「トロント育児能力アセスメント」（Steinhauer et al., 1993）など、それらを評価するにはどの心理測定検査あるいは評定スケールが用いられるべきかを示しているものもある。

中にはイングランドの保健省のもののように（Department of Health, 2000a and b)、専門家の思考に情報を与えるべき理論を特定することで、さらに構造化されているものもある。

より構造的になり直観の少ないアプローチは力を得てきている。家族についての知識があればあるほどアセスメントは良いものになるだろうというのが、一見明白のようにも見えるのだが、これは必ずしもそうとは限らない。情報が多すぎるとそれに圧倒されて混乱する専門家もおり、そうなると自分の持っている知識のつじつまを合わせることができなくなることがあるのだ。問題は脳の中に存在する。短期記憶は、一度に７つ（プラスマイナス２つ程度）の情報しか覚えていられないのである（Simon, 1990)。しかし、判断や決定をする時の推論は、主に我々の短期記憶の中身によって決定される（Newell & Simon, 1972)。情報は使われる前に二次記憶から取り出され、短期記憶の方に入れられなくてはならない。したがって、もしエビデンスが行き当たりばったりなやり方で集められたとしたら、その中のわずかなデータが、それが重要かどうかよりも、いかに新しくて印象に残ったかという方法でランダムに選ばれて、アセスメントをまとめる際に引っ張り出されて使われてしまうのである。それに対して、構造化されたアプローチでは、通常どんな範囲がカバーされるべきかだけでなく結果の分類も設定しているので、専門家は長いリストの中の情報の対処できない数の項目に忙殺されることなく、管理可能な少数のカテゴリーに対処することができるのである。

## 第２段階：これから何が起きそうか？

リスクアセスメントの第２段階では、何が起きているかの結論に到達した後、今後何が起きるか、という方向に動く。何が起きそうかという推論は、専門家が対応するべき緊急性についての方針決定ができるように、タイムフレーム（時間枠）とリンクしている。ある特定のタイムフレームを明確にすることは、急性的形態の虐待と慢性的形態の虐待の差異に注目を集めることに役立つ。緊急のリスクにばかり集中しすぎて、子どもの発達に対する長期的な危険の展開が見落とされてはいないだろうか？

現在の家族機能のより明確で徹底したアセスメントができればできるほど、その後何が起きるかの予測が容易になる。推論は以下の３つのグループに分類される。

1. 現在の問題行動は続くだろうか？
2. 既知の差し迫った出来事は、家族の機能に対してどんなインパクトを与えるだろうか？
3. 親の行動は大きく変化して、今よりもっと危険になるだろうか？

１番目は、専門家が介入しなければこれまでとほとんど同じ育児スタイルを続けるだろう家族のケースである。このようなケースでは、保護者がしつけ、あるいは罰として過酷なやり方を行っている場合があって、子どもにとって差し迫った脅威になる可能性がある。しかし多くの場合ではこれが持続することによる長期的な影響の方が懸念が大きい。子どもに対して常に冷淡で批判的な親は子どもの自尊心の発達などに害を及ぼし、成人した後の人生で機能する能力に悪い影響がたくさん出ることが研究の結果として確認されている。

２番目は何か大きな変化が起こることが分かっており、それがどんなインパクトを与えるかの懸念があるグループである。典型的なシナリオは、家族にはすでにストレスがあり対処に苦慮しているところに、母親が妊娠してしまったというもの。新生児がやってきたらどんなインパクトがあるだろうか？　別のよくある状況は、暴力的なパートナーが刑務所から出所する予定か、母親が暴力の前科のある男と同棲を始めようと計画しているところ、というものである。

第３のグループは新たな行動の推論に関するものである。子どもへの懲戒のひどさが増大するパターンが見られて専門家がこのままだと残虐性や危害が高まると推察するほどになるなど、現在の行動においてより重大な深刻化が見られることである。時には、保護者が新たな状況に入っていく時に現れる行動のことでもある。薬物中毒があって家族からの助けのない10代の少女が母親になったらどう行動するか？　このグループの予測は多くの意味で一番対処するのに難しく、専門家にとっては一番ストレスが高くなるもととなる。

## 第３段階：それはどのぐらいの可能性があるか？

情動は、ある出来事がどのぐらいの確率で起きるのかという考えに色を付ける。子どもの死という悲劇的なイメージは、人の注意を大変に強く捉えるので、それが起こる確率がどのぐらいあるのかということを冷静に見ることを忘れがちになる。あるケースで、１人の人物が子どもについて強い心配を持っていると、チームの他の人々が事実に過剰反応する方向に引きずられてしまうことがある。こういう干渉に対処する１つの戦略は、そのケースが自分にどのぐらい影響を与えているのかを開示することである。スーパーバイザーや同僚に、こみあげてくる強い感情やインパクトによる認識のゆがみなどについて話をすることはとても重要である。例えば、もしあるケースによって以前のケースの失敗を強く思い出してしまうような場合、それがどのぐらい類似しているか、たまたま似ていることで自分の判断に影響を与えているのかどうかを話し合うとよい。

ほとんどの場合、可能性の見積もりは推測に過ぎないが、208ページで説明した３つの推論のグループの間ではそれぞれ違ってくる。

その予測が現在の行動パターンが持続するかどうかに本質的に関係しているのであれば、人間の行動には持続の強い要素がある。しかし複雑なのは、人々は常に変化し成長することも可能だということである。児童保護業務には、「楽観性のルール」というものが働く傾向があって（Dingwall et al., 1983）、専門家は保護者の疑わしき点を善意に解釈し、最善の結果を期待してしまうのである。実際、専門家の中には人間の本性に関しては楽観的になることが美徳と思っている人もいて、保護者に否定的で悲観的なアセスメントをする同僚に対し、過去の行動を非難することはフェアではないといって、大変に批判的な人もいる。だが保護者に対する優しさは、

**変化への要因**

1. 懸念される行動は、どのぐらい続いているか？
2. どれぐらいの異なるコンテクストでそれは続いているか？
3. なぜ保護者がそのような行動を取るか、あなたの仮説は何か？
4. 保護者が変わるためにはどんな要因があるか、何か示唆するものがあるか？
5. これらの要因のうち、近い将来に自然に起きそうなものはあるか？

子どもに対する優しさとバランスを取らねばならず、そこは難しい計算ということになる。

ある特定の家庭が今より向上するか、あるいは今のままの状態が継続するかどうかを判定することは難しいが、アセスメントを徹底すればするほどその精度は上がるものである。考慮しなくてはならない要因を枠内に示す。

推論グループの２番目では、家族史を見て、例えば過去に赤ん坊が生まれた時どう対処したかのような役立つエビデンスが見つかることがあるが、一般的にはこういう新たな状況の中で他の人がどう反応したかという知識に頼らなくてはならない。このグループの確実な推論は困難を伴う。

推論グループの３番目には、児童保護局に把握されている多くの機能不全家族のうちのどの家族の状況が今後深刻に悪化していき、子どもに対する危険レベルが急激に高まるかという問いが含まれる。第７章で考察したように、特に懸念材料が激しい暴行やその他の有害な行動であった場合は、確率の見積もりは難しい。子どもの死や深刻な危害は統計的には稀なため、それらを推論できる要因の特定に高い精度で臨むのは大変に困難である。

## 第４段階：それはどれぐらい望ましくないことか？

悪い結果が起きる可能性がとても高くても、それだけではハイリスクアセスメントには至らない。判定は常にどの程度有害かにかかってくるのである。児童保護機関では、重篤な受傷（あるいは死亡）の可能性が中程度にあるケースに比べて、慢性的な低レベルのネグレクトの可能性が高いケースには総合的に低いアセスメントをしがちである。

リスクの有害さの査定には、否応なしに主観的な要素が含まれる。考慮されるそれぞれのリスクの相対的重要性の判断に、各人の価値観や関心が影響を及ぼす。一般社会では、慢性的な心理的虐待の苦痛よりも、1回きりの身体的な受傷の強い痛みを、より重く見るようだ。だが専門家は、前者の方が子どもの長期的な福利にどれほど有害かを知っているので、かなり違う評価をするだろう。このような主観が、論争を生むのである。1つのケースに関わる個々の専門家もまた、大きく異なる意見を持つかもしれない。専門家の意見は、被害者である子どもや、家族、より広い世間の意見と対立することもある。

ある虐待の事例をどのように深刻に評価するかの議論は、不愉快なプロセスにもなりうる。なぜなら虐待の形態によってはそれほど重大ではないと軽視されているように感じられることもあるからである。だが実務では専門家の限られた時間と少ないリソースをどこに向けるべきかの判断をしなくてはならない。

## 第5段階：リスクの総合的判定——可能性と深刻度の組み合わせ

これまでの段階をすべて経て、専門家は多様な変数を算定して子どものリスク程度の総合的なアセスメントを行うのである。統計的ツールを使用しない限り、これはケースの事実、推測、価値観に基づいた直観的判断となるが、これまでの段階がどのように行われたかによって、明晰化され、構造化される度合いが異なってくる。

リスクアセスメントを正確な数学的結論で締めくくる専門家はほとんどいない。それよりも、次に考えなくてはいけないアクション（措置）のための基準値により形作られるカテゴリーを用いることの方が多い。リスクが非常に低いのでケースはもう終了できるのか？　育児に懸念の原因はあるが、差し迫った危険はないのか？　子どもの安全には目前に迫った脅威があるので、保護者の協力がなければ強制力を使った緊急の介入が必要か？　どんなリスクアセスメントであっても、安全か危険かの雑な分け方で終えるべきではない。なぜならそれは確率アセスメントの本質だけでなく、実務で答えなくてはいけない問題も反映していないからだ。

次に挙げる２つの詳細な例は、このフレームワークがどのように使われるかを表している。

## ……………………リスクアセスメントのケース事例

### 【ケース1】

**第1段階：何が起きた、あるいは起きているのか？**

通告の理由：生後８か月のジョンが児童福祉チームの目を引いたのは、彼の両親が事務所に経済的支援を求めて来た時だった。彼らは近隣から引っ越して来たばかりで、ジョンの名前はそちらで児童保護に登録されていると言ったからだった。それに続く調査ではジョンはネグレクトのカテゴリーで登録されていることが分かった。懸念の理由は体重の増加が乏しいこと、不適切な衣類、そして衛生状態の悪さなどだった。家族は借金を大量に残したまま突然引っ越してきたのだった。ソーシャルワーカーはジョンのリスクアセスメントを改めて行うことが仕事となった。

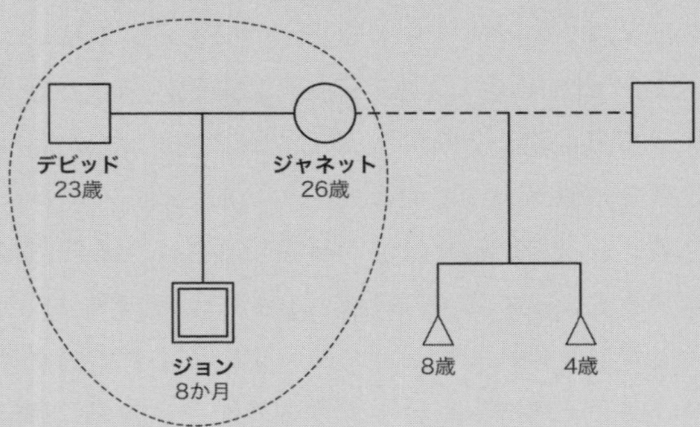


図8.1　ケース１の家族の家系図

**背景となる情報**

ジョンの両親は２人とも軽い学習障害があり、読み書きと数字に問題があった。どちらも職に就いたことはなかった。

ジャネットはイングランド出身の白人で、実家との付き合いはほとんどなかった。彼女の母親はジャネットが９歳の時に家を出ており、ジャネットは２人の妹の面倒を見て家事の責任を負った。彼女は実の父親からは殴られ、母親の新しいパートナーたちから２度レイプされている。そのうち１人は、後に起訴されて有罪となった。彼女と妹たちはジャネットが14歳の時に保護され社会養護に入った。ジャネットは16歳の時に資格を取らずに学校を中退した。２人の子どもを18歳と22歳の時に暴力的な前のパートナーとの間に授かった。この暴力と子どもたちが受けた育児レベルの低さのせいで、子どもたちは彼女から分離させられて後に養子に出された。

デビッドはイングランド出身の白人で、生まれた時は耳が聴こえず、読唇術と手話を習った。彼は治療を受けて９歳までには聴覚は正常になった。彼の父親は彼と妹に暴力的であった。彼は14歳の時に見知らぬ人から性的暴行の被害を受けた。それから彼はパニック発作と強い不安症を起こしがちになり、社会的接触を避けるようになった。彼は16歳の時に、何の資格も持たずに学校を中退した。彼は今では実家とはほとんど接触がない。

**社会的状況**：家族は生活保護を受けて暮らしており、民間の賃貸フラットに居住している。彼らは社会的に孤立しており、他の人々から搾取される被害者になっているようである。

ジョンは望まれて生まれてきた子どもである。ジャネットは出産前の集まりに参加しており、妊娠も出産も正常であった。ジョンは標準以下の体重で小柄だった。彼は肺の感染症や風邪、胃腸炎などにかかり、何度か体重が急激に落ちた。ジョンは数多くの病気にかかったが、両親は医療支援を求めなかった。ジョンはしばしば不適切な衣類をまとって寒そうで、赤くて腫れあがった手足をしていた。赤ん坊は両親に注意を払い反応し、親が部屋を出て行くと、適切に不安な様子をしてみせた。が、彼をもっとよく知るにつれてソーシャルワーカーは彼があまり人見知りをしない様子に懸念を持った。小児科の検診では、器質的原因が分からない低体重のこと以外に心配は表明されなかった。小児科医は体重の監視を続けることを奨めた。

このアセスメントの情報は、家族の以前の地方自治体の記録、カルテ、家族と関わった専門家との２回のミーティング、小児科の検診、保護者との４回の面談、子ども、子どもと保護者の関係を見る観察を家族の食事風景も含めて４回行って集められた。

アセスメントが行われる間、家族には支援が提供された。社会福祉の支援者が関わり、両親が困難を認めていた予算を組んだり買い物をしたりその他の実際的な問題を支援していた。

当時ジョンが受けていた育児の質に関しての主要な懸念は、以下の通りであった。

- ジョンは健康に育っていなかった
- 衣服が不適切で、しばしば寒そうであった
- 乳母車に長時間放置され、刺激を受ける機会が少なかった
- ジョンのニーズに対する十分な知識を保護者が持っていなかった

ソーシャルワーカーの結論としては、ジョンは現在ネグレクトを受けているというものだった。

**第２段階：これから何が起きそうか？**

**短期的な懸念**：介入をしない場合、ネグレクトが続き、ジョンの幼少期の発達にとって有害となる。

**長期的な懸念**：介入をしない場合、ネグレクトの影響は、大変に深刻なものとなる。

**第３段階：それはどのぐらいの可能性があるか？**

今日までの保護者の行動パターンを見ていると、短期的、長期的な影響が続いていく可能性が高い。

**第４段階：それはどれくらい望ましくないことか？**

子どもに対する有害な影響は、劇的で急性な危険というよりは、慢性的で知らぬ間に進行しているものになるだろう。ソーシャルワーカーにとってみれば、それはジョンの人生の機会に大きな悪影響を与えるという点で、大変に望ましくないものに見えた。

**第５段階：リスクの総合的判定――可能性と深刻さの組み合わせ**

ジョンはネグレクトに苦しんでおり、その状況は今後も続く可能性が大変に高い。また彼の身体的・精神的な発達において、深刻な悪影響が高まっている。

## 【ケース２】

この事例は４人の子どもを持つ家族に関したものである。このリスクアセスメントは特に第２子で12歳のスティーブに関したものだが、必然的に彼の兄弟の情報も含まれている。

**第１段階：何が起きた、あるいは起きているのか？**

**通告の理由**：深夜２時に、４人の子どもが大人を伴わずに家に残されていたために、警察の保護命令が発動された。警官の記述によると、家は寒く、床には割れたガラスが落ちており、手の届くところに裸の電線があった。母親が援助を受けて家の中を安全な状態にし、今後二度と子どもたちを監督無しに置き去りにしないという同意書に署名をした翌日、子どもたちは家に帰された。この家庭は社会福祉課に何年も把握されており、子どもたちはネグレクトと身体的受傷で児童保護登録に３年前から載っていた。子どもたちそれぞれの現在のリスクア

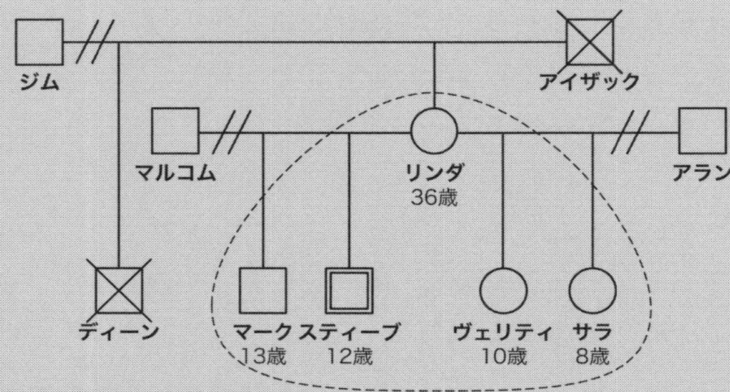


図 8.2　ケース 2 の家族の家系図

セスメントがソーシャルワーカーのタスクであった。

**背景となる情報**：母親は 15 年前に最初の子どもが生まれた時にも社会福祉課に通告されている。訪問保健師は、彼女の赤ん坊に対する興味のなさに不安を感じた。赤ん坊は 11 週目に絞扼性ヘルニアで死亡した。母親はその後 2 人の異なる父親との間に 4 人の子どもを産んだが、どの男性も今はこの家族と関わりがない。母親は訪問保健師と社会福祉課の支援サービスを受けていた。最初の身体的虐待の重大な懸念が起きたのはスティーブが 7 歳の時の手首のタバコのやけどで、小児科医が事故ではないと忠告した。スティーブと家族は受傷の説明ができなかった。彼は児童保護登録に載せられて 3 か月モニターされたが、それ以上の受傷がなかったので登録から外された。その時には彼と彼の兄弟のその他のニーズについてのアセスメントは行われなかった。スティーブのいとこが、スティーブの母親のリンダによって自分が傷つけられたと何度か通告をした。これらは事実だと見なされて彼をそれ以上の接触から守るための対策が取られた。4 年前には母親がスティーブの面倒を見切れないと言うので、彼は保護された。2 日後に彼は家に戻ったが、リンダは自分の問題を話し合うための面接に参加しなかった。1 年後、スティーブの名前は再度児童保護登録に載せられた。彼の兄がスティーブの顔のあざは母親がやったと話したからである。子どもたちの衛生、監督、励まし、一般的な育児に懸念があるということで、彼のすべての兄弟の名前がその後すぐに登録された。リンダはアセスメントに協力せず、子どもたちを見せることもしなかったが、アセスメントを課すための法的拘束力駆使の根拠が足りないと判断された。RSPCA（王立動物虐待防止協会）は、家庭から３匹の犬を引き取った。母親は動物虐待で起訴有罪になり、一生ペットを飼うことを禁止された。

**現在のアセスメント**：今現在何が起きているかのソーシャルワーカーの調査では子どもたちの福利に関して多くの懸念があることが分かった。最年長の少年、マークは身長体重が平均よりかなり低かった。彼は最近リンダに棒で叩かれ、腕と足にあざができたと話した。男の子たちは２人とも中程度の学習障害があり、特殊学校に通っていた。マークは学校では引っこみ思案で、スティーブは引きこもる時と友人や大人に対して攻撃的な時が交互にあった。上の女の子、ヴェリティは体重を落としたいと言って食事をしない時がある。下の女の子、サラは身体的にも精神的にも、１～２歳年下の子どもの発達の平均ぐらいと推察される。

ソーシャルワーカーはスティーブと母親の関係性のアセスメントにかなりの時間を費やして、彼の考えていることを突き止めようとした。しかしスティーブは無口で内向的な少年だったため、これは難しかった。彼は母親と一緒にいたい、と言った。母親は子どもたちに、社会福祉課は彼らを取り上げようとしており、そんなことになったら自殺すると話していたのである。

ソーシャルワーカーは、特にスティーブに十分な安心を与えられるような親子関係かを評価するためにアタッチメント・セオリーを使ってみた。訪問保健師、ソーシャルワーカー、そして学校のそれぞれの記録からは過去の親子関係についての情報が得られ、現在の親子関係についてはソーシャルワーカーが観察した。記録では親子のアタッチメントの質の低さと励ましや関心のレベルの低さについて継続的な懸念が示されていた。スティーブは４歳の時に母親がパートナーから繰り返し暴力を振るわれるところを見せられて極度に動揺していた。また彼が家に帰りたがらないという報告が何度もなされていた。ソーシャルワーカーはこの報告を、暴力的なパートナーが家にいる時といない時についてチェックしたところ（このカップルは何度か別れたりしている）、スティーブはパートナーがいる時の方が家に帰りたがっていることが分かったのである。スティーブは10歳の時に寄宿学校に行くことになり、できるだけ家で過ごす時間を少なくしたいようであった。集められたエビデンスを総合的に見ると、ソーシャルワーカーの結論はスティーブの母親との関係は彼がのびのびと主体的に活動するための安心と安全を与えていないというものであった。彼の社会的スキルは低く、友人がいなかった。彼は同級生に対ししばしば攻撃的であった。これは引きこもりと攻撃性を交互に繰り返す彼のパターンを明白に示していた。母親のしつけ方は気まぐれで一貫性に欠いていた。

ソーシャルワーカーは、スティーブは断続的な中度の身体的虐待と、慢性的なネグレクトを受けていると結論付けた。

**第2段階：これから何が起こりそうか？**

**短期的な懸念**：身体的虐待とネグレクトは継続するだろう。身体的虐待の深刻さは増す可能性がある。

**長期的な懸念**：スティーブはすでに多くの問題兆候を示しており、今後社会的接触と攻撃性のコントロールに一層の困難を伴って成長していく可能性がある。

**第3段階：それはどのぐらいの可能性があるか？**

エビデンスを見ると、彼と母親との劣悪な関係によるネグレクトは、介入無しには今後も続く可能性が高い。彼女の慢性的な困難を見ると、自主的な改善の可能性は低い。母親は自分の育児スキルに問題があることをずっと認めようとはしておらず、専門家の支援を断ってきた。同様の理由から、今後の身体的虐待のリスクは依然として高いままだろう。算出することは難しいが、これがエスカレートする可能性はおそらく高くはないだろう。スティーブは思春期に入れば、母親の権威に挑戦するようになるだろうし、それが彼らの関係の断絶を引き起こす可能性はある。

**第４段階：それはどれぐらい望ましくないことか？**

スティーブの精神的発達にとってのダメージは、身体的虐待と同じように、短期的、長期的両方の視点から、大変に望ましくないものである。身体的虐待が今現在のレベルのまま継続するとすれば、それは中程度に望ましくない。

**第５段階：リスクの総合的判定――可能性と深刻さの組み合わせ**

スティーブは、深刻なレベルのネグレクトのリスクと、中程度のレベルの身体的虐待のリスクが高い。

## 結　論

将来の行動に対するベストの予測因子は過去の行動である（人は変わることがあるし、できるとはいえ）。したがってリスクアセスメントの主要なタスクは、家庭の中でこれまで何が起きてきたか、あるいは今現在起きているか調査をして査定をすることである。どんな調査にも自由権による制限や、関係機関が虐待通告のフォローアップに使える予算の限界がある。最も重要なのはそれぞれの虐待のタイプの問題により、その特定には限界があるということである。

通告が寄せられる際、しばしばその情報は、何が起きたかの詳細の言及、何が起こるかという憶測、両親の行動についてのモラル判断などが混在していることが多い。それを事実、感情、価値判断などに分けていけば、そのケースのリスクアセスメントのプロセスの各段階での対応が容易になる。

将来の状況の予測には、３つの主たる形態がある。現在の行動が続いて子どもへの危害が積み重なるだろうという予測、赤ん坊の出産など予定されている将来の出来事のインパクトの予測、現在の虐待がより深刻なレベルまで悪化するだろうという予測である。最初の予測のグループでは、長期にわたって形成された行動パターンは持続する可能性が高いが、他のことも同様、人は変化し成長することが可能であり、専門家が把握している以外の要因が事態を大きく変える可能性もある。他の２つの予測のグループでは、どんな新たな行動が起こるか、さらに相当量の推測が必要だろう。ここでは専門家は人間の行動についての知識が足りないことで、大幅に阻まれる。暴力的行動の予測因子についての一連の既存リサーチでは、どの親が子どもにとって非常に危険な存在になるかの正確な予測を可能にする十分な情報を提供していないのである。

ベストのリスクアセスメントでは、それに責任を持つ専門家が自分の最終判断に至った経緯と理由の説明をすることができる。彼らは結論を正当化できる。しかし、間違いは起きやすいという極めて重要な点は、その後のケースの進捗を通して心にとめておかなくてはならない。新たな情報が出てきて、その家族が安全か危険かの根本的な見直しを迫るかもしれない。専門家は自分の判断を見直し、修正することを受け入れる必要があるのである。

リスク評価は現在進行形のプロセスとして見るべきである。リスクアセスメントはある特定の時期の我々の知識に基づいて行われるので、子どもの環境が変わるにつれて常に再評価が必要なのである。例えばある子どもの差し迫ったリスクは、虐待的な保護者が刑務所送りになれば劇的に下がる。また家族が新しい赤ん坊の誕生などの大きな出来事を経験すれば、リスクは上がるかもしれない。

リスクアセスメントが誤りやすいことは、その後のリスク管理の質の重要性を浮き彫りにする。英国のようにほとんどのケースが支援をせずに閉じてしまうようなシステムでは、初期のリスクアセスメントの重要性が強調される。なぜなら家族とはその後の接触がないかもしれず、そうなると安全だという判定が間違っていてもそれに気付くチャンスを失ってしまうからだ。もし支援サービスが利用可能であれば、リスクは低いがストレスを抱える保護者と専門家がつながっていることができ、状況の悪化の可能性を減らすだけでなく、彼らを再評価して最初のリスクアセスメントが不正確だったというエビデンスを拾うこともできるのである。

## サマリー

- 将来の行動の最良の予測因子は、過去の行動である（人は変わることができるが）。子どもにこれまで何が起きてきたか、今、何が起きているかの徹底的なアセスメントが不可欠である。
- 「今、何が起きているか？」という質問は、一見単純に見えるが、通告のあった虐待案件の狭い焦点から、家族がどのように機能しているかという徹底的アセスメントまでの広範囲の質問を網羅している。
- 何が起きているかを立証する努力は３つの主要因に阻まれる。自由権と、リソースと、様々なタイプの虐待がどのように提示されるか、である。
- リスクアセスメントは、明確なタイムフレーム（時間枠）に注意を向けるべきである。短期的な危険を重要視することは、子どもが曝されている、より潜行性で危害の大きい危険の過小評価につながりがちである。
- 総合的なリスクを評価する時には、何かが起こる可能性と、その望ましくなさの間に区別をつける必要がある。
- リスクアセスメントは間違いが起きやすいものであり、人々の状況は持続して変化するので、専門家は自分の判定を常に絶え間ない批判的見直しの下に置かなくてはいけない。

第9章

# 意思決定

意思決定についての研究分野では、分析による推論と直観による推論を対比させるアプローチが十分に示されてきており、従来この２つはライバルと見られてきた。しかし２つのプロセスを脳内で統合する方法についての新しい考えも最近の文献では十分に説明されてきている。

分析的意思決定の理論家は、どのように意思決定をするのが最も良いかを定める際に論理や確率計算を役に立つものと見なしてきた。彼らは人間は、持っている選択肢の期待効用*を最適化する存在と考え、合理的な判断をするためのモデルとして決定理論**を提示している。

それに対比してそのライバルである直観派の陣営では、人々が現実の状況の中で実際にどのようにして意思決定をしているのかを研究することに焦点を当ててきており、意思決定の方法を、規定するよりは記述する理論を発展させてきたのである。人が実際にはどのように推論するかというこれらの研究で最も際立った特徴は、実は人は意思決定をすることを望んでいないことが明らかになったというものである。人間は「対立、疑惑、心配に悩まされ、不相応な望み、反感、忠誠心にもがき、自分の選択を先延ばしにしたり、自己正当化したり、責任を否定して救済を求める」のである（Janis & Mann, 1977：15)。決断を迫られる状況であっても、人は理論家の規定に沿って行動することはできない。しばしば決断はもう最初に行われており、思考はその選択を正当化する理由を探すために後から続く(Klein, 2000：11)。人が数多くの選択肢を実際に考慮する際には、もっと良いものを見落としているかもしれないなどとは考えもせずに「これで十分」(Simon, 1957）と思えるものを見つけたらすぐにそこで立ち止まってしまう。分析的アプローチでは決定を個々に独立したものとして扱うのに

* 期待効用とは、ミクロ経済学で不確実性の議論の際に用いられる概念。市場において行動の帰結が不確実な複数の状態があり、それぞれの状態が起きる確率が与えられているという環境で得られる効用の期待値を表す。不確実性下にある個人は、期待効用の最大化公準に基づいて行動すると仮定する。

** 不確かな状況での選択にあたり、人間の最良の意思決定のために規範的手法を使う理論。合理的な意思決定を正確に計算するための補助ツール、技法などを使う研究がある。決定理論の大部分は規範的である。

対し、自然主義的研究*では意思決定がなされる時の状況こそを一番重要として扱うことが主たる特徴である。

本章では、現実世界の意思決定の自然主義的研究から発展した理論で始めたいと思う。この研究の多くは児童保護業務と類似した状況で作業をしている人々についてなされたものである。例えば限られた時間や情報を元に、緊急時に重大で難しい判断をしなくてはならない消防士である。直観的推論で分かっているバイアスや不作為を最小限にするために、良き秘書、あるいはパーソナルトレーナーのような役割を果たしている意識を検証し、その次のセクションでは意思決定に関わる直観的推論の主要な欠点を要約して何を防ぐために用心すべきかの指針を提示したいと思う。人がどのように自分の直観のバイアスと闘うかを指摘し、成功した例を挙げて説明し、最後に形式的決定論のフレームワークを提示する。

## 限定合理性と「満足化」

経済理論を研究していたHerbert Simon（1955）は人の脳の処理能力には限界があるため、当時圧倒的優勢だった合理性理論の通りにはいかないという「限定合理性」という概念を紹介した。人間の脳には複雑な問題を系統立てて説明したり解決したり、情報を処理する（受け取ったり、保存したり、取り出したり、発信したりする）能力に限界があるというのである。

> やるべきことは、経済人の合理性（完璧な合理的判断）を、実際に保有している情報へのアクセスと計算推論能力と両立しうる合理的な行動の1つに置き換えることである（Simon, 1955 : 99)。

その中核になっている考えは、意識的注意力というものはほとんど資源

---

* 自然主義とは自然を唯一の実在と考える哲学。精神現象を含む一切の現象、現実を自然の産物であるとし，それを客観的な立場での観察や実験を用い、想像力を排して自然科学の方法で説明しようとする考え方。また、倫理的な価値や規範を，本能・欲望・素質など人間の自然的性質に基づいて導き出そうとする考え方。

にならないということだ。その結果、我々は多くのヒューリスティクスの助けを得て推論を実現可能なレベルまで簡素化するのである。「限定合理性」があるので、我々は複雑な判断に直面した時に簡素化に頼る。我々は「現実世界を構成している混乱状況を極端に簡素化したモデル」に頼ることを好むのである（Simon, 1957：xxix）。意思決定をする際にその過程を簡素化するためによくある戦略は、「満足化」である。意思決定をする前にすべての代替案とその結果を見つけるべきだとする形式的決定論者が仮定する「最適化」と対比して、我々はどれで満足か、十分かの願望のレベルを設定し、このレベルを超える選択肢を見つけるとすぐに探究を止めて近道を取る傾向があるとSimonは主張する。これならリソースに対する要求は少なくて済む。満足化が使われる典型的なシナリオは、何があるのか事前には分からない状態で、選択肢が一度に1つずつしか見ることができない状態で選択しなくてはならない場合である。Simonは、結婚相手を探すという例えを挙げる。今のパートナーが「これで十分」な場合、今後どんな候補者が現れるかを待とうとせずに決断してしまうというのである。

**事例**

**【ケース1】**

担当のソーシャルワーカーが深夜の2時に警察から呼び出され、6歳と8歳の2人の男の子の保護の手配を依頼された。彼らの両親が喧嘩をして父親は病院へ運ばれ、警察は母親を逮捕して警察署へ連れて行こうというのであった。家の周りには騒ぎや緊急車両に引きつけられた人々が集まっていたので、ソーシャルワーカーは親戚や近所の人から情報聴取することができた。ティーンエイジャーの子どものいる隣の家の人は2人の男の子をよく知っており、その夜、あるいは必要であれば数日、面倒を見ようと言ってくれた。ソーシャルワーカーはこの夫婦について懸念材料が何もないかどうかを警察にチェックした上で彼らのオファーを受け入れた。それ以外の実行可能な手配を探すことはせず、最初に見つけた「これで十分」な解決策を受け入れたのである。

しかし、この満足化モデルも難しい判断を示している。いったいどのぐらい探求を続けるべきなのか？　どのような基準を設けるべきなのか？　人が結婚相手を探す場合、おそらく参考になる過去の判定経験はほとんどないだろう。しかし専門家の実務であれば、同じような状況での方針決定には慣れているだろうから、十分に良いと思われる達成可能な基準を設定する助けになるだろう。児童保護というよく知った分野であれば、経験豊富な支援実務者はおそらく手っ取り早く判断にたどり着くこの方法を活用するだろう。どれくらい徹底した調査を行うか、いつこれ以上のエビデンスの探索を止めるか、いつアセスメントが「これで十分」になって次のプラン段階に進めるか、それらはすべて過去の経験を利用できる判断のタイプ例であり、方針決定するために必要な思考の量を制限してくれるのである。

しかし、適切な経験がないとそれは大きな問題となる。理論家は新たな主題の分野で使うのに満足できる基準をひねり出すためのたくさんの形式的手段を考案してきた。しかし直観的判断を研ぎ澄ますための経験がなければ、これらはあっという間に複雑で時間のかかるものになり、満足化はその判断の迅速さというメリットを失ってしまうのである（Gigerenzer et al., 1999：14）。

適切な基準が分からないというのは、その専門家が新人だからというばかりではなく、その方針決定の本質そのものが、長期の結末の知見を得ることを困難にしているからでもある。さらに児童保護サービスの体系化の方法が、専門家が背景知識を積み上げることを難しくしている可能性もある。短期ベースで関わっているだけの担当チームは組織を理解することはできるかもしれないが、実践的知見の積み上げという点では、スタッフが決定した選択の結果の長期的なエビデンスを供与することはできない。

ある判断の長期にわたる結果はしばしば経験的リサーチによってしか確かめることはできない。例えば公的な養護を受けている子どもたちの行く末は、大規模な研究でなければ判明しない。個人にはケア後の子どもたちがどのようにやっていくのか信頼に足る実態を作り上げるだけの長さと幅のある経験は持てないのである。そして残念なことに、公的養護の研究は児童保護業務でよく見られる特徴、すなわち劣悪な結末を浮き彫りにする。中には大変に良い結果を出すケースもあるが、公的養護を長いこと受けて過ごしたほとんどの子どもたちは成人してから深刻な困難を体験している（Thoburn, 1990）。これを念頭に置いて、専門家は「これで十分」という措置ではなく、「できる限りのベスト」の措置を探しているのである。このように厄介な問題では、そういう努力をしてすら十分な結果にならない可能性があるからだ。実務では、専門家はしばしば自分たちが子どものために「できるだけ悪くない」という選択肢を探しているように感じるが、それは虐待的な実家族に残ることによる問題と、新たな家族の中で安定した関係を作ることによる問題の両方を知っているからである。

## パターン認識での意思決定

意思決定を研究するための自然主義的アプローチは、人々が自分の職場での典型的な条件の下でどのように意思決定をするかを見つけるために、研究室から外に出て自然な設定の中でそれを研究している。Klein（2000）は、専門家が時間というプレッシャーの下で重要な決定をするところを調査した。例えば彼は消防士と時間を過ごし火災の現場についていって、消防士が炎とどのように闘うか瞬時に決断をする様子を観察し、何をどうするかの選択をどのように行ったのかを後に考察した。彼は、専門性の高い消防士は推論に形式的分析メソッドを使わずに、直観の力、心的シミュレーション、メタファー（隠喩）、そしてストーリーテリング（物語）を使っていると結論付けた。

> 直観の力は我々が状況を迅速に判断することを可能にする。心的シミュレーションの能力は、ある行動方針がどのように実行されるかを想像させてくれる。メタファーの能力は我々の体験を利用し、過去にあったことと今の状況との類似点を提案してくれる。ストー

リーテリングの能力は我々の経験を将来自分や他の人のために使えるように一元管理させてくれる（Klein, 2000：3)。

Kleinによって提案された「認知主導的意思決定モデル」には２つの構成要素がある。どんな行動方針を取ることが道理にかなうかを見定めるために状況を判断する方法と、想像で行動方針を判断する方法である。経験豊かな意思決定者はパターンを認識することができる。現在の問題と解決することができた過去の問題の間に類似点を見るのである。これが、何にまず優先的に取り組むべきかのヒントをくれ、どんな情報が不可欠かを教えてくれ、次に何が来るかの準備をさせてくれる。ある状況が典型的だと認識することで、ある行動方針が成功する可能性を認識することができるのである。ただ無批判に判断して行動するのではなく、想像力を使うことで、それを実施しながらも常に評価し続けるのである。これにより彼らのアセスメントは過去に対しても、そして未来に対しても、チェックをすることが可能なのである。状況を把握してその特徴から物語を織り上げ、認識しているシナリオにその物語がしっくりくるかどうかを見るのだ。彼らはまた想像力を使って将来をイメージしてみる。ストーリーが正しかったら何が起きるかを頭の中でシミュレーションして、それに備える。もし不測の事態が起きたらその精度を疑うことになる。

消防のチームが４階建てのビルの地下で火災が起きたとの報告に対応する。指揮官が迅速に到着したが、外からは何も見えない。どこにも煙の兆候すら見えない。彼はドアから地下に入り、炎がランドリー・シュートを伝って上っているのを見つける。彼は垂直にまっすぐ広がる炎を認めるが、それにどうやって対処するかは知っている。まだ外に煙の兆候が見えないことから、火災は始まったばかりだろう。しかし、上からシュートに放水するために送られた消防士からは、火が２階より上に達しているという報告がくる。ということは火災は今しがた始まったものではない、彼のアセスメントは間違っていた。彼が外に出てみると、煙が屋根の軒から出てくるのが見える。彼は新しいパターンに気が付く。つまり火は少し前に始まり、シュートの中をまっすぐに上に広がったため、煙が外にもれなかった。これが、どのように対応するかまったく新しい方針決定に結び付いた。消火することは今や優先事項ではなくなった。まず最初の行動は、建物からの避難であり、指揮官は捜索・救助活動を発動したのである（Klein, 2000：15からの翻案）。

指揮官が問題は垂直の火だと認識した後、類似の火災の経験があった彼の心の中では、それがどのように始まってどのように振る舞うかの完全なストーリーができていたということになる。つまり彼にはどのように対応するかの迅速な判断ができたし、また新たな情報がその物語に合わないと認めれば、同じように迅速な再評価ができたのである。

Kleinの意思決定のモデルには、意思決定者が直面する3つの異なるケースのタイプがある（Pliske & Klein, 2003：564）。一番単純なタイプはすべてが一本道である。意思決定者が状況を判断し、何が次に起こるか予測し、一番適切な指示を決め、状況の中で追及するべき妥当な目標を識別し、典型的な反応を認め、それを実行する。もう少し難しいタイプのケースは、意思決定者が状況の本質についてよく分かっていない場合である。おそらく手に入る情報に何か通常と違うものがあってそれが彼の予測と対立し、どんなタイプのストーリーなのか疑念を抱かせるのである。この場合、何が起こっているのかを判定することと、様々な説明を整理することで診断を行うのがまず最初の行動となる。例えば児童保護の職員は虐待の通告を受けるかもしれないが、その情報が虐待の可能性に適合するかどうかは分からないかもしれない。しばしば通告をどのように分類するかという最初の判断の方が、分類を終えて最終的にどのような活動方針を取るかを選ぶよりも大変なのである。

診断には2つの方略がよく用いられる。まず特徴合わせである。知っているケースとの類似点を探すことだ。そしてストーリー・ビルディング、つまり状況の特徴を人工的に作りだして原因の説明にする。それを評価して、色々な方法で使うのである。意思決定者は、今起きていることを理解するために、最もありそうなストーリーあるいはひと続きの出来事を見つけようとする。

３番目のタイプのケースは、意思決定者がパターンを認識しており、活動方針も決まっているのに色々な出来事が彼にもう一度その方針を考えなおして評価するように求める場合である。この場合も異なる選択肢で何をやるのか、何が起きそうなのかを考慮することを助ける心的シミュレーションをすると、必要に応じてオリジナルの計画を変更することができる。

次章でこの意思決定モデルの評価メソッドについてもっと詳細に考察するが、今ここで私が集中したいのは、経験と想像力に重点を置くことである。これは多くの児童保護の職員が稼働しているほとんどの時間に行っているやり方に適合しているように見えるからだ。新たな通告を受けた担当職員は、情報の中に即時対応が必要なものがあるかどうかを迅速に査定する。これは通常、通告の具体的な内容だけに基づいたものではない。誰が通告を行っているか、彼らについて何か他に分かっているか、彼らはどのぐらい信用に値するかなども考慮しているのである。また問題の家族についてそれまでに分かっていることを考慮することもある。軽度の通告であってもすでに懸念を持っていた家族に関してのものであれば、問題の可能性を感じて迅速な緊急対応を取ることもある。また方針決定者はその時点で何が実行可能なのか、機関の持つリソースを考慮に入れなくてはならない。経験豊富な担当職員は、どんなタイプの通告がされたかの識別に熟練しており、この分類によって対応のパターンが分かるのである。

迅速な直観的査定は、セラピー治療業務でも一見して明らかである。例えば経験豊富なファミリー・セラピストは、家族のタイプの分類セットを策定しており、それによって新たな家族を評価し、どのように対応するか決定することが可能なのだ。こういった類型論は多かれ少なかれファミリー・ダイナミクスの明白なセオリーにより形成されているが、家族の面談で使われる場合は直観的レベルで使われているのである。

迅速さが大切な児童保護業務には、このパターン認識モデルは大変に関わりが深いと言っていいだろう。しかしこのモデルは、人々に広く思考することを奨めないという点で、形式的決定論とは異なるのである。時間に追われて判断をする専門家たちは、代替案を比較検討することが決定理論の中心的タスクであるとされているにもかかわらず、それに時間を使っているようには見えないとKleinは論じたのだ。むしろ彼らは自分たちが対処している判断のタイプを識別し、この仮定が正当化されるかどうかをチェックしていたのである。この意思決定のモデルは、児童保護において判断が必要とされる緊急のシナリオの多くに大変に適合性がある。が、それ自体、バイアスやゆがみのリスクを持っており、面談中などの迅速な対応が要求される状況では有用だが、後で時間を取って見直しや疑問を投げかける必要があるのだ。これは児童保護の中でも大きな影響のある判定を時間がある際に考慮する場合には特にそうである。

Kleinの研究では意思決定における専門知識の重要さを強調している。新たなシナリオに直面した新人は、情報を手に入れたエキスパートのように適合する見覚えのあるパターンを見つけるような豊富な背景知識は持っていない。第２章で考察したように、専門知識は経験からだけでなく、経験プラスふり返りとフィードバックから得るものである。緊急事態では直観が主要な仕事をするとはいえ、意識的な熟考もまた総合的な学習のプロセスでは欠かせないものである。一方、Kleinの研究は、情報のひとつひとつを隔離して注目するよりも、あらゆる細部の点同士の関わりを見つけ出し、ケースを大きく総合的に見ることなどを理解できるように新人を補佐することの重要性を強調している。

## 直観的意思決定のバイアス

### 方針決定の怠慢

研究では、人は意思決定することに実は気が進まないものだと明らかになっている。児童保護業務での決断に対する嫌気は、それを避けたり先延ばしにして、家族と協力していくための長期のプランというよりは危機に対する反応としての決定になってしまう傾向がある。積極的な方針決定の怠慢に対して特に被害を受けやすいのが、公的ケア（養護）を受けている子どもたちである。多くの子どもがいつか実の家族とまた一緒になれるという漠然とした望みを持ったまま、明確な長期プランも無しにドリフト（漂流）状態に放置されている（DHSS, 1985）。しかしこのドリフトと同じ要素が家族への直接支援の研究でも分かってきており、危機が起きた場合にはそれに対応している支援実務者が、どんな業務が必要かを計画するという先を見越したアプローチを取っていないということが論証されたのである（e.g. Farmer & Owen, 1995）。

今、児童保護サービスでは、時間に関係した規則を組み込むことでこの消極性に対抗しようとしている。その中のいくつかでは、重要なステージごとにタイムスケールを設置し、別のところでは、子どものニーズの多様性を受け入れるために、特定の子どものニーズにタイムリーに合わせることを原則にしている。人は難しい決断をするのを嫌がるので、ある程度の監督は必要なのだ。意思決定の研究をする学者は、知的困難に焦点を当てている。児童保護業務において方針決定の多くは確かに知的にチャレンジングであるが、それらは感情的にも困難な挑戦である。児童保護業務の特性としては日常的なこととはいえ、関わっている人々が苦しむような決断をしなくてはならないことは胸が痛むのである。

事例

**【ケース2】**

エイミーは生後2か月の赤ん坊で、白血病のため寿命は数か月と言われていた。生まれた時からずっと病院にいたが、退院の準備はできていた。彼女の両親はヘロイン中毒で、年長の子ども2人が持続性のネグレクトのために永久的に保護されていた。母親は妊娠してから薬物はやっておらず、子どもの面倒をとても見たがっていた。しかし子どもの医学的なニーズが大変に複雑であり、どんな母親であってもそれを満たすことは不可能だった。この両親は健康な子どものニーズを満たすこともろくにできていないという記録があった。その上、赤ん坊にターミナルケアを施すことはエイミーの両親にとっては感情的に大変に困難な挑戦であり、なんとかやってみようとすることで母親が薬物乱用に戻る可能性が高かったのである。たった1つの肯定的な兆しは、母親が8か月間薬物を我慢できたことだった。この家族を担当した職員たちには両親が赤ん坊を家に連れて帰るべきかどうかの判断をすることが大変に難しかった。理性的に考えれば、この両親が赤ん坊を家に連れて帰れば、十分なケアを受けられない可能性が非常に高いと判断することは難しくなかっただろう。が、ここで障害になるのは彼らが母親に同情をしていることであった。母親はかわいそうな頼りない女性で、職員の多くは保護本能をくすぐられてしまい、彼女が1人で赤ちゃんの面倒を見ることは無理だという厳しいニュースを伝えることに気が進まなかったのである。

決断することは感情的に難しいことがある。なぜなら専門家は自分が与えられるのは不完全な解決策だけであることを知っており、それが自分の決断に自信を無くさせるからである。

**事例**

**【ケース3】**

ディーンは15歳で、父親から何年にもわたって性的虐待を受けていたため、保護されて5年間社会的ケア（養護）に入っている。2年前に、彼は里親の8歳になる娘とある少女に学校で性的いたずらをした。彼は何か所もの情緒治療施設に送られたが、行動は挑戦的で攻撃的、どこでも改善の兆しは見られずに短期間で放逐された。支援実務者が彼のために見つけられるただ1つの選択肢は、セキュア・ユニット（青少年保護収容施設）であった。これは良い評判はないし、閉じ込めておくことはできても、実務者にはそれがディーンのために効果的な援助を提供するとは思えなかった。したがって彼の将来は荒涼としたもので、おそらく今後すぐに犯罪司法システムに移行していく可能性が高かろうと思われた。セキュア・ユニットを使うという決断は支援者にとっては他に取れる手段がないと思える点では簡単だったが、

**これほどダメージを受けた少年を助けられない自分と児童局の能力の限界を痛感させられたという点で苦悩した。**

意思決定を難しくしているもう１つの要因は、権限の力関係である。専門家は保護者や子どもたちと「権限」を共有することをますます推奨されている（J.H. Littell & Tajima, 2000; Yatchmenoff, 2005）。家父長的な「押し付ける」実践モデルから、パートナーシップを尊重して家族と「協働する」方向にシフトしているのだ。ファミリー・グループ会議、サインズ・オブ・セイフティ、修復的司法*といった実践アプローチはすべて、家庭問題の解決において、家族の参加や社会的ネットワークを強化するものである。これについての論拠は、自分たちに影響のある方針決定には家族自身が参加する権利を尊重すべきという倫理的なものであると同時に、家族の協力があった方が計画実施において成功するチャンスが高まるという実務的なものでもある。これまでのところ、家族参加の増加による長期的な結果のエビデンスにはまだ限りがある。より多くの人を方針決定に巻き込むことは、同意にたどり着くことがより難しくなるという影響もある。ある決定がすべての関係者の同意したものであるなら、専門家はそれが自分にとっては次善の選択であっても受け入れなくてはならないこともある。特に子どもの参加は彼らが意思決定できるほどに能力が成熟しているかどうか分からないため、専門家にとっては深刻な問題となることがある。児童保護においての重大な決定は１人の人物だけで行われることはほとんどない。通常は多くの専門家と家族のメンバーが参加しており、様々な意見に相応の重きを置くために、難しい調整が必要になる。

### 視野狭窄

形式論者たちからの絶え間ない批判の中に、自然主義の意思決定者は視野狭窄に陥りやすいというものがある。

---

* 犯罪の加害者、被害者、地域社会が話し合うことで、関係者の肉体的・精神的・経済的な損失の修復を図る手法。

事例

**【ケース 4】**

自宅で腕を骨折して2か月間保護下にいる6か月の赤ん坊、ジェーンの将来について職員が方針決定を行う際に、彼らは赤ん坊が今の里親家庭にいた場合、そして両親の元に帰った場合のリスクと利点を比較評価した。彼らは、里親には深刻な懸念があるとし、結局ジェーンにとっては両親の元に帰る方がよい、と判断した。その2週間後、父親はジェーンを殺した。

ここでの問題は、児童保護チームはあまり満足できない里親と虐待的な両親という、2つの選択肢のみで判定を組み立てていたことである。そしてこのコンテクストでは実家族の方がましな選択肢だったわけだ。しかし彼らは他の措置オプションを考えることを忘れ、より良い選択が他にあったにもかかわらず、2つの中から少しでもましだという方を選んだのである。

この実話は、失敗に終わった実践を描くために紹介していると思われるかもしれないが、現実に、支援者が子どもの狭い状況に囚われてしまうことは多いのである。特に仕事上の要求が多い職環境の中での共通の対処方法として、狭い範囲だけに注目してタスクを管理しやすくしている場合にこういうことが起こりがちである（Dekker, 2002：124）。これはケースの1つの側面に集中したままいられるという利点はあるが、問題に気が付くのに、あるいはその狭い視野の外にある選択肢を考えるのを遅らせるという弱点がある。

視野狭窄の問題点は、第3章で考察した利用可能性ヒューリスティクス――ある情報は、他のものよりもずっとたやすく心に浮かぶ――の変種である。上記の例の場合は、専門家は感情的な2つの選択肢に直面した。実の親は子どもを家に帰せとプレッシャーをかけたし、両親が申し立てたように、怪我が実際に事故だったかどうかで医学的に意見が少々分かれたことを最大限に利用した。同時に、里親はジェーンを手元に置きたがっており、訪問していたソーシャルワーカーは、彼らがゆくゆくは子どもを養子にしたいという希望を持っているのではないかという疑念を持ち始めていた。二組の夫婦が職員を感情的なプレッシャーのもとに置いて、子どもは自分たちといる方が幸せだと申し立てたのである。どちらがジェーンを手に入れるかということだけが判断の中心になっている夫婦の視点にはまってしまう罠に職員が落ちてしまったが、そのことはそれほど驚くことではない。

専門家がすべてのケースを決まった対応パターンで扱う習慣になってしまう時にも視野狭窄は起こる。Klein（2000）の研究では、これは実務ではよくある特質で、ある程度は合理的であると示唆している。経験豊富な人々は自分にどんな選択肢があるか分かっているので、それぞれの通告に対し新人がやるような時間のかかる調査をして何が代替案で何が入手できるかを見つけるというアプローチをする必要はない。しかし時々は彼らも一歩下がってもう少し広く考えてみてもいいのだ。さもなければ新たな選択肢が開発され、新たな支援サービスが入手可能になったかもしれないのに、それを見落としてしまうような危険が出てくる。彼らが担当している家族に変化が起こったことも見逃すかもしれない。白人の英国人に適合するサービスは、ある少数民族の大きなグループがその地域に引っ越してきた時にはもう適切ではないかもしれないのだ。

様々な選択肢を考えるということに対する評価は、形式的決定論者と自然派のメソッドを研究している人との間で、大きな紛争の的になっている。私が考えるに、そこには絶対的な答えはないのだ。それはコンテクストによって異なり、２つの対立する要因、結論に至るスピードの重要性と、ベストな判断をしたことを他者に対して論証できることの重要性にもよる。プロセスの様々な段階で、児童保護の職員は双方のタイプの意思決定のスキルが必要になるのである。

### 近視眼的な方針決定

児童保護ケースを他の職員から引き継いだ人なら、前任者の方針決定のおかげで自分の仕事が難しくなったと考える経験があるだろう。これは時には避けられないことであり、判断が良いからと言って、良い結果が保証されるわけでもない。

しかし、今自分が決定した措置が、将来そのケースを担当する職員にとって、問題を大きくする可能性があるかもしれないと考えることも時には妥当である。短期的解決策は、実際には時限爆弾のようなものであり、元々のシナリオをより複雑化してしまうこともあるのだ。

人は、問題に対して近視眼的な視点を持ちがちである（Keller & Ho, 1988; Fischoff, 1996）。プレッシャー下で働く人々が差し迫った困難の対処に集中してしまうことはある程度理解できるが、児童保護においては専門家は子どもや家族との長期の協働に携わるのだから、それでは問題が多いのである。家族との関わりにおいて自分の判断が将来の支援業務にどのような影響を与えるかを考えられないことは、拙悪な実務と言えよう。

近視眼的な態度の顕著な弱点としては、コンティンジェンシー・プラン（緊急時対応策）を作っておかないことである。これは、それまでの楽観的な予測が間違っており、選択した活動方針が使えなくなった場合のプランである。経験豊富な専門家が時間をかけてケース検討をしてアクションプランを立案したかもしれないが、状況が変化しオリジナルのプランが使えなくなった時に最前線にいる経験の未熟な職員が緊急プランを作らざるを得ないことは実践では起こりうるのである。児童保護では確実なことはほとんどないということを専門家は知り、最善だと思って作られたプランでもうまくいかないことがあることを受け入れなくてはならないし、それはプランを作る時に見越しておかなくてはならない。

## 決定理論

では次に決定理論の規範モデルを見てみよう。これは起こりうる選択肢について思考するフレームワークを設定するものである。どのような結果が起こりうるか、そしてその起こりうる結果の可能性を熟考し、その結末が良いものか悪いものかを判断し、最後に意思決定者の価値観と信念を一番反映する選択肢、つまり一番有益な結果を出す可能性の高いものを選ぶのである。リスクの高い子どもに関して言えば、最善の結果というのは子どもが受傷すること無しに健康でそれなりに幸福な大人に成長することであろう。ほとんどの子どもにとっては、こうした最善の結果は自分の実家族に残ることで得ることができる。しかし一部特定のケースでは実の両親と一緒にいる反面、この選択肢では子どもが殺害されたり深刻な受傷をするという大きなリスクとなるのである。そのために良い里親への委託といった措置が選択される。そこでは多少の望ましくない影響の可能性があるにしても、真に悪い結末が起きる可能性は非常に低いであろう。こういった特定の子どもに対しては、里親への委託は「効用の期待値」*が最も高いということになる。

### ディシジョン・ツリー（意思決定の樹状図）

ディシジョン・ツリーは問題の推論と分析を体系化する大変に効果的な方法である。一連の出来事やそれらの間のつながりを明確に特定し、問題の多い決断をより容易に理解、管理できるようにするのである。結果の可能性や望ましさをはっきりした数字にして見積もることで効用の期待値が最も高いのはどの選択肢かが判断でき、最終選択に対する根拠を示すことができる。意思決定の段階を通して徐々にディシジョン・ツリーを組み立てていくが、それをどのように描くのか、ここではまずヒントをいくつか挙げたい。

1. ツリーでは、時間軸は左から右へ。
2. ノード（集合点）には３つのタイプがある（図 9-1 参照）。この図においては、□は何を決定するかの目的、○はチャンスノード（意思決定者の制御を超えた結果）、◁は（現在の関心の視点から見

* 期待値と呼ばれる概念は、取るべき行動がいくつかある時、それぞれの行動で得られる価値とそれが得られる確率が異なるため、合理的に意思決定するにはそれらの価値と確率を正確に見積もり掛け合わせることでその行動の期待値が得られるというもの。最も期待値の高い行動が最適とされる。期待効用理論とは、行動の帰結が不確実な状況における合理的な判断は、結果に関する効用の期待値に基づいてなされるとする理論。

**意思決定のフレームワーク**

1. 何を決定すべきか？
2. どんな選択肢があるか？
3. 選択肢から１つの選択をするにはどんな情報が必要か？
4. それぞれの選択肢の結果はどのようになりそうか？
5. それぞれの結果はどのぐらい起こりそうか？
6. それぞれの結果のプラス・マイナス面は（つまりそれらの効用の期待値は）？
7. 最終決定

た）最終ノードである。

3. ツリーはいくつかの結果にまたがって広がり、次の決定点に移ることがある。

決定論者による「合理的」な決定とは、起こりうる結果についての選択、及びそれぞれの結果の実現可能性の推定と一致する決定を言う。

これまで、私は意思決定者の視野狭窄や近視眼的見方を批判してきたが、決定理論は、まったく反対の理由で同じように問題がある。非形式的意思決定者の推論は図 9.1（単純なツリー）のディシジョン・ツリーに似ているが、決定理論は図 9.2（複雑なツリー）のような複雑なディシジョン・ツリーを短い時間で作成することができる。

すべての選択肢とその結果を考えるように仕向けられるため、決定理論を使って作りだされるデータの量は機能障害を引き起こすほどである。例えば虐待された子どもをその親の元へ戻すかどうかを専門家が検討する場合、様々な措置の可能性や実家族との接触を維持するための方法など、家庭に戻す以外に取りうる手段を考えるのに数週間もかかることがある。その後ディシジョン・ツリーのすべての枝を評価するために、その実行可能性を調べなくてはならない。そのタスク量を抱えて、子どもの福祉に充てられる時間制限内に決定を下すことは不可能である。すべての具体的な決定について、それにどのぐらいの手間暇をかけるかの判断は必要である。

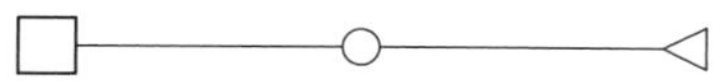

図 9.1　単純なツリー

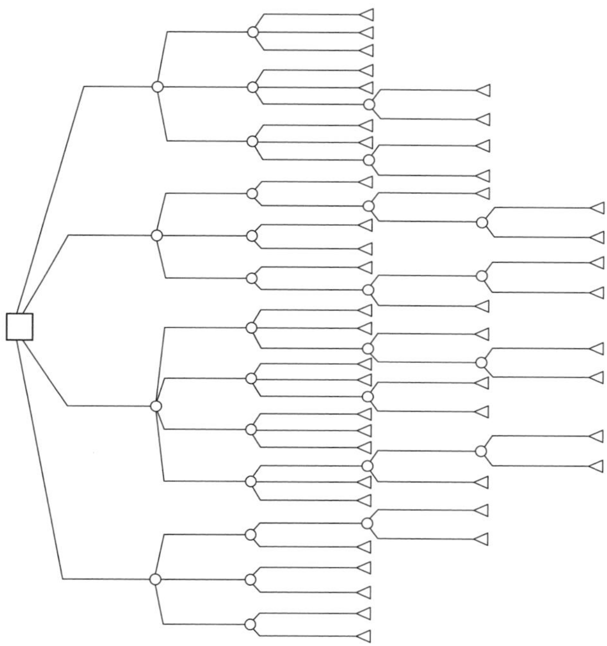

図 9.2　複雑なツリー

フレームワークを適用すべき詳細を減らすには、経験がしばしば役立つのである。

Hammond et al.（1999）は、ある特定の決定を行う際フレームワークの中の特に問題の多い決定ステージに焦点を当てるべきだと提案している。問題を広い視野で見るために総合的プロセスを通して迅速にスキャンすることを始めれば、普通はある決定に対して複数の要素のどれが一番重要、または困難か識別できるはずだ。後に紹介する事例では、専門家はそうすることができ、フレームワークを使って困難や議論の起きそうなポイントを見分けることができたので、彼らの知的努力は特定したこれらの対象に向けられ、全体に平均に分散することはなかった。決定を分析することで、

図 9.3　決定

何をするべきかがほぼ明確になり、すべてのプロセスをシステマティックにたどる必要が無くなるのである。

決定理論は推論ステップが明示されているフレームワークを提案するが、その客観性を誇張しないことが重要である。すべて完了したツリーは、最終的には確率と効用価値を掛け合わせて選択肢の総合的な効果を計算する数学的問題になる。数字は人々に信頼に値する偏らないイメージを見せて圧倒的な影響を与えるが、どこからその数字が来たのかを忘れてはいけない。ディシジョン・ツリーを組み立てるには、形式的・直観的の両方の知識が必要である。有効な選択肢をリストアップすることは、想像力と実践的知恵を使う創造的なプロセスである。児童保護業務においてそれぞれの結果の確率を決めることは、たとえある程度経験主義の研究の情報に基づいていたとしても、ほぼ直観的推量といっていいだろう。それぞれの結果の効用価値を決定することは、誰もが同意するような客観的に「正しい」値を伴っていないという点で、疑うべくもなく主観的なプロセスである。決定理論を使うことで、意思決定を分析的－直観的なコンティヌアム（連続体）の中でより分析的な方向へ向けることはできる。決定をこのような方法で分析することで、複雑な決定プロセスをより小さく単純なパーツに分けることが可能だ。とはいえ、決定理論は意思決定者である人間を手助けはするが、それに取って代わることはできない。

## ステージ 1：何を決定すべきか？

最初のタスクは、どんな決定がなされ、どのぐらい迅速にそれがなされるか、誰が参加する必要があるかなどを確定することである。決定をどう表現するかによっては、ある一定の方向に思考が導かれて適切な選択肢を見落とすなど、その後の推論に影響することがある。

児童保護サービスが詳細な手続きやガイドラインを策定すれば、支援実務者は子どものことよりもその手続きに関する問いを口にするようになるかもしれない。「ケース会議を開くべきだろうか？」「この子は児童保護登録に載せるべきだろうか？」これが彼らの思考を所属機関やケース管理問題に向かわせ、家族への対応がルーティン化していくのである。もし同じ決定が子どもに焦点を当てた言葉で言い表されていたら、異なる影響を与えただろう。例えばケース会議を開くかどうかを問う代わりに、「この子の安全を確認するためにもっと調べる必要は？」という問いになるだろうし、専門家の思考はこの１人の子どもに関した要因に向けられていただろう。この子についてすでに何が分かっているか？　それは詳述や検証するべきか？　これまでの調査での重大な漏れは何か？　こうなるとケース会議を開くことは特定されたニーズを満たすためのいくつかの方法の１つに過ぎなくなるが、会議が開かれれば、より具体的な議題で検討できるのである。

専門家はケースの一連の決定の中であるステージをうっかりとばしてしまうことがあるが、それはある判断が過去にすでにされていると思い込んで方針決定を組み立てているからである。「この子にとってどんな適切な措置があるか？」という問いはその子を家庭から分離するという決定をすでに判断したことを前提としている。1991年にスコットランドの離島で組織的な性虐待があるという通告があって、９人の子どもが親から分離された。小さいコミュニティでこれほど大きな実務を運用するのは厄介で、その後の公式調査で、警察とソーシャルワーカーは多くの手間暇をかけてどうやって分離を行いどこへ子どもたちを連れて行くかの調整をしていたことが分かった。しかし、どの段階においても誰も子どもの分離の必要性についてよく考えていなかった。分離するという意見は、２人のシニア・マネジャーが考えていたものだったようだ。

> その意見は、一度明確になったら再検討や再評価をすることなくそのままでした。ちゃんとは言えないんですが…（シニア・マネジャーによって）決定がなされて、２人の気持ちは即座に浮かんできた１つの方針で固く決められたのです（Scottish Office, 1992：39）。

その後は、子どもたちを親から取り上げるかどうかではなく、どうやってという観点のみで方針決定が組み立てられていった。

視野狭窄の話で使った事例の中では、実家庭と里親家庭の間でどちらを選ぶかというタスクが児童保護スタッフに課せられた。スタッフは決定の組み立てを上記と同じような方法で行い、悲劇的な結末を招いた。

児童虐待のケースに対処する際には、一連の決定が必要となる。それは小さいものもあれば大きなものもある。それらは相互接続しており、ある時点での選択がその後の選択肢を制限する。アセスメントのステージではどんな情報をどうやって見つけて集めるかの数えきれない判断を伴う。ケースに関する大きな管理決定の核心に至ること自体、決断が必要なのだ。これは個人の決断かもしれないが、各機関ではますます、ケース対応における具体的なタイムテーブルを明示し、大きな決定ポイントを規定してきている。

専門家は経験から恩恵を得ている。エキスパートは出来事や行動に意味あるパターンを見つけ、特定のケースを理解するための豊富な経験を使って、状況を迅速に組み立てることができる。彼らは新人に比べて柔軟で適応性が高い。新人は状況の表層的特徴を捉えるだけに留まり、そのため本を参考にして真摯に手続きやガイドラインに従おうとしてしまう（Beach, 1997）。つまり経験はケースの全体像をつかみ、どのポイントでどんな決定をするべきかの判断の手助けをしてくれる。新人は第１章で描いた、小さなボートを荒波で操縦し、次にくる波をなんとか生き延びようとしている意思決定者を身近に感じるのではないか。

### ステージ２：どんな選択肢があるか？

どんな決定をすべきかが識別されたら、次のタスクは実行可能なアクション（措置）のリストを策定することである。選択肢を考えるのが重要だという理由は、決定理論のアプローチを意思決定の非形式的メソッドの影響から切り離すためである。先に述べたように人は時として代替案をまったく考えずに一連の行動過程だけを考え、それを正当化する理由を探そうとするものである。たとえ２つ以上のやり方を考えたとしても、自分

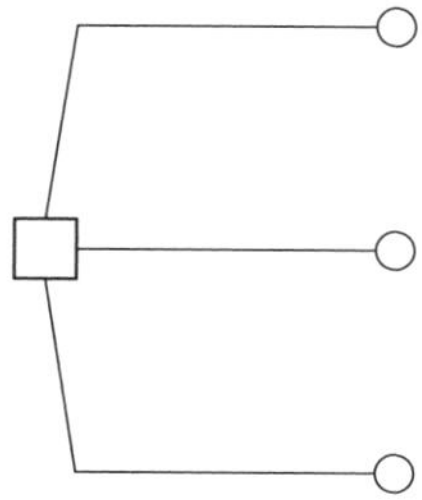

図 9.4　選択肢

の目的を満足させる方法が見つかり次第、即時に必要な努力を放棄してしまう。最近イングランドで行われたリサーチでは、子どもが虐待の深刻なリスクにあると判断されたケース会議で、専門家が会議のほとんどの時間をリスクのレベルを話し合うのに費やし、リスク管理の方法の決定に使っていた時間は平均でたった9分だったことが分かった（Farmer & Owen, 1985)。したがって決定プロセスのステージ2は、専門家が手抜きをしないように意図的に計画されなければならない。

なぜ、選択肢を考えるのに時間と労力を使う必要があるのか？　最も強力な論拠は、倫理上のものである。我々は子どものために、最善の解決策を見つける努力をしなくてはならない。「これで十分」ぐらいなら誰でも最終的に到達できるだろうが、我々のゴールはもっと高くなくてはいけない。第二の論拠は実際的なものだ。我々はケースが自分の所属機関によってどのように認識され、そのタイプのケースが常にどのように対処されているのかという現在のフローに押し流されてしまいがちである。家族に対応する新しい方法を、一歩下がって、意識して想像力と知性を駆使しつつ考えようとした時に初めて革新と変化が可能になるのである。

選択肢の膨大なリストには圧倒されてしまうだろうから、いくつかは使い物にならないとして熟考の上このステージで破棄し、管理可能な少数を残してさらに検討するべきである。繰り返すが、経験豊富な職員には何が実行可能かが分かっており、迅速に不要な選択肢を除去できるため、新人に比べて優位な状況である。しかしながら新人の無知が長所になることもある。あるタイプのケースが従来いつもどうやって対処されてきたかということに縛られず、今現在行うことのできる真に新しい価値のある意見を生み出すことが可能だからである。

時間的制約があれば、個々のケースのレベルでのルーティン化はある程度は避けられないだろうが、自分たちが特定の家族グループに使っている選択肢の種類や、それが適切かどうかについてグループ内で時折ブレイン・ストーミングの時間を取ることは、組織やチームにとって有益な演習になる。

## ステージ３：選択肢から１つの選択をするにはどんな情報が必要か？

適正な方針決定のために知識が重要な要素であることは明らかだが、選択肢をたくさん考えすぎた場合と同じように、知識が多すぎるために決定ができなくなることもある。ソーシャルワーカーによる方針決定についてのリサーチではこの点を立証している（Rosen, 1981; Wells, 1988）。Lewis（1994）の保護観察官の研究は、入手できる情報を増やすと意思決定は悪化すると示した。主要な点のサマリーだけを与えられた観察官は、一式全部のファイルを読んだ観察官よりも良い決定をした。家族のアセスメント用に資料を集めることに関して以前考察したように、情報は簡単に理解できるように整理しておく必要がある。決定理論はこれを可能にするフレームワークを提供してくれるのである。

それぞれの意思決定のプロセスのステージが、情報を探す引き金になる。

実際のところ、データ収集に一番重要なポイントは一番初期のアセスメントのステージにある。適正な決定は子どものリスクとニーズ、そして親の持つ強みと弱点のアセスメントに基づく。アセスメントの質はその後の方針決定の質に大きく影響してくる。ここで決定のフレームワークに情報についての問題を提示したのは、２つの理由からだ。選択肢を集めたリストは、それまで考えていた選択肢についてより知ることで、もっと情報を集めようとする第二の大きな引き金になる。そうすることでそれらがこのケースにどのぐらいふさわしいかの判断ができるからだ。また、もう決定問題のアウトラインをだいたい描いた意思決定者は、次は新たな情報をシステマティックに集めて、それをアウトラインの中の適した場所にファイルすることができる。もし具体的な選択肢がリストに載ったら、それが実行可能で望ましいものかどうかを決めるにはどんな知識がさらに必要になるだろうか？

## ステージ4：それぞれの選択肢の結果はどのようになりそうか？

決定理論は将来のことを考えること、そして可能な選択肢の結果がどのようになるかを想像することで、人々がつい近視眼的になってしまう傾向を抑えてくれる。例えば子どもに対しどんな代替養護があるかを判断する時の選択肢としては里親探し、施設への措置、治療施設への措置、あるいは親類宅への委託などがある。しかしどの選択肢にも様々な結果の可能性がある。そのどれにも、子どもがうまく順応して開花したり、措置が満足でないもののなんとか生き延びたり、あるいは事態が悪化して総崩れの状態になり新たな措置が必要になったりすることもある。結果の可能性について考えるには、ある特定の選択肢を選んだと想像してそこで何が起きるか、それがうまくいくかどうかを予測するのは良い方法である。

このステージでは、我々は何が起こりうるかを考えることだけに集中すべきで、それらが起こる確率についてではない。専門家は直観的に最善を望みがちで、例えば彼らは満足な里親家庭が見つかるだろうと思い込んでいる。しかしリサーチによると措置の失敗は高い確率で起きており、どのケースでもそれが起こりうる可能性は考えておかなくてはならない。将来

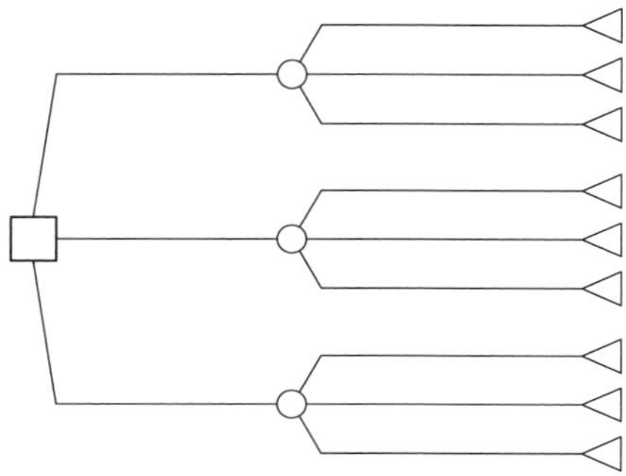

図9.5　結果

のことを検討して専門家はコンティンジェンシー・プラン（緊急時対応策）を作っておくことを考え、いつそれを発動するかを見極めることが求められる。会議では自信を持って子どもを措置先へ送る決定をしたとしても、後から担当ワーカーがその予算がないことを発見したり、あるいは措置先の人間と子どもが実際に会ってみてどちらかがその措置を望まなかったりするかもしれない。こういう緊急時に対応するためのバックアップ・プランがなくてはならない。

### ステージ５：それぞれの結果はどのぐらい起こりそうか？

すべての情報が手に入るのなら人生はもっと楽になるだろう。が、方針決定して１つの方向が取られたにしても、ある程度何が起こるか分からない不確実性と共に意思決定が常に行われる。もし支援を提供された虐待的な両親の元に子どもが残された場合、その支援に両親が参加する確率はどのぐらいだろうか、そして改善を見せる可能性はどのぐらいだろうか、そして子どもが今よりひどい虐待に苦しむ可能性についてはどうだろうか？

研究、実務経験、そして特定の家庭や現場のリソースについての知識が確率予測を助ける知恵の主たるソースとなる。経験主義のリサーチは有益だが、完璧ではない。その所見は一般化の観点から得たものであり、ある特定の家族に当てはめようとすると間違いを犯す余地も多くある。にもかかわらず、もし関連する研究が入手可能であれば、最も幅広い基盤を持つため、最も信頼されるデータとなる。専門家が対峙してきた類似の家族との経験はしばしば唯一の参考ではあるが、これがまたバイアスとなってフォローアップのゆがみのリスクとなることもある。しかし家族についての知識そのものが一番具体的で重要な情報である。もし10歳の少年の措置の成功例の確率を検証するなら、10歳の子どもたちへの措置の失敗する特定のレベルを示したリサーチが示唆を与えてくれるかもしれない。例えば、地元の里親サービスと実務者の間の体験などがあって、幼い少年らのニーズを満たすのに独特の困難を提示することもあるだろう。少年自身の性格が判断に影響するかもしれない。彼は特定の問題ある振る舞いを見せるだろうか？　これまでに措置・委託に関連した前歴はあるか？　彼はそこでどれほどうまくやってきたか？

これまで学生に確率を推測するように言った際、その中の幾人かは認識レベルでは感情レベルほどの困難を感じなかった。言ったことが現実になってしまう「自己成就予言」を怖れている学生もいるようであった。もし自分が良くない結末を予測すれば、それが本当に起きてしまう原因になるかもしれないと。保護者の過去の過ちをエビデンスとして使って将来の失敗を予測することに明らかに気が進まない様子の学生もいた。そこには疑わしきは罰せず、我々は彼らの過去の過ちを非難するべきではないという信念があった。人はある程度までは問題を解決し向上することができるという信念を持ち続けるべきである。しかし、もし父親が過去に６回アルコール依存から抜けることに失敗しているとしたら、今後彼が成功する可能性を高く見積もって子どもの支援プランを作ることは明らかに理に合わない。これは必ずしも父親の努力を我々が邪魔しようというわけではなくて、成功であれ失敗であれ両方の場合の計画を作っておかなければならないということである。

確率について話すことは毎日の実務の一部ではあるが、決定理論が違う点はそれを話し合う際に数字という言語を示すところである。専門家は質的言語を使いがちである。例えば１つの選択肢の成功は「大変に可能性が高い」「そうである可能性が高い」、あるいは「ほとんど可能性がない」といった具合に。これの問題点は、１人の人間の「大変可能性が高い」は、他の人の「絶対に確実である」と同等かもしれないという点である。数字を使えば、そういったコミュニケーションの間違いの機会を減らし、思考を研ぎ澄ますことができる。確率論では見込みは０と１の間の数字で評価される。不可能なものは０であり、それが起きる見込みはまったくない。確実なものは１と評価される。五分五分の可能性の出来事は0.5と表される。もし何かが「大変に可能性が高い」と言った時はそれをもっと精密に決めなくてはならない。それは0.8なのか、それとも0.9より高いのか？これらの数字はパーセンテージで言い表すこともできる。確実な出来事が起きる見込みは100%だ。0.4の成功率のセラピーは、それを受けた40%の人にとって有益だということになる。

もし具体的な数字を上げることが困難なら、両極端の状況を想像してそこからたどり着けばよい。この子どもは措置・委託先で必ずうまく落ち着くと思うか？　もしそうでなければ、問題がどれぐらい出てくると思うか？　少なくとも、出てこない可能性より高いだろうか？

数字を使うことは確率について推論の別の側面を前面に押し出すのである。ステージ４でリストされた特定の選択肢で起こりうる結果は、すべての偶発性を対象に入れるべきである。時にははっきり決まったごく少数の可能性しかないかもしれない。イングランドで訴訟手続きに直面している虐待的な父親は、有罪か無罪かのどちらかの判決を下されるだろう。しかし児童保護ではしばしば、少しずつ異なる結末がたくさんあるのである。例えば里親委託の結果は素晴らしいものから大失敗になるものまで幅広い。これらの例を分かりやすくするためには、結果を「大変に満足」から「十分だが問題あり」、そして「失敗」までのレンジで２つか３つの小さい数のカテゴリーに分けると役立つかもしれない。

一連の結果が起こりうる可能性をすべて描くので、その確率はトータルで１、その中の１つは必ず起こるものとなる。訴訟されている虐待的な父親の場合、彼が無罪とされる可能性がありその見込みが0.7であるとするなら、理論的には有罪と判決される見込みは0.3になる。どちらかが必ず起こるので、その確率の合計は１となる。

## ステージ６：それぞれの結果のプラス・マイナス面は（つまりそれらの効用の期待値は）？

子どもを家庭に置いておけば、幸福な育児という最善のコンテクストを維持するという望ましい結果が出るかもしれないが、親によって子どもが殺されたり深刻な受傷をしたり長期にわたる心理的被害を受けるなど、大変に望ましくない結果になる可能性もある。ある結果に与えられる価値は、効用価値と呼ばれる。

このステージでは価値判断を取り扱うが、ある特定の結果について、人によってあるいは専門家によっては、効用価値も大きく異なることがある。例えば一般社会は里親養育についてむしろ楽観的な意見を持っているだろうが、専門家は実家族やコミュニティとの接触が無くなってしまうという隠れた損失をもっと知っている。結果に対する望ましさについては、家族と専門家の間には、大きな違いがある。警察官であれば、性的虐待の加害者を成功裏に有罪判決に持っていくことに大きな価値を置くだろうが、被害者であるその娘はまったく違った考えがあるかもしれない。彼女にしてみれば、今後引き続き虐待のリスクがあったとしても家族が離散しないことが一番の価値を持つかもしれないのだ。これらは正しい答えの見つからない、非常に深刻な問題なのである。

決定理論のこのステージでは、専門家に再度、質的言語から数字的言語に移ることを求めている。実務では結果が評価され、その中のいくつかは明らかに他のものより好ましいだろうが、これらの判断はしばしば感情に訴える言葉で表現されがちである。虐待による子どもの死は「ひどい」し、子どものリハビリに満足できた時は「素晴らしい」。だが、結果の望ましさを数字で表すように求められれば、人は自分の判断に暗に影響を与えているたくさんの要因について考えることを促される。プラス面とマイナス面を考えるように明確な指示が出されることは、楽観的あるいは悲観的なバイアスを防ぐのに有益である。これは、児童保護局が自己防衛的な方法で実務を行う傾向が強まった場合に特に役に立つ。グループとして行われる演習では、関わった専門家の違いによって、異なる価値観や優先事項が浮き彫りになるのだ。例えばシニアマネジャーは、ある結論にかかる費用にフロントラインで働く職員よりも大きなウェイトを起きがちである。

下記の演習は、仮説のケースの効用価値を判定するものだが、決定を行うたびにこの作業を繰り返す必要はない。実務者は時と共に一連の優先傾向を構築し、それを新しい事例に直観的に適用する。しかし児童保護局やチームにとっては、特定のケースグループに関して時折この演習に取り組んで考えを明確にしたり、業務グループの中で結果の評価にどれだけの差異があるかを見つけたりするのは有益であろう。これがすべての論争を解決するわけではないが（そしてある程度の意見の相違は当たり前だが）、極端に異なる価値観を持った人々がなぜ自分は同僚に同意できないかを理解する手助けにはなる。演習はまた児童保護において、子どもの保護と家庭の

表 9.1　効用のアセスメント（記録用紙）

| 結果 | プラス面 | マイナス面 | 効用価値 |
|---|---|---|---|
| | | | |
| | | | |
| | | | |

維持という常に起きる緊張を描き出すことに役立つ。もし児童保護システムの目的が子どもを生かしておくという一点だけであれば、査定の結果は比較的単純だろう。しかし専門家は子どもの幸せを最大にするという目的のために仕事をしており、実の家族は（だいたいの場合）この目的を果たすためには多くのことを提供できるのである。

表 9.1 には、ある特定の選択肢を取った時に起こりうる結果のプラス面とマイナス面をリストアップする列がある。これを完成させながら、子どもやその子の兄弟、親の幸福に関連する要因、専門家に与えるインパクト、児童保護機関や一般社会に対するコスト、社会や他の子どもたちに対する影響などを考えることができる。一番右の列には、その結果の総合的な尺度としての効用価値を、良い特徴も悪い特徴も考慮に入れながら、0（非常に望ましくない）から 10（大変に望ましい）まで使って書き込む。もし結果が良い効果と悪い効果の間でちょうどバランスが取れているようであれば、それは中間値として 5 を記入する。最悪の結果の場合は 0 と評価しよう。記入する数字は、自分の優先傾向を反映するべきである。もし X という結果が Y より良いと思うなら、そちらにはより高い数字を与えるべきだ。自分で選ぶ数字は主観的判断であり、自分の知識、価値観、優先傾向を反映している。絶対的感覚で正しいとか間違っているということではない。不利な結果についての人々の耐性には大きな差異がある。ネガティブな結果を大変に重く受け止める人もいれば、その逆もあるのである。児童保護では、我々の直面する選択肢ではしばしば子どもの福利を最大にすることと危害のリスクを最小にすることの価値を比べるように強要される。

表 9.2　効用のアセスメント

| 結果 | プラス面 | マイナス面 | 効用価値 |
|---|---|---|---|
| リハビリと良い養育 | 実家族と一緒。<br>うまくいけば専門家のやりがいに。<br>子どもにもスティグマがない。<br>文化も維持できる。 | モニター（監視）と支援サービスのコストがかかる。 | 9 |
| リハビリ<br>中度の養育<br>虐待の懸念は継続 | 実家族と一緒。<br>子どもにスティグマはない。<br>文化も維持できる。 | 虐待が継続するので子どもの苦痛は継続。<br>専門家の接触が続くためコストがかかる。<br>子どもの心配をするため、専門家に感情的な負担がある。 | 4 |
| リハビリと深刻な受傷／子どもの死 | 実家族と一緒。<br>里親よりは安価。<br>子どもにスティグマはない。<br>文化も維持できる。 | 虐待による子どもの苦痛。親、兄弟、専門家への感情的な負担。<br>悲劇に巻き込まれたことの専門家のキャリアコスト。<br>専門家の接触が続くためコストがかかる。 | 0 |
| 里親<br>委託<br>（良い養育） | 実家族といるよりも虐待リスクは少ない。<br>基本的なニーズが満たされている。 | 家族の絆が壊れる。<br>子どもは喪失感を持つ。<br>社会に対してはコストがかかる。 | 7 |
| 里親<br>委託<br>（問題継続） | 実家族といるよりも虐待リスクは少ない。<br>基本的なニーズが満たされている。 | 家族の絆が壊れる。<br>子どもは喪失感を持つ。<br>子どもの発達にダメージがある。<br>社会に対してはコストがかかる。 | 3 |
| 里親<br>委託<br>（破綻） | 実家族といるよりも虐待リスクは少ない。 | 家族の絆が壊れる。<br>子どもは実家庭と里親家庭の両方に対し、喪失感を持つ。<br>子どもの発達にダメージがある。<br>子どもの心理的ウェルビーイングや人間関係の失敗についてダメージがある。<br>新たな委託先を見つけるという余分のコストが社会に対してかかる。 | 1.5 |

悲劇的な子どもの死を体験した児童保護機関は大変に自己防衛的な反応をするだろうし、子どもが再度死ぬような可能性は最小化したいと考え、他の点で子どもの福利を促進する結果に対しての価値は低く見るだろう。効用価値の配分（重みづけ）をする際の基本原則は、「リスクプロファイルの帰結がより望ましくより良いものであればあるほど、あまり良くない帰結でない時と比べて、その帰結に至るために必要なリスクを取るようにな

る」ということだ（Hammond et al., 1999：138）。

学生のグループにこの演習を行うように指示した時は、ある結果に対する正確な数字の割り当てに多少のばらつきがあったが、これまでのところ彼らの優先傾向にそれほど大きな差異は見られなかった。書き込みが完成している表 9.2 はある学生グループによるある特定の事例の結果の評価の例だが、そこでは選択肢は２つにまで減らされている。被虐待児を実家庭に戻すか、分離して長期の里親委託を行うか、である（この後、英国では大きな政策の変化があり、現在は養子縁組をリハビリの代替案としてより高い可能性で考えるようになっている。また実家族へ戻すという選択肢においては、彼らにどのような支援が必要かについて様々な考えがあったが、その判断は物事を容易にするために今では２つの主流な選択肢に減らされている）。それぞれの選択肢の結果は、３つのカテゴリーにまとめられている。

## ステージ７：最終決定

ここまでのステージをすべて通して、最後に我々は現実的な可能性と最高の望ましさを組み合わせた結果を得られる、一番高い効用価値を持った選択肢を選択するのである。ある選択肢はかなり望ましくない結果のリスクが多少あるものの、望ましい結果の大きな見込みもあるので、満足な結果になる見込みが中程度にあるとしても非常に望ましくない高リスクがある他の選択肢よりは優先できる、となる。

ディシジョン・ツリーはこのプロセスを略図にして見せるものである。例えば、ＡとＢの壺の１つ、あるいは２つの中から赤と黒のボールを取り出す選択をするとしよう（図 9.6）。Ａの壺を選び、赤のボールを取り出すと 100 ポンドの賞金を得られ、黒いボールだと 200 ポンドとする。この壺には赤のボールが５分の３入っていることは分かっている。Ｂの壺で赤のボールをひいたら、その賞金は 400 ポンドだが、黒いボールを選んだら何ももらえない。今度は、赤のボールは５分の１だけである。あなたはこのどちらの壺からボールを選ぶだろうか？

どちらの壺を選ぶかの効用期待値を解明するにはそれぞれの現金成果にその確率をかけてその結果を全部足してみることだ。つまり、もしＡの

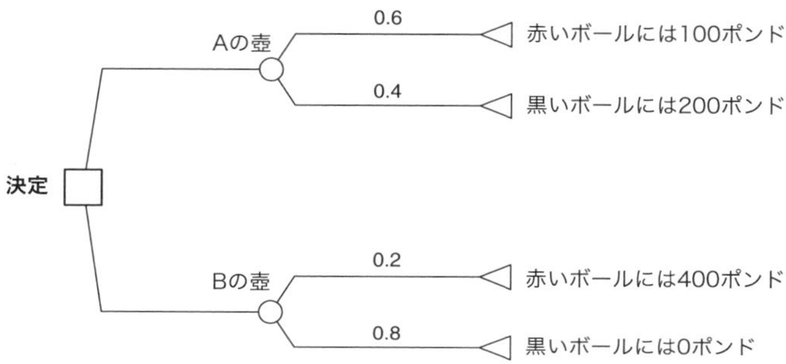


図 9.6　AまたはBの壺を選ぶ場合

壺を選べば、５分の３（60%）のボールが赤なので、0.6 の確率で 100 ポンドの賞金ということは 60 ポンドになる。0.4 の確率で 200 ポンドの賞金ということは 80 ポンドになる。それらを足すと、Aの壺を選んだ時の効用期待値は 140 ポンドである。

Bの壺には、５分の１（20%）しか赤いボールは入っていない。400 ポンドの賞金を得る確率は、0.2 であるから、80 ポンド。プラス、0.8 の確率で、何も手にしない、つまり０ポンドである。効用期待値は、80 ポンドである。これはAの壺よりずっと少ない。なので、Aの壺に決定することの方が、より良い賭けであると言える。

この決定理論のアプローチを児童保護のシナリオの中で使うと、どのように見えるかの例をここでいくつか見せよう。簡略にするため、それぞれのケース詳細は一番重要な部分だけに縮小してある。これらは私の学生から聞いた実際にあったケースに基づいており、確率や効用価値は学生によって記入されたものである。

**事例**

**【ケース 5】**

**ステージ１：何を決定すべきか？**

15 歳のナットはセキュア・ユニット（青少年保護収容施設）に入っ

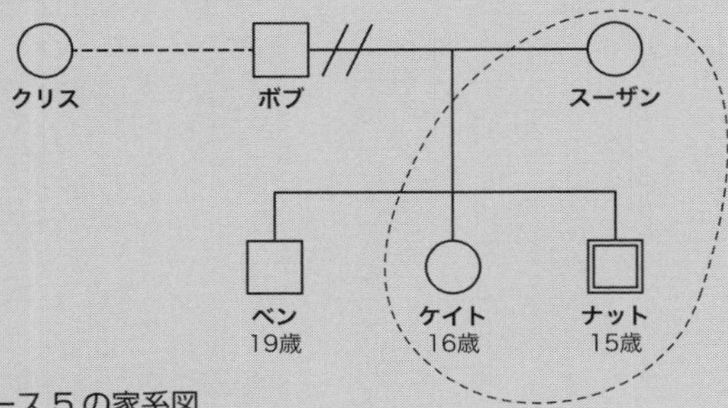


図 9.7　ケース５の家系図

て４週間になる。なぜなら彼は家出をしては路上で暮らす期間に危険なことをする前歴があったからである。彼が拘束されている法律の必須要件として、拘留はできるだけ短い適切期間で行うべきとなっている。現在は、彼を代替機関に措置変更すべきかの判断をしなくてはならない。ナットは法により、この方針決定に参加することが必要であり、新たな措置・委託が成功するためには彼の協力が必要である。法令は彼の両親の参加も推奨しているが、このケースでは両親と専門家の間にナットの問題の認識に関して重大な齟齬があり、両親の関与は問題が多い。

ナットの幼年期については情報がほとんど手に入らなかったが、そこには懸念の理由はあった。彼は薬物乱用や犯罪の前歴があり、家庭での孤立を訴え路上生活の時も家族と連絡を維持することができないか望まない様子で、脅かされていると感じると非常に攻撃的な性的言語を使う。彼は様々な精神的問題を抱えているようで、強い度合いのネグレクトに苦しんでいる様子である。

ナットは学校をさぼりすぎて、8 か月の社会福祉の監視下に置かれている。彼は転校し、最初の 3 か月はさぼらないでうまくやっていた。母親と 16 歳で無職の姉と一緒に暮らしており、ナットによると姉はギャングのメンバーの暴力的なボーイフレンドがいるということである。

彼の父親は昨年の12月にナットが路上生活をしているうちに家を出て、新しいパートナーと暮らし始めた。両親ともに失業中で不健康である。彼の母親はうつ病と睡眠障害に苦しんでいる。昨年暮れにナットは自分が属していたギャングの脅威から逃れるために家出をして、数週間路上生活をしていた。彼が言うには、ギャング内では何度も自動車泥棒を強制された。彼は放火も目撃したしギャング仲間のメンバーへのひどい拷問の様子も目撃した。また彼をギャング仲間の犯罪に加担させるために彼の猫が殺されたという。そうした出来事のストレスをなんとかするために、薬物とアルコールの乱用を始めたという。薬物のための借金のせいで命を取ると真剣に脅されたので、逃亡した。路上生活が危険だということをあまり認識しておらず、家に帰るとギャングに見つかる危険があることを怖れているし、安全な住まいが欲しいと思っている。

家族はギャングの行為についてはあまり話したがらないが、警察の報告によると彼らの家はギャングによってしばしば基地のように使われていた。ナットの家族がどのぐらいギャングから脅されていたのかははっきりしないが、彼らはナットの怖れの深刻さを認めたがらない様子である。

**ステージ2：どんな選択肢があるか？**

ソーシャルワーカーは、以下の6つの選択肢を考えた。

1. セキュア・ユニットに残り、最終的にコミュニティに戻れるように安全なプランを策定する。
2. セキュア・ユニットにつながっているが、拘留しない住居ユニットに措置する。
3. 里親家庭に委託する。
4. 家族支援と策定した安全プランを提供しつつ、母親と姉のいる家庭に戻す。
5. 19歳の兄のベンのところに委託する。彼らには支援と策定した安全プランが提供される。

6. 父親とそのパートナーのところに委託する。彼らには支援と策定された安全プランが提供される。

**ステージ３：選択肢から１つの選択をするにはどんな情報が必要か？**

ナットの過去と今の家族生活の体験についてもっと情報が必要だが、おそらくギャングからの報復を怖れているのだろう、彼の家族は非協力的で、徹底的なアセスメントは難しくなっている。

**ステージ４：それぞれの選択肢の結果はどのようになりそうか？**

簡単にするために、選択肢をその類似点により、３つのセットにまとめる。選択肢の１と２は以下の３つのあり得る帰結になる。(a) ナットは安全プランの策定に協力し、コミュニティにだんだんと戻っていく。これは、成功するかもしれないし、失敗に終わるかもしれない。(b) ナットはスタッフに協力することを拒み、結局、落ち着けるかどうか分からない別の措置・委託先へと移動する。(c) ナットは逃亡する。そこでなんとかやっていくか重大なトラブルに巻き込まれる。

選択肢の３では、ナットは里親委託先で落ち着くかもしれないが、逃亡するか委託が破綻するかもしれない。

選択肢の4、５そして６では、家族への措置なので、同時に考えてみる。すべて、ナットと家族が安全プランと共に協力するかしないか、またそのプランが成功するかしないかの可能性がある。

**ステージ５：それぞれの結果はどのぐらい起こりそうか？**

ナットの現在の望みは家族とコミュニティから離れることで、それを尊重した選択肢であれば彼の協力を得られる可能性は高い。セキュア・ユニットから逃げ出そうともせず安心しておりスタッフを信頼する様子も見せ、彼の安全プランの策定にも意欲的に参加している。彼の協力は、どんなプランの成功にも欠かせないものである。彼がまた逃げ出して路上生活をするようなことがあれば、彼の来歴から見てまた何らかの危害を受けるおそれが高い。セキュア・ユニットと結び付いている住居ユニットでは同じような利点をたくさん提供してくれるが、彼の協力があってこそ移動はうまくいくのだ。

ナットはやっと取り組み始めたたくさんの深刻な問題があるので、現時点では里親家庭への委託が成功するようには見えない。彼はどんな養育者にとっても大変に難しいだろう。

ナットが家族の元に戻るとなると、今の彼の問題に対する態度では、彼自身がその一員であるギャングの脅しなどに対処するために家族は彼をうまく助けることはできないだろう。したがって彼はまた逃亡して路上生活の危険に直面することになる可能性が高い。

**ステージ６：それぞれの結果のプラス・マイナス面（それらの効用の期待値）は？**

治療効果の可能性はあるとしても、セキュア・ユニットに長期に滞在することはいくつかのマイナス点がある。まず、大変に費用がかかるしナットの自由がない上に、法は他に方法がない時にのみ使うことを前提条件としている。住居ユニット以外のすべての代替案はナットが逃亡するリスクをはらんでいる。住居ユニットは絶対安全とは言えないが、ナットの要求の多くを満たし、法的にも倫理的にもセキュア・ユニットよりも望ましい。

**ステージ７：最終決定**

図9.8のディシジョン・ツリーは、説明として完璧に仕上げられているが、実務ではソーシャルワーカーは早い段階で家族への措置の可能性を排除することができた。逃亡のリスクがとても高く、絶望的な結末を引き起こすことがはっきりしていたので、家族がナットの怖れに対して態度を変えない限り家族への措置が成功する見込みはほとんどなかった。同時に里親への委託も除外されたのは、ナットの大変に挑戦的な態度のせいでもある。方針決定は、セキュア・ユニットか住居ユニットの２つからの選択に行きついたのである。それらには異な

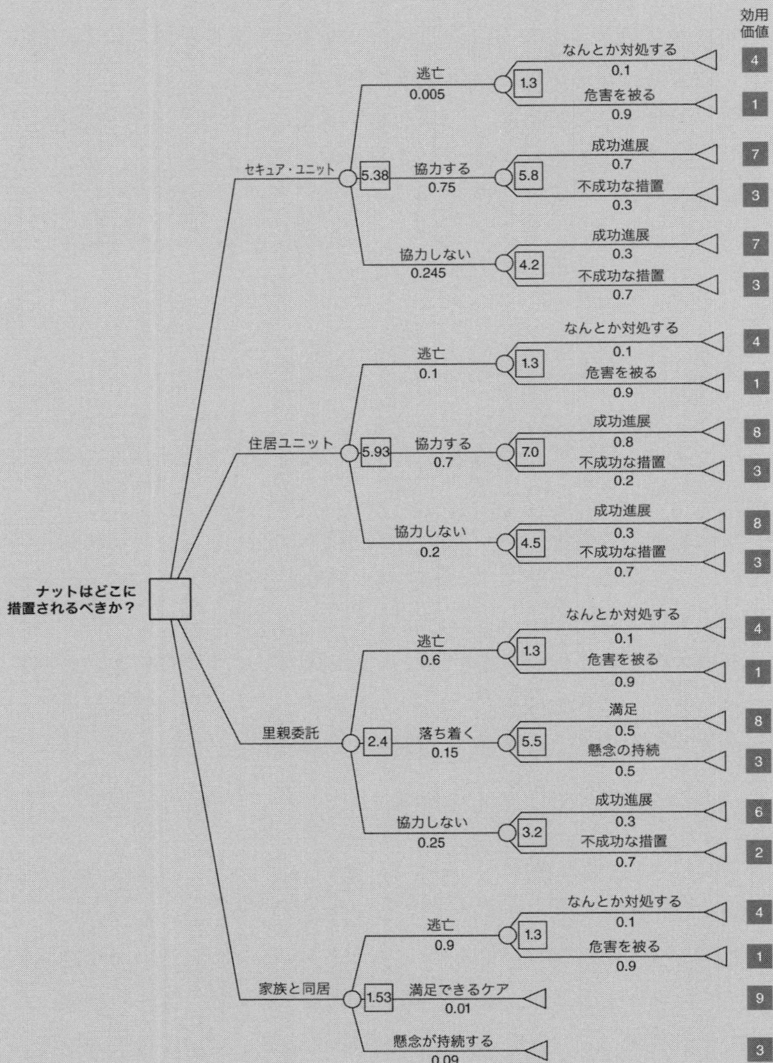


図 9.8　ケース5のディシジョン・ツリー

るプラス面とマイナス面があった。セキュア・ユニットはナットが逃亡するチャンスは一番低かったが、その結果のすべては、住居ユニットよりも低い効用価値だった。それはコストが余計にかかると言うだけでなく、彼の自由権を侵害するからであった。最終的な判断は、ナットが住居ユニットに紹介され、そこに移動することだった。もしここで落ち着かずスタッフともうまくいかなかったら、またセキュア・ユニットに戻ることを考慮することになるかもしれなかった。

**事例**

## 【ケース６】

### ステージⅠ：何を決定すべきか？

６歳のクロエは脳性麻痺があり、知能に関しては以前に平均と評価されたものの、感情、認識、社会性の発達に重大な遅れが見られる。歩行困難があって、ほとんどいつも車いすを使っており、基本的生活習慣の自立には限界がある。ミズ・スミスという未婚の母親と暮らす一人っ子である。脳性麻痺があって発達に遅れはあるが、専門家は彼女の母親の養育のレベルも重大な要因であると結論付けた。クロエと母親には教育、医療保健、社会福祉の行き届いたサービスが提供され

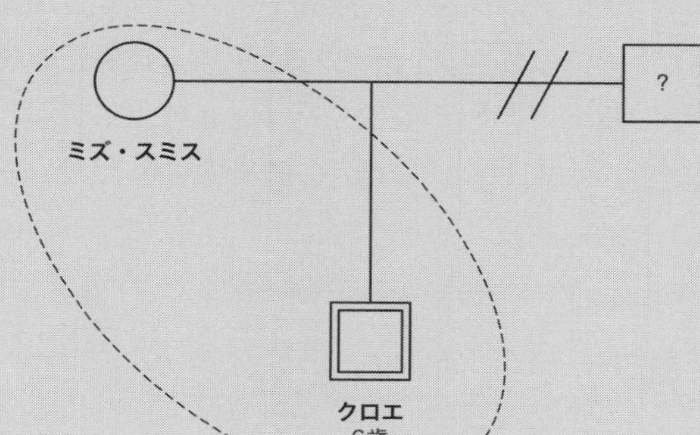


図 9.9　ケース６の家系図

たが結果は思わしくなく、母親がクロエの支援努力の妨げになっていると考えられている。クロエを助けるためにはこれまでと同じ不完全なケアのパッケージを続けるか、あるいは新たな方略を選ぶかの判断が必要である。

この小さな家族ユニットは親類からは孤立している。クロエの父親の情報は手に入らない。ミズ・スミスには妹がいるが、仲たがいをしている。ミズ・スミスはうつ病の診断を受けているが、治療は受けていない。彼女は働いておらず、社会的接触が著しく少ない。

娘を愛していると言いながら、母親は彼女とそれほど接触の時間を持とうとしているようには見えない。母親の要請により、定期的に週末はレスパイトをしている。クロエは週に 40 時間、家庭教育とボバス・セラピー（脳性麻痺の治療プログラム）のパッケージを受けている。ミズ・スミスはスタッフが気に入らないと言って公式な苦情を出して、何度もこのサービス提供を妨害し中断させている。彼女は時折 1 人のスタッフについて過剰に褒めちぎり、他のスタッフを非難することがある。これはとても恣意的に見えるので、この家庭のニーズに合うプランを一貫して作ることは困難である。彼女はしばしば大変に感情的で過激な言葉で自分の思い込みを表し、専門家から攻撃されたり迫害されたりしていると訴える。彼女が自分の落ち度を認めないため、彼女の苦情に現実的に対処することは困難になっている。ソーシャルワーカーは、クラインの理論を使って、ミズ・スミスは偏執的統合失調症の影響下で行動しており、子どもに対する愛情と嫌悪を含め、自分の良い体験と悪い体験を分離して、悪いものを専門家に投影していると診断した。人は誰でもある程度の防衛的メカニズムを使うものだが、ミズ・スミスはそれが度を越しており、とても健康的とは言えない（以上はソーシャルワーカーの詳細なアセスメントを大変に短く要約したものである）。ミズ・スミスを支援するために多くの時間と労力がつぎ込まれたが、その協働関係に改善は見られなかった。彼女は自分の精神的問題のためのセラピーはすべて断っている。

クロエの発達は、障害があることによる困難に加えて不健康な親子関係により、かなり深刻なレベルで妨げられており、これは懸念すべきことである。前年はクロエは普通学校にパートタイムで通っていたが、母親はそれはクロエのニーズを満たしていないと決めつけた。彼女はクロエを特別学校のペト・インスティテュートに入れるように要求したが、地方自治体はこれに予算をつけることを拒んだ。このため母親は家庭で行うボバス・セラピーと家庭教師のケア・パッケージを受け入れた。子どもの母親に対する愛着は乏しいように見えるし、母親は子どもと一緒にいることを我慢できない。これがクロエの感情的、認知的、社会的発達に悪影響を与えている。

**ステージ２：どんな選択肢があるか？**

ソーシャルワーカーは以下の６つの選択肢を考えた。

1. 母親へのセラピー。
2. 社会養護としてのフルタイムの住居。
3. 今のサービス提供と変化なし。
4. 毎週末のレスパイトケアスタッフによる家庭訪問。
5. 住居ユニットでの頻繁なショート・レスパイト。
6. 定期的な週末の里親養育。

このステージでは最後の３つはどれも支援レベルの向上を意味し、似たような結果と価値があるので、１つの選択肢としてまとめられる。法的理由で、サービスの停止は選択肢にはならない。

**ステージ３：選択肢から１つの選択をするにはどんな情報が必要か？**

現在のアセスメントでは、母親のメンタルヘルスの精神病理アセスメントが一番重要な抜け落ちであるが、彼女はそれを断った。

**ステージ４：それぞれの選択肢の結果はどのようになりそうか？**

すべての選択肢で、結果は３つのカテゴリーにまとめられる。子どもの発達に対する持続する中程度の危害、養育レベルの悪化、人生の機会の向上の 3 つである。

**ステージ5：それぞれの結果はどのぐらい起こりそうか？**

クロエの発達と人生の機会向上を見られる確率は、フルタイムの住居以外のどの選択肢でもかなり低いように見えた。ミズ・スミスとの協働の過去の体験から、ソーシャルワーカーは母親の積極的な参加が要求されるプランが効果的に実施される可能性は低いと結論付けた。たとえ母親が自分のセラピーに同意したとしても、それを持続することはかなり難しいと言い出すだろう。レスパイトを増やすことは、短期的には有益かもしれないが、これまでの前歴を見ると代替養育者との間に長く続く関係を築くことも期待できず、これもクロエに必要な一貫性を提供することにはつながらないだろう。いろんなことが悪化していく可能性が、状況が今と同じように変わらないという可能性と同じぐらいに見えた。

**ステージ6：それぞれの結果のプラス・マイナス面（それらの効用の期待値）は？**

最高値を得た結果は、ミズ・スミスがきちんとセラピーに応じてクロエと専門家との関係が改善されることであり、そしてその後のクロエの発達に向上が見られることである。これならクロエは実家庭に留まり、彼女に必要な一貫した保健衛生、教育、社会福祉のサービスへのアクセスを持ち続けることができる。クロエが自宅に留まるという選択肢では、改善値は高くなかったが、なぜならそれは専門家との持続する、緊迫したストレスの高い、時間のかかる関係を犠牲にしていたからである。フルタイムのケアでの改善も値が低かったのだが、その理由は実家族との分離が行われるからだった。熟考した上で、ソーシャルワーカーは他の 2 つの結末、今後悪化する結末と、クロエが抱えている害の今のレベルが続く結末には大した値の違いがないという結論を出した。なぜなら、長期的に見れば後者は彼女の人生の機会と

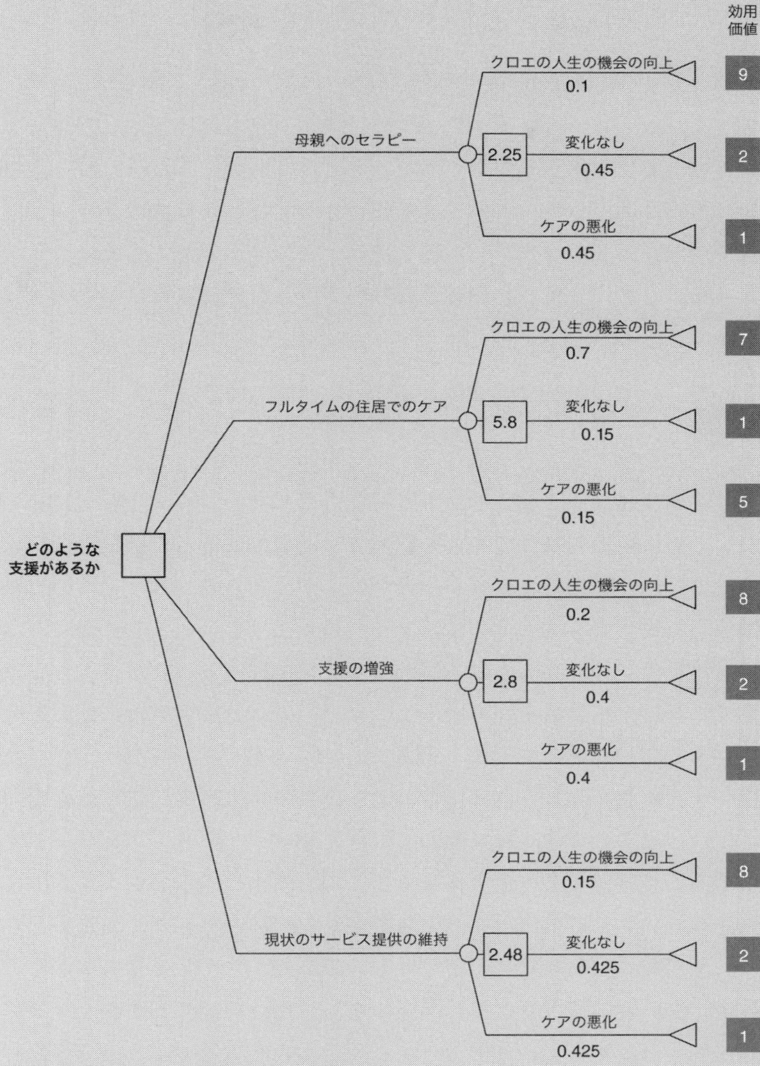


図9.10　ケース６のディシジョン・ツリー

いう点で大変に害が大きいからである。

**ステージ7：最終決定**

ソーシャルワーカーの最終決定は、フルタイムの住居だけがクロエの人生の機会を大きく向上するだろうというものだった。しかし、母親はクロエのショートステイを頻繁に求めてはいるものの、ソーシャルワーカーには彼女がこの措置の提案に積極的に同意するとは思えなかった。したがって、ケアの手続きのプランを策定する必要があった。

## 結　論

方針決定は知的にも感情的にも困難なものである。決定論者の規範的なメソッドと、現場の状況での人の判断プロセスの研究者が開発した意思決定のモデルとの間には、大きな相違があるが、どちらのリサーチの系統も、児童保護に貢献するものはある。

意思決定の記述的モデルは、専門家が問題を理解し何をすべきかの判断を助ける経験の重要性を強調する。これは、研修と業務の体系化に影響を与えてきた。パターンを認識し問題がどのように進行するかを知るには、学習者が直観的スキルを構築できるように数多くの事例に触れる必要がある。これは直接の実務経験を通してだけでなく、ケースのエピソードやビデオを使って学習機会を最大化することでも達成できる。

直観的メソッドでは選択する迅速さが最大の強みであり、児童保護の多くの状況ではスピードは欠かせないものである。しかしスピードがそれほど重要でない別の状況もあり、間違いを犯した時のコストが高く、決定を最適化する方が優先という場合もある。そういう状況では、決定理論が推論のプロセスを明確に体系化することを助けるフレームワークを提供してくれる。どの行動方針が望ましい結果を最大化し、望ましくない結末を最小化する可能性があるか、その決定の方法を示すのである。

決定のフレームワークにすべての状況で詳細に従う必要はない。専門家は直面している決断の概要スケッチのためにそれを使えばよく、その後で問題を起こしそうな要素に集中すればよい。これは直観的推論を明確にし、それをもっと徹底的に考えることを促す。これはプロセスから主観を取り除くわけではないので、理性的な人間が２人いても何をすべきか必ずしも同意するとは限らない。しかし、どこで、なぜ、同意できないのかを特定する助けはしてくれる。おそらくフレームワークの最大の長所は、何かがうまくいかずに社会が怒りに燃えている時、専門家がなぜその決断に至ったか、明確で自己防衛的な説明を提供できるという点だろう。

## サマリー

- 直観的意思決定は、経験、パターン認識と「これで十分」という選択肢を見つけることにかかっている。
- 決定理論は、1）十分な時間があって、2）間違いのコストが高く、3）推論が公開されて説明の必要がある時に役に立つ。
- 決定理論はより多くの選択肢を考えることを促す。
- 決定理論は、ある選択肢を選んだ直後の結果を超えて、その先の結末の可能性について考えることを促す。
- 決定理論は、起こりうる結末の確率と、その効用価値（望ましさと望ましくなさ）という２つの価値を区別している。
- 決定理論は、情報に基づく決断をするには何を知っておくべきかを明確にする。

# 第10章
# 組織による有効な実務のサポート

児童保護の実務を向上させるためのシステム・アプローチは、実務者がメンバーとして所属するシステム内の相互因果関係の重要性を浮き彫りにする。第5章では一般社会の影響を考察したが、ここでは雇用主である組織に焦点を当てる。第2章では児童保護機関を複合適応システム（CAS）として分析した。組織をこのように概念化することにはいくつかの意義がある。第一に、その組織が子どもの支援という意志ある目標を持っているか、また重要なところで法的義務を満たしているかをチェックするフィードバックを得ることが大切になる。そしてそのフィードバックは正しくなくてはならない。私の行ったイングランドのシステムの分析では、実務の優良性ではなくプロセスのフィードバックを重視して過剰に頼るようになっており、だんだんとプロセス自体が目標のようになってしまった。第二には、組織のパーツ（部分）同士が、意図するしないにかかわらずどのように相互作用するかを理解することが重要ということを強調する。第三に、人は新たに出てくる問題や有益な選択肢に対して積極的に適応できるように学んでいく必要がある。

保健医療や航空など関連する分野の仕事では、コンテクストが個人の業績にどれほど影響を与えるかを立証してきており、環境からのサポートがなければ、個々の専門性をいくら向上させてもそれを使った実務の改善は得られないだろうとしている。研究のおかげで業績への影響を調査する方法が特定され、プラスにもマイナスにも影響を与える主要因に関して用いることのできる教訓が示された。児童保護サービスがこういう分野から教訓を得ることを奨めるのは私だけではない。アメリカでは、Committee on Ways and Means（歳入委員会）（2012）とCommission to Eliminate Child Abuse and Neglect Fatalities（児童の虐待死廃絶委員会）（2016）が、児童虐待から子どもを守るためにはこういったアプローチが最も期待できるものだとしている。

本章では、個人のパフォーマンスが組織システム内の因果的相互作用の中でどのように理解されるべきかの詳細と、組織が学習文化を持つことの重要性について説明をすることから始める。その後、組織が子どもや家庭への優良サービスを提供するための主要な方法を考察する。これは大変に大きなトピックで文献の幅も広いので、複雑系のレンズを通して見た時に特に顕著な要因を選ぶことにした。最後の部分は、優良な実践についての学びと、弱点や新たに発生した問題を見つけるために、組織が学習するのに必要なフィードバックについて論じた。

## 個人のパフォーマンスに対するシステムの理解

人間の推論に関するリサーチの多くは個人に焦点を当てており、その知的スキルの不備を個人のせいにしがちなことを示している（Kahneman et al., 1990）。

しかしハイリスク組織のエラーの削減に関する最近の研究では、複雑系社会や技術的ネットワークにおいて、個人は因果要因の中のたった１つに過ぎないということを認めている。従来、悲劇の起きた時間に近いところでアクションを取っていた最前線の人が責めのほとんどを負わされてきた。それは子どもの医療的エビデンスをチェックし損ねたソーシャルワーカーであったり、大事な情報を伝え損ねた教師であったりする。麻酔医学、エンジニアリング、児童保護など、多くの分野の調査では注目に値するほど類似のパターンの結果が見られる。事故の 70 ～ 80％が「人為的ミス」ということにされているのだ（Wright et al., 1991; Boeing, 1993; Munro, 1999）。

初期の頃の調査では、因果経路を追うが、技術的失敗が見つかったり誰かが間違った行動を取ったと考えられるとそこで検証を止めてしまう傾向があった。人為的ミスが主要の問題だと見られてしまうと、解決法は主に下の３つの方法になる。

1. 犯人を罰し、その他の人に精神的プレッシャーをかけて向上させようとする。
2. 個々の推論の任務をなるべく減らし現場の職員に対する精密な規定を増やして、できるだけ形式化する。
3. 実務のモニター（監視）を増やし、必ず指示に従うようにさせる。

組織がこういったやり方を積み重ねて個人に対する管理を増強すると、現場の実務に対してより大きな権力を持つようになり、組織としてはその結果に大きな責任を負うようになる。

事故調査の発展の歴史として、最初のアプローチは人為的ミスを避けるために、例えば自動化や未解決の問題に対してアラームシステムを加えるなどの技術的解決を探ることであった。しかしこれらは新たな問題を生み出した。1つのライトの点滅は装置の一か所が誤作動していることを職員に警告する効果的な方法かもしれないが、何か重大なことが起こればいくつものライトが一斉にコントロールパネルで点滅をするだろう。これはスリーマイル島の原子力発電所で起こった事象で、助けになるどころか気を散らす元になったのである。このような出来事の教訓は、人がある環境下で身体的、精神的にどのように振る舞うかという「ヒューマン・ファクター（人的要因）」を研究する段階へとつながった。また人間と人間のタスクを補助・代行する評価ツールやマニュアルなどとの関係の理解を深めることを助けた。事故調査の第三の進展は、個人の行動を組織システムの中で位置づけたことである。このアプローチは「なぜ職員は間違ったボタンを押したのか？」「なぜ職員は正しい手続きを無視したのか？」など、「ヒューマン・エラー（人為的ミス）」を調査員の今後の研究の焦点にするように仕向けたのである。結果、職員がその中で働くシステムが彼のパフォーマンスにどれほど影響を与えているか、よりたくさんのことを理解することになったのである。

このような他の分野での進歩は、児童保護サービスの向上にも大変に関係が深い。なぜなら多くの点で我々も同じような経過をたどってきたからである。ここ数十年の業務改善のための努力は、個人の自主裁量を減らすという形で行われてきた。手続きのマニュアル導入、アセスメント・フレームワークや決定ツールなどはすべて実用的な戦略ではあるが、こういったツールは消極的なものではなく、総合的なプロセスの中では因果要因ともなることを認識しておく必要がある。現場の児童保護のワーカーは、もはや自律的に行動するというよりも、人間のスキルや知識と共にテクノロジーがますます重要な部分を占めるもっと大きなシステムを代表してい

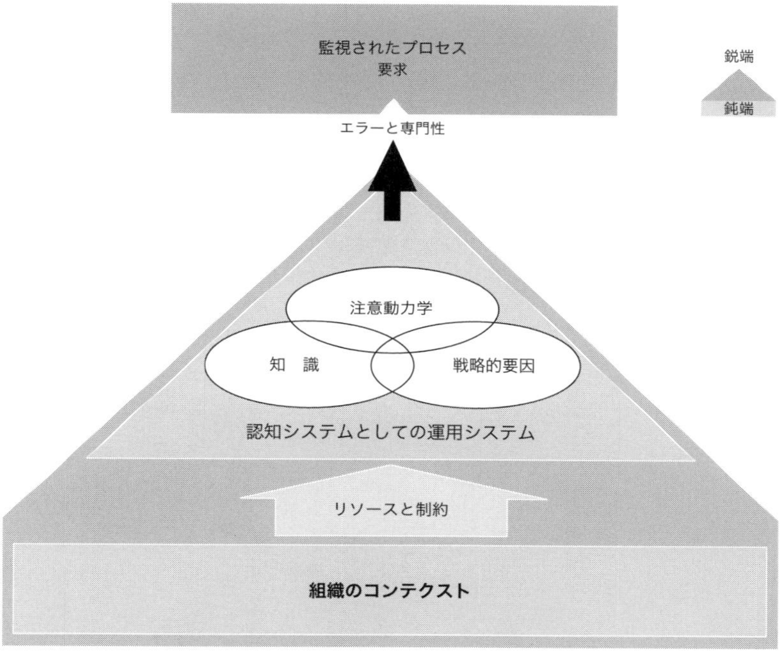


**図 10.1　組織システムの中の要素**

（出典：D.D. and Hollnagel, E (2006) Joint Cognitive Systems: Patterns in Cognitive Systems Engineering Boca Raton, FL: Tayor & Francic:10）

ると見られるようになった。

Woods et al.（1994）は、個人の手に入る情報、追求している目標や職務経験のレベルを理解してエラーの研究をすれば、我々は個人を非難することをやめて、大きなシステムがどのようにエラーに寄与しているか、またシステムレベルの変化がエラーを減らす戦略としていかに一番有効であるかが分かるはずだと主張した。図 10.1 のフレームワークは Woods et al.（1994）のものだが、最前線にいるワーカーが家族とどのように相互作用しているか（あるいは必要なタスクを行うか）、しかし彼らにとって不可抗力の要因すべてにどれだけ影響を受けているかを描いたものである。第2章で述べたイングランドの児童保護システムのレビューで私はこのアプローチを使用し、システムの他の部分との相互作用を変化させる方法を検

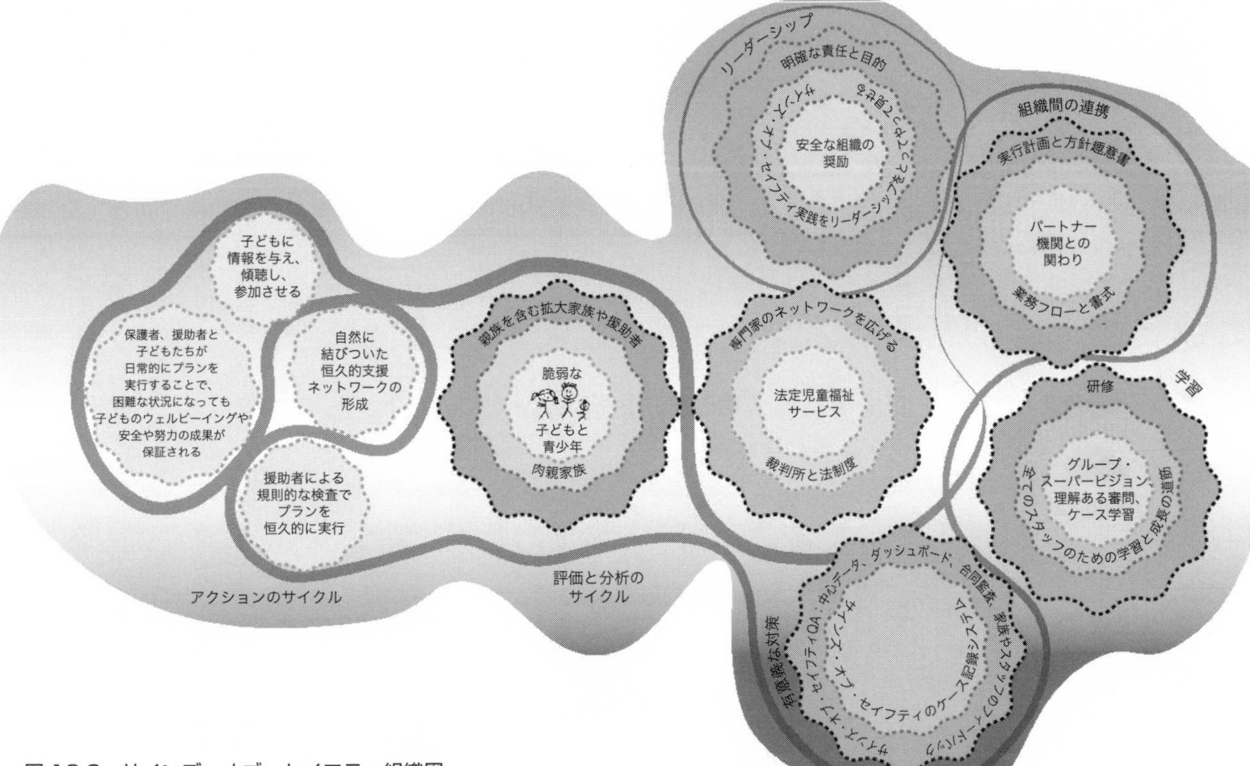


図 10.2　サインズ・オブ・セイフティ組織図

（出典：©Elia International Ltd. Reproduced with permission of Resolutions Consultancy Pty Ltd.）

討しない場合、個々の修正では失敗に終わることを示した。イングランドでの改革は目標を達成できなかっただけでなく、実務の手続きやモニタリングを増やし、個人の専門性を向上させることには十分に目を向けず実績を上げることに夢中になり、その間、これらの相互作用が累積し、非生産的な効果しか上げられなくなった。

組織システムのもう１つの例は、児童保護から来ている。変化の理論は、サインズ・オブ・セイフティによって職員と家族の間に何が起こるかだけではなく、サインズ・オブ・セイフティをどう正しく用いらせるかを理論化し、詳述した。

図 10.2 では家族と良い関係を築くためにサインズ・オブ・セイフティの枠組みを使った場合、組織がどのようにサポートすればベストかの主要な変数を要約してある。正確な詳細は様々だろうが、組織側の主要なカテゴリーは、おそらくどんな実践アプローチとも関連しているだろう。それらは、リーダーシップ、実践アプローチと証拠書類の連携、専門家の研修の機会、関係専門システムとの連携、そして組織がどのぐらいうまく子どもを支援しているかのフィードバックに及ぶ。円が波のような輪郭を持っているのは、相互作用はするが時計の歯車のような精密さはないことを示している。因果関係のリンクの複雑な本質を反映しているのだ。

## 学習する組織

優れた実践を組織がどのようにサポートするか、あるいは妨害するかを理解することに焦点を置くと、組織がどのように学んでいくかという課題が見えてくる。これは近年、かなりの数の研究の対象となってきた。問題について聞こうとする姿勢と問題を把握するメカニズムを組織が持てば、問題が本格化する前に実践の弱点を知ることができるようになる。組織が学習に対して興味を持つきっかけのもう１つは、現代社会の変化の速さであり、組織は常にその進展に合わせて学習し続ける必要があるのだ。児童保護サービスにおいても、多くの評価ツールやマニュアルなどが実務者の補助のために導入されているが、これが変化の速さに拍車をかけている。通常はトップダウンの戦略として導入されるものであるが、実践の場で評価ツールやマニュアルなどが他の変数と現場の業務というコンテクストの中で相互作用する様子は最前線から戻されるフィードバックを得てこそ究明できるのである。

事故のシステム調査は、Reasonが1990年に「エラーの潜在的条件」と呼んだもの、つまり組織がより間違いを起こしやすく機能する状態の要因を特定するものである。システム調査の目的は、なぜ有害転帰につながる因果連鎖の末端にいる個人が、そのような行動を取ってしまったのかを理解することである。なぜそのアクションが合理的だと思えたのだろうか？調査の再検討において実務者の推論とアクションの理由として、技術上の、文化的な、あるいは地域性といった要因があったと分かれば、その筋が通るだろう。例えばある虐待死の検証では、救急の担当だった小児科医が子どもの受傷の原因について虐待を疑うことができなかった。その寄与要因は、（病院の）欠員をなるべく早く埋めようという政府の新たな政策のおかげで、その医師が児童保護についての研修を受けていなかったことであった。望ましくは、悲劇の起こる前に組織の機能的な弱点を特定して改善することである。こういった概念的枠組みが組織にフィードバックループの展開を促し、エラーの潜在的条件が発見されるだろう。こうしたフィードバックループの有名な例が、航空保安業務の「ニアミス」の報告である（Billings et al., 1976）。

こういうアプローチを取り入れることに成功してその業務で高い信頼性を達成してきた組織は、High Reliability Organisations（HROs）、「高信頼性組織」と呼ばれるグループに属する。例えばアメリカの航空管制システムでは１日に何万件ものフライトを扱って十年以上になるが、監視されている飛行機同士の衝突は起きたことがない。こういった組織の成功の秘訣を理解しようと綿密な研究が行われてきたが、その安全性の高さは組織文化の変化を通して達成されていることが極めて大きいと結論付けられた（La Porte & Consolini, 1991）。その主要な特徴は以下である。

- 組織的要因：優れた仕事に対する報奨、失敗により生まれる損失、信頼を得ることによる利益の意味を組織が理解し、そのシステムは安全性を最優先するというメッセージを明確にしている。
- マネジメント要因：例えば全体像をスタッフに伝えて優先順位の論拠を理解してもらう。
- 適応可能な要因：例えば学習する組織になる。
- システムに余裕を持つこと：それにより問題を早期に見つけられる（Roberts & Bea, 2001）。

言い換えると、HROは自らの組織とそのサブシステムが間違いを犯すことは想定済みでそれを避けるための努力をしており、同時に避けられない失敗に対して準備をし、その影響を最小化しようとしているのである。

SCIE*（2004）は、社会的養護の分野にも適用できる学習する組織の主要な特徴の要約を載せている。学習する組織の最も重要な5つの特性は以下である（Illes & Sutherland, 2001 より）。

**組織の構造**：管理者層は、職員、支援者やクライアントの組織への関わりを強化する。すべての人が重要な意思決定ができるような権限を持たせる。チームワークをサポートする構造であり、縦だけでなく、横のつながりを強化する。組織間や階級間の境界を越えた内外とのネットワークが可能である。

**組織文化**：メンバー間で、オープンで創造的、実験的な雰囲気を促進する強い文化である。情報を得て処理し共有すること、イノベーションを生み出すこと、新しいことに挑戦する自由や、失敗を怖れずそこから学ぶ自由をメンバーに対して奨励する文化を持っている。

**情報システム**：学習する組織では、目的を管理するためにだけ情報が使われてきたこれまでの伝統的な組織のやり方を超えて、情報システムが実践をサポートし、改善することを求めるようになる。「組織の変遷」には、リスクや複雑な情報を迅速に取得、処理、

* Social Care Institute for Excellence。英国社会福祉学会。

共有するための洗練された情報システムが必要で、それにより効果的な情報管理が可能になる。

**人事と人材育成**：人は組織的学習の作り手であり、ユーザーでもあると認識されている。それに応じて人事管理者は個々人の研修を提供し、サポートすることに取り組む。評価と報奨のシステムで長期的なパフォーマンスを評価し、新たなスキルと知識の習得、共有を促進することに関心を持っている。

**リーダーシップ**：大きな組織改善を確実にするための介入の多くがそうであるように、組織の学習は効果的なリーダーシップにかかっている。リーダーは、オープンで、リスクを怖れず、学習に必要な深慮の手本となり、共感、サポートと指導力で個々人に必要な支援を提供することで、学習する組織のビジョンを伝える説得力を持っている。リーダーは組織とワーク・グループが学習し、変化し、発展することを確実にする。

経験とリサーチを検証すると、情報を基盤とする文化の持つ大きな特色が「安全性」であることが分かった。そこには４つの重要な下部構成要素がある。

- 報告できる文化：人々がエラーやニアミスを進んで報告できるような組織風土を作ること。このプロセスの一環として、データは適切に分析され、どんなアクションがなされているかをスタッフにフィードバックする必要がある。
- 正義の文化（ジャスト・カルチャー）：非難がまったくされないわけではないが、安全性に関する情報を進んで提供する気持ちになるだけの信頼感が存在すること。それと同時に、ある行動が許容範囲か否かの線引きが明確であること。
- 柔軟な文化（フレキシブル・カルチャー）：最前線で働くスタッフのスキルや能力を尊重し、現場にいるタスク専門家に管理を任せること。

- 学習する文化：安全情報システムから適切な結論を引き出す意欲と能力、そして必要とあれば大がかりな改革を実施する意志があること（Department of Health, 2000c：35）。

## 家族への直接支援のサポート

### 業務の経験的知識に基づく、かつ心理的な求め／ニーズに対するサポート

家族との直接業務は、経験的知識に基づいたサポートと、心理的なサポートの両方が必要である。直観的推論の弱点についての第 3 章での考察では自分の推論をふり返ってみて、それが正解ではない可能性を考える必要についてエビデンスを示した。自分自身の推論をチェックすることは難しく、誰か他の人に話すことで知っていることを新たな方法で解釈したり、あるいは新しい筋道を探すことも可能になるだろう。専門家としての訓練だけでなく自分の人生で育ててきた知見を利用しても、人間の行動を理解することは至難の業である。様々な社会の文化的多様性が、さらに複雑性を加えているのである。

児童保護業務もまた支援実務者に大きな心理的影響を与えることは避けられない。子どもが怖がって痛みを抱えている様子、保護者が腹を立て不安になっている様子を彼らは目にしている。業務は自分自身の家族生活の記憶をかき立てる。また彼らは大変に不確実な状況のまま、判断ミスをしたら厳しく罰せられるという緊迫した公の場で仕事をしている。彼らはまた、かなりの度合いで、暴力を受けたりその脅しを受けたりしている。支援者の 4 分の 1 から 3 分の 1 ほどがキャリアを通して暴行された経験があり、半分から 4 分の 3 ほどが暴力の脅しを受けたことがあるという研究報告がある（Hunt et al., 2016; Macdonald & Sirotich, 2005; McFadden et al., 2014; Regehr et al., 2005）。

支援実務者からは一般的にスーパービジョン（指導）が主なサポートの源と認識されているが、このテーマについての広範囲の文献には、ケースの進行管理機能、ケースの分析とプランをレビューする臨床機能、実務者が専門性を高めるのをサポートする開発機能、心理的な問題やストレスの

マネジメントを助けるサポート・回復機能、最前線と上級管理職をつなぐ調停的機能など、実施すべきタスクの気の遠くなるようなリストが提示されている。これらすべては、価値あるタスクのようだが、英国の研究では、有効なスーパービジョンの時間が多くの機関で減らされていることが繰り返し報告されている。それだけでなくスーパービジョンには明確な偏りがあり、管理側は手続きが正しく守られているかを確かめるケース監視のためのスーパービジョンに重点を置いているというのだ（Rushton & Nathan, 1996; Beddoe, 2010; Turner-Daly & Jack, 2014; Wilkins et al., 2017）。こういったことは、心理的なサポートの提供や専門家のタスクに対してのスーパービジョンの提供を犠牲にしているのである。

スーパービジョンに対する組織の価値観や優先事項に対する意図は、家族への直接支援を強化する役割をスーパービジョンがどれぐらい有効に達成できるかに影響する。

それでも形式的サポートがスーパービジョンを通して得られることが、実務者にとっては唯一の支援なのである。児童保護の支援者のほとんどはチームやユニットとして組織されており、チームリーダーが彼らをスーパーバイズ（指導監督）することになっている。スタッフがチームから受ける非公式なサポートを認めて、それを尊重することは重要である。

過去10年ほど、他の職業のコンテクストの中でチームがどのように稼働するか、その原動力の幅広いリサーチが行われ、チームとして熟練している集団と、エキスパートが集まっただけのチームとの間の重要な違いが指摘されてきている（Sonesh et al., 2018）。児童保護はいったいどちらのタイプのチームでやっている、またやるべきかという問題を、これは提起する。実務者の意見やチーム機能に対する民族誌学的リサーチ*のエビデンスを見る限り、熟練したチームのモデルの方を目標とするべきだと私は結論付けている。なぜなら、複雑で感情的に緊迫しており不確実性の高いこの分野でのひとりひとりのパフォーマンスを強化するためには、チームと

* 民族誌学は、あるシステムの様々な特性はお互いに関係があり、単独では必ずしも正確に理解はできないという考えでフィールドワークに基づいた経験的調査手法を行って、人間社会の現象の質的説明を記述する。

して熟練したこのモデルの方にこそプラスのインパクトがあるからである。このモデルは、エキスパートが集まっているだけのチームに比べ、経験知識に基づいた助言と心理的なサポート、そしてより実際的な助力を提供してくれるだろう。

同じスーパーバイザーの担当だというだけで児童保護のチームのユニットが組織されているなら、ひとりひとりが自分のケースだけを担当しているエキスパートの集まりとして稼働するだけである。彼らは同じオフィスで、あるいはチーム会議で会うかもしれないが、基本は個人の集まりとして稼働しているだけである。一方、熟練したチームは、ひとりひとりのパーツの総計というだけではなく、チームとしてのスキルが、そのパフォーマンスを強化するのである。

> 相互依存しているチームメンバーの一団のそれぞれが、タスクのパフォーマンスに関連した独特なエキスパートレベルの知識、スキルや経験を持っており、彼らはチームとして適応、調整し協力する。したがって、優秀な、あるいは少なくとも最適に近いパフォーマンスのレベルで持続可能、反復可能なチームの機能を生み出している（Salas et al., 2006：440）。

多くの文献が児童保護に対するスーパーバイザーの重要性を認める中で、児童保護のチームの民族誌学的研究では、支援者がチームから非公式なサポートを受けることでいかに恩恵があるかを明らかにしている（Avby et al., 2017; Ingram, 2013; Saltiel, 2016）。例えばHelms（2016）の研究では、支援者が経験的知識や心理的な面でチームの他のメンバーをどれほど頼って業務の対処をしているかを論証している。情報を解明したり、別の方法を考えたり、どんなアクションを取るべきかを計画するなどで、お互いの会話がいかに役に立っているかの例を彼はいくつも示し、物事の意味を理解することは1人きりの作業ではなく、誰かと一緒に行う作業と見るべきだと結論付けている。スコットランドのソーシャルワーカーに対するIngram（2013）の調査では、「同僚からの非公式なサポートは記録には残らないが、必要な時に得られてとても力になるものとして大切に思われている」ということが分かった。

またチームは組織によって提供されている精神的なサポートにも貢献できる。Ferguson（2018：421）の研究の観察結果として、支援実務者はオフィスで同僚を相手に、非公式に、あるいはスーパービジョンの中で、気持ちを話して「肩から荷を降ろす」機会を持つことで自分を保っているという重要なことが確認された。そのようなサポート無しには、家族支援という複雑な業務に取り組むことは不可能だろうとFergusonは主張している。Biggart et al.（2017）もまた類似の主張をしており、チームが安心の基地として重要であり、それによってリジリエンス（逆境力）と適性が育つとしている。彼らは英国の52人の子どもや家庭支援員を調査し、安心基地モデルを使って観察結果を分析した。その結論は、スーパーバイザーとチームが安心基地を５つの側面から提供しているということであった。「対応可能性」：皆が私のためにいてくれる、「敏感さ」：私の感情を処理できる、「受容」：弱みを受け止めてくれる、「協力」：解決法を見つけるため皆と一緒に頑張れる、「チームへの所属意識」：私は大切にされており、チームの一員である、という５つである。

実践において、経験的知識に基づいた側面と同じぐらい大切なのは、精神的な側面である。精神的サポートをしっかりオファーする環境を提供できない組織では、スタッフがバーンアウト（燃え尽き）するという悲劇的な状況になり、「組織的サポートのレベルが高ければ、トラウマ症状は軽くなり仕事の満足度も高くなる」（Regehr et al., 2004：207）。

児童保護では高レベルのバーンアウトが報告されている（Anderson, 2000; Kim, 2011; Travis et al., 2015）。ある研究では、児童福祉の支援実務者の19％にPTSD（心的外傷後ストレス障害）の診断と一致する症状があると報告している（Regehr et al., 2004）。

社会福祉では、バーンアウトは３つの局面という観点から定義されてきた。情緒的消耗感、脱人格化、個人的達成感の低下である（Maslach et al., 2001）。

情緒的消耗感は最も重要で明らかな発現である。消耗すると人は感情的にも認知機能的にも仕事から離れたくなってしまうが、おそらくこれは過重な負荷がかかっていることを感じないようにするためだろう。悲観的になると、クライアント、あるいはユーザーに対して大きくゆがんだ評価をしてしまうことがある（Rumgay & Munro, 2001）。脱人格化とは、相手が好ましい特徴を持つ唯一無二の人間なのだということを故意に無視して自分とサービスユーザーの間に距離を置こうとするものであり、それは相手を業務対象として非人間的に見た方が仕事のきついデマンドを管理しやすくなるからである。常に圧倒的な仕事量を要求される業務状況にあって、消耗し冷笑的な気分になっている場合、ソーシャルワーカーの効果的業務に対する感覚は蝕まれるし、消耗と諦念は実際に効率を落とすものである。

バーンアウトは職場のコンテクストへの反応であり、リサーチでは以下の要因が重要だという発見をしている（Maslach et al., 2001）。

- 自分の持つ時間内になすべき仕事量が多すぎると感じることは、一貫してバーンアウトと関連がある。
- 対立する要求やニーズをなんとか満たそうとする葛藤を経験するのは高ストレスである。
- 「役割の曖昧さ」、つまり自分の仕事の遂行に必要な情報を与えられないことも高ストレスである。
- 人的サポートが得られないこと、特にスーパーバイザーからのサポートがないことはバーンアウトにつながる。自分の仕事をどのぐらいコントロールできるかも重要。終えた仕事へフィードバックを得ること、意思決定への参加、自己裁量の感覚などはすべて肯定的な体験となる。
- ケアギビングや指導の立場で人と集中的に関わる業務は心理的にもきついものであり、児童保護業務でもこの特性はバーンアウトに結び付くと予測される。

アメリカ合衆国とオランダで、社会福祉関連の職員と他の職業を比較したバーンアウトのある研究で、アメリカでは社会福祉関連の職員の方が悲観的になっている率が高かったが、オランダでは平均的であったことが分かった。これは文化的な要素が背景にあることを示しているだろう（Schaufeli & Enzmann, 1998）。

人は職場環境だけに反応しているわけではなく、彼ら自身の性格も影響している。もっとも、若さであったり独身であったりという個々の特徴がバーンアウトに大きな影響があるにせよ、リサーチでは状況要因ほどの重要性を持たないということが分かっている。したがって多くの場合は個々の現象というよりは、社会的現象として考慮されるべきなのである。

### 専門性向上のためのサポート

直観的及び分析的推論スキルは、それぞれ異なる方法で発達してきたため、実務者に両方の側面を高めて新人からエキスパートに進ませるために、児童保護サービスでは異なる必須条件を知っておく必要がある。分析的スキルは形式的な教育と、この書籍のような本を読むことによって強化できる。直観的スキルは基本的に経験から得られる。しかし経験だけでは十分ではない。経験は内省と共にある必要があるのだ。経験を熟考しそこから学ぶための時間と配慮だ。これは例えばスーパービジョンや同僚との議論など他者との会話によって達成されることが一番多い。Michael Oakeshott（2001：33）は、常にやることが「ぎゅうぎゅう」に詰め込まれていて、立ち止まって考える時間もないような生活には限界があることに注目している。関与していることに集中できない程忙しい生活を送っていれば、自分の経験を落ち着いてまとめるゆとりすらないだろう。

判断と決定の結末をきちんとフィードバックすることで、経験もまた情報に基づいた知見となって学習を促進することができる。あるケースにおいて、そのアセスメントや決定が良かったかどうかを知るには、後の結末を知らなければ分からない。児童保護サービスの多くは、家族との協働の過程を細切れにして編成されている。これには管理上のもっともな理由もあるだろうが、支援者にしてみれば長期的な家族の状況がぼやけてしまい、学びの妨げになるというおそれがある。例えば、児童虐待懸念の通告を受けて判断する担当のソーシャルワーカーは、その後ケースがどのように進展して子どもがどうしているのか、それを知らなければ最初の通告時の見解の正しさを見抜く目を育てることはできないだろう。児童保護サービスの稼働環境では、フィードバックは単純明快だとは決して言えない。誰かのアクションとその結果との因果関係がどのようにリンクしているのかを知るのはとても難しいのだ。情報はしばしば不正確で曖昧なので、あてにはならないとしても、何が起きたかそれで判断しなくてはならない。フィードバック、特に子どものウェルビーイングを考えた措置の長期にわたる因果結末のフィーバックは得られにくい。

Klein（2000）はエキスパートが学習する際の4つの主要な方法を特定している。

1. 計画的実践に取り組み、具体的なゴールを決めて基準評価を行う
2. 広範囲の経験バンク（貯蔵庫）を蓄積する
3. 正確で診断的で、比較的タイムリーなフィードバックを手に入れる
4. 以前の経験をふり返ることで、自分の経験を補強し、間違いから新たな洞察と教訓を引き出す

個人的な性格も助けになる。Phillips et al.の消防士のリサーチでは学習の意欲が大変に高い幾人かの消防士を特定した。

> 彼らは学習の機会を探しては、手に入る方法を何でも使って自己研鑽をしている。他の消防士と自分たちの体験について活発な会話をする。会議に参加する。幅広く読書をし、シミュレーションで訓練をする。こういう人々は自分の仕事で他を凌駕する傾向がある（2007：306）。

直接の実践体験は、ある状況下での意思決定の学習とふり返りのためのケース・スタディを提供するトレーニングセッションとそこから得られる教訓により増補できる。

Woods et al.（1994）はエキスパートの独特な特徴について考察している。彼らの報告によると、単に知識を持っているというだけでは専門性には足りないことが研究で明らかになった。知識がきちんと体系化されており、異なるコンテクストの中で発動されて使えることもまた、大変に重要なのである。問題解決を効果的に遂行するために知識を使うプロセスには以下が必要である。

- 内容（どんな知識か）：正しい知識が存在するか？　それは不完全だったり間違っていたりしないか？
- 体系化：知識がどのように体系化されていて、関連した適切な知識が引き出されて効果的に使われるか？
- 起動：適切な知識が異なるコンテクストの中でも「思い浮かぶ」か？（Woods et al., 1994：55）

### 機関の持つリソース

良いレベルの仕事をするために、スタッフには必要なリソースが与えられているだろうか？　家庭の機能改善のためのスタッフの能力は、彼らが紹介できる治療的サービスの質と、それがすぐ利用可能かどうかにかかっていることは明らかだ。英国では優先順位の高い虐待通告調査が、問題を抱える家庭への支援サービスから予算を奪い取ってしまうという、意図しない影響を生んでいた（Department of Health, 1995）。家庭に提供される総合的ケアパッケージの重要な部分であるサービスを、児童保護局自体もコントロールできないことが多い。例えば児童保護局が把握している家族の生活に多大な影響を与える所得支援、教育やヘルスケアの決定は、保護局に付託された権限を越えているのである。

介入もそうだが、アセスメントの質は支援実務者が自分の知識やスキルのレベルには難しすぎるケースに直面した時に、エキスパートのアドバイスにアクセスできるかどうかにかかっている。例えば、メンタルヘルス問題は児童保護に把握される家庭ではよくあることだが、最前線のソーシャルワーカーは基礎的な知識しか持たないこともある。彼らがエキスパートからのアドバイスをすぐに得ることができない場合、複雑なケースに直面した彼らのアセスメントの質は大変低いものになる可能性がある。

実務レベルでは、物理的な環境の質が人間が機能する能力に影響を与えることがある。騒音があったり、人口密度が高かったり、寒かったり、換気が悪いようなオフィスでは人は仕事に集中することは困難だ。スタッフが業務の困難な局面に集中するためには、必要に応じた事務処理のサポートやコンピュータによるバックアップも重要な要因となる。Wattam and Thorpe（1996）の研究では、現場担当の児童保護チームのオフィスのレイアウト、ならびにそれがどのようにタスクの遂行に影響しているかを調べた。研究では彼らはワーカーのパフォーマンスを妨げたり強化したりする多くの要因を見つけたのである。例えばコンピュータ内の記録への容易なアクセスとか、リダイアル機能つきでハンズフリーで通話ができる電話機器など、技術的な改革の導入で虐待通告対応のプロセスを大幅に簡素化したり合理化する余地があることが分かった。オフィス内の混雑及び設備やサポートスタッフの不足は、ソーシャルワーカーの大切な時間を些末な仕事に費やすことで、彼らのパフォーマンスを妨げる。もし実務上の限界があって情報を手に入れるのに憂慮すべき時間がかかるのであれば、支援者は不十分なエビデンスを元に判断や決断をしなくてはならないプレッシャーを感じることになる。

## ツールとマニュアルなど

実務者は近年、意思決定を補助する評価ツールや、政策方針などのマニュアルをますます多く与えられてきたが、人間のパフォーマンスに対するそうしたテクノロジーの影響は複雑である。Woods et al.（1994：163）が指摘したように、新たなツールを使えば同じタスクをより良い方法で行うことができるだろうというのが従来の考え方だった。しかし正確に言えば、新たなテクノロジーとは物事をあるやり方から別のやり方へと変化させるだけのものである。それは人間が行うと予期されるタスクを変化させ、人間が行う部分のやり方に、微妙で予期しない影響を与えてゆがめてしまう可能性がある。

新しいテクノロジーの設計は、常に今現在の活動世界への介入である。それは今すでに行われていること——人々のコミュニティでの日常の慣習と関心——を変化させ、また新たな慣習へ落ち着いていくように導くものである（Flores et al., 1988：154）。

携帯電話の導入は、テクノロジーが意図しないインパクトを児童保護サービスに広範囲にもたらした良い例である。携帯電話により、最前線のワーカーが現場に出ている時もスーパーバイザーに連絡をする機会を得たことで、効率的に助言を受けられるようになった。しかし本来は特に困難なケースの安全対策として導入されたはずの戦略が標準慣行となり、現場で思考するはずの判断がいつのまにかスーパーバイザーの責任へと変わってしまうこともある。これは望ましいことかもしれないし望ましくないことかもしれない（新人の専門性を育てる代わりに、受動的な態度を促進してしまう？）。が、ここで問題なのはこれが計画された変化なのか、それとも新たなテクノロジーのうかつな副作用なのかということだ。もし後者ならば、これはその後評価されたのだろうか、それとも放置されたままなのか？

人間のパフォーマンスを補助するツールを設計することは、人間の主要な特性と思われているかもしれない——「歴史を通して、人間は自分たちの身体を仕事の道具としてその能力の範囲を再生産するメカニズムを設計し続けてきた」（Zuboff, 1988：8）。児童福祉サービスでのツールの主要な目的の傾向は、身体的な能力ではなく、データ集積と解析向上のために設計されたアセスメント・フレームワークと決定・リスク評価ツールと共に認知能力を拡張することである。コンピュータもますます日常の実務の中で主要な役割を果たしつつあり、大容量のデータ集積の能力を提供している。このような展開には大きな可能性もあるが、最前線で働くスタッフの行動に影響を与えること、そして実務において子どもの安全と福利の向上につながるかどうかを評価する必要があることを認識することが重要である。

ツールの設計で考慮するべき別の問題としては、それが人間の作業を補助するものなのか、あるいは取って代わるものとして意図されているのかという点である。もっともこれはどちらかはっきりとしたものというよりは、程度の問題であることが多い。第7章で考察、説明したように、例えばリスク評価のツールは実務家に集めるべき情報のチェックリストとそれを整理するためのフレームワークを提供する。もし数字を入力し、アルゴリズムを使って最終的なリスクスコアを出すという要求だけなら、人間の作業に取って代わるように設計することも可能である。高度な自動化が人間にとって代わることの問題は、ツールを使った場合、結論がどのように出されたかのプロセスが不透明になってしまうことである。ある家庭についての明確なリスクスコアがあったとしても、支援実務者にはなぜこの親が危険と考えられたかが分からない。これではどのように介入してリスクのレベルを変化させるかを知ることは困難である。

Zuboff（1988）は大変に影響力のある本を書き、「オートメイト（自動化する）」という概念の補完として、「インフォーメイト（情報を授けてくれる）」という概念を紹介し、自動化と同時にインフォーメイトすることをコンピュータのポテンシャルとして使えば大変に生産的であると主張した。自動化されたシステムはオペレーターの業務をするだろう。一方、インフォーメイトされたシステムは、できるだけ大量かつ多岐にわたる詳細な情報をオペレーターに提供するが、それはコンピュータ無しにはそこまで豊富には手に入らない情報だ。テクノロジーは、我々に取って代わるためではなく、我々に情報を授けるために使われるのである。

*In the Age of the Smart Machine* と題された彼女の本には、我々は賢い機械のために働きたいのか、あるいは機械を使って働く賢い人々が欲しいのかという疑問が提示されている。彼女は賢い機械を開発することに焦点を当てることはマネジャーの手に権力を集中することになり、フロントラインの職員から力を奪うことになると主張した。Zuboffの研究では、これはタスクに対する献身や責任感という思いを職員が引っ込めてしまう可能性があることを発見したのだ（1988：272）。それとは対照的に、職員のインフォーメイトに焦点を当てるシステムの場合は、マネジャーの権力は減少し、組織の階級構造に大きな影響を与えるのである（同上：290）。

> ITは我々の物質世界を再編成して、職場での知識の形成と流通に選択肢を与えてくれる。人間の重要な判断能力を犠牲にして、知能は賢い機械の中に格納されるかもしれない。そうすれば人は今よりもっと依存的で覇気がなく、冷ややかになるだろう。我々ができるもう1つの方法は、周囲にある機械を管理し、重要な判断を自分たちで行えるというワークフォースを作りだすことであろう（1998：5）。

児童保護サービスでは、この問題は非常に時宜を得た話題のようである。実務はますますコンピュータを使った情報システムの周辺に構築されつつあるからである。その潜在的価値は計り知れないように見えるが、それが実務においていかに完全に人間のパフォーマンスを変化させるかを知り、支援者と家庭の関係、判定や方針決定などにどのような強い影響があるかを研究することが求められる。児童保護においても、すでにツールのいくつかには実務にマイナスの影響が出ているエビデンスが表れ始めている。例えばEnglish and Pecora（1994）の研究では、ソーシャルワーカーはすでに自分で判断をした後で、意思決定ツールを完了させているということで、つまりツールは彼らの決定を変えることなく時間を無駄にしているだけということが分かった。使用される実際の世界の現実的な状況を取り入れてツールが設計されているのかどうかという疑問を呈する文献は増えてきている（Schwalbe, 2004; Schlonsky & Wagner, 2005）。

Norman（1993）は自動化推進の影響として、マネジャーが機械の知能と知識ベースに対するマネジメントの管理に重点を置くことを招き、実際に稼働している職員の知識を発展させることが犠牲になると警告している。マネジャーはテクノロジーを使って自分たちの支配と確実性を増加させるが、それはとりもなおさず実務者のコントロールが減少するということになる。

Normanは従来の設計者のアプローチは機械中心で、どのように動くか分かっているプロセスの部分を自動化することに集中しており、その結果の変化については人間のオペレーターがなんとかするように任せてきたと主張する。反対に人間中心のアプローチは、彼らのニーズをまず考慮することから始まる。設計者は人間のパフォーマンスを向上させるための補助をどのようにするかを決める前に、まず、(1) 人間は何が得意か、そして (2) 機械は何が得意かを訊ねることから始めるべきである。彼の結論は以下である。

> 我々に必要な情報処理システムは、我々の思考、推論、記憶のスキルを補完するものであり、それは計算機が我々の算術のスキルを強化するように心地よいものである。こういったテクノロジーでベストのものは、我々に豊富な情報を提供してくれ、プロセスの制御と結果について何をするべきかは我々の手に任せてくれる (1993 : 52)。

## 仕事の量

虐待通告の量がどんどん増え、優良な実務を楽に行うための仕事量を保つのがますます困難になる中で、ほとんどの児童保護機関はスタッフをもっと雇用することを歓迎するだろう。しかし追加予算や資格を持ったスタッフが新たに得られる状況はそう簡単には訪れないし、スタッフは限られた時間でたくさんの要求に対処するための選択をするしかないのである。自分の時間をどのように使うかは組織の決めた優先順位に影響されるし、その中で何をするのか、バランスを取らざるを得ないことになる。

第一に、安全性とコストというつきものの矛盾がある。例えばアセスメントとプランを見直す定期的なスーパービジョンという安全を高めるためのオプションを提供すればコストはより高くつくし、それによって他のスタッフへの時間を減らしたり要求を断ったりしなくてはならない。また法的手続きを取って子どもを実家族から分離することは費用のかかる措置だ。コストを下げるために子どもの分離のハードルを上げるようにというはっきりしたメッセージをスタッフが受けることはめったにないにしても、こういう措置が組織にとって財政上負担になることは遠回しに知らされる。もし自分の判定が間違いだということになってもシニアマネジメントがバックアップしてくれる確信がない状況で、子どもの安全について大きなリスクを取らざるを得ないというのは、現場のスタッフには大変な負担である。

監査のシステムがますます政治的、経済的重要性を増すため、児童保護機関にとって、監査目的に必要とされる情報を得ることと家族との時間を過ごすことの優先順位はもう１つの闘いとなる。最前線のスタッフは調査のステップを書き込む規定の締め切りに向けて作業をしながら、限られた時間をペーパーワークに費やすか、家族メンバーとより長い時間面接をするかのジレンマに直面する。監査の要求を満たすというプレッシャーにより、多くの機関では家族とやりとりする時間を大幅に減らし、家族との協働関係やそこから得られる情報の質に悪影響を与えることが予測される。シニアマネジャーの真意は明確にかつ遠回しになされ、その２つの矛盾が全ワーカーのストレスを生み出すのである。イングランドのシステムに関して私がレビューを書いている時に多くの支援実務者から聞いたことは、業績評価指標を満たすことがどれほど彼らのプレッシャーになっているかということだった。しかもこれは彼らが考える子どもの最善の利益に矛盾しているにもかかわらず、上司が外部に公然と出すメッセージは、子どもの安全中心ということなのだから。もっとも、シニアマネジャーにしてもそんなつもりはないかもしれないので、もしかしたら自分が誤解されていないか、自分のメッセージが組織内を伝わる中で再解釈されていないかを知ることが大事だろう。

## マネジメントと組織文化

学習する組織についてのこれまでの考察では、学習し、適応する組織の文化をマネジャーが作りだすことの重要性について、多くの参考文献を紹介した。SCIE（英国社会福祉学会）の５つの主要な特性を実施するにはマネジメントレベルの活動が必要なのである。マネジメントとリーダーシップについては、膨大な量の文献があるが、私は児童保護の分野で学習する組織を作りだす際の課題と思われる２つの相関する要因を取り上げたい。

日常的に、あるいは物事がうまくいかなかった時の両方で、リスクがどのように管理されているか、そして人々のパフォーマンスがどのように判断されているか、である。

## リスク・カルチャー

学習する組織についての文献は、ハイリスク分野の業務において不確実性は取り除くことのできない側面であることを強調している。リスクは確かに管理できる。が、それは減らすことはできるけれども、無くすことはできないものである。

どのように不確実性を管理しエラーに対応するかについて、これまで多くの異なる組織文化が明らかにされてきた。Westrum（1993：404）は、問題を指摘するエビデンスに反応する在り方を規定する組織文化として3つのタイプを明示した。

1. 病理学的文化：警告や少数派の意見は押さえつけ、責任は避けられ、新しいアイデアは積極的に妨げられる。悪いニュースを持ち込む人は「撃たれる」。失敗は罰されるか隠される。
2. 官僚的文化：情報は認識されるが対応はされない。責任は区分けされる。新しい考えは問題が多いと見られるため、それを持ち込む使者は通常無視される。人は改善の努力に参加することを奨励されない。
3. 創造的文化：情報、観察結果やアイデアがシステムのどこにあってもそれらを利用することができる。それらがどこからのものでも、どの立場の人やグループのものだとしても。改善に向けた内部の発信者やその他の情報の運び手は訓練され、奨励、報奨の対象となる。

リスク管理の理論的側面についてはこれまでの章でも扱ってきたが、自分の組織でのリスク管理がどのようなものか、その実践的な経験はマネジャーの意見や行動によって強く形成されている。またマネジャー自身も子どもの虐待死に対するメディア批判や予算削減などといった外部からのプレッシャーにしばしば対応しているのである。

第４章では、アクションを取る際のリスクの境界値の問題について取り扱った。境界値が高いと、子どもが家庭に残っても安全だと査定される誤った否定を生み出すであろう。境界値が低ければ逆の効果が出て、誤った肯定の率を高めるだろう。つまり家庭に残っても危害を受けなかっただろう多くの子どもたちを分離してしまうことになる。リスクに対する社会の価値観も時と共に変わるのである。特に、悲劇的な子どもの死がメディアで大々的に報道された後は、児童保護機関に向けられるプレッシャーは、子どもの安全第一ということになる。しかしこれが家庭生活に対する過度の介入と社会から見られてしまうと、振り子はまったく逆に振れて、今度は家族が分離しないことを支持する世論になるのである。児童保護局はなんとかこの難しい問題をうまく取り扱って、業務上避けられない不確実性をどのように管理するか、組織内にその文化を設定しなくてはならない。現場前線での業務はスタッフが受け取る組織内の優先順位についてのメッセージに影響されるのである。そしてメッセージは明確なやり方と隠されたやり方で伝達されるが、厄介なことにこれらは矛盾することがある。リスクの境界値が少なくともある程度どこであるべきかの価値判断に対して、科学は「正しい」答えを提供するわけではない。それが社会のプレッシャーへの反応により変化しがちだということを歴史は証明している。おそらく我々が目指すべきなのは、プレッシャーに対抗する力を働かせ、どちらの方向にしても振り子があまり振れすぎないようにすることだろう。

上級管理職は業務上の不確実性の議論という問題を避けて、すべての悪い結果は避けられるなどと、リスク管理はいつも成功するかの如く話すことがある。これは全職員に対し不可能な基準を設定して不安を生み出す。ほとんどの職員はもっと現実的で、それが達成できないということを知っているのだ。子どもに何が起きるか正確な予測をすることは不可能であり、その事実に現実的な理解を示すことは、現場で判断や決定をしなくてはならない者に対して、より支援的な文化を生み出すのである。

リスクマネジメントはまた、起こりうる危険にだけ集中していると管理を失敗することがある。第7章で考察したように、リスクマネジメントとは、すべてを考慮して何が子どもの最善の利益かを決める際、利益の管理、恩恵の管理、子どもにとって起こりうる危険と利点のバランスの管理が内包されていなければならない。ここでも社会からのプレッシャーは何の助けにもならない。というのは、大きな注目を浴びるのは悪い結末を迎えたものばかりで、成功の物語が続いていることとは釣り合いが取れていないという問題があるからである。

個人は自己防衛的になり失敗を隠そうとするが、組織もまた自己防衛的な文化を採択することがある。児童保護組織にはそうなりがちな動機がある。なぜなら社会は子どもたちの安全のレベルについてあまりにも非現実的な要求をするにもかかわらず、そのための予算を組まないからである。子どもの虐待死のリスクをすべて取り除くことができないことを実感して、児童保護組織が自分たちを守る手段を取ることもある。「非難防衛画策」を取って非難を転嫁したり、消散させたりすることがあるのだ（Hood et al., 2000）。Hood et al.のリサーチでは、この1つの戦略として、「プロトコライゼーション（手続き化）」を発見した。これは組織が実践に対して形式的な手続きを一層増やして、ケース対応への「正しい」やり方を作りだしてしまうことを言う。そうすればもし悲劇が起きたとしても、彼らは「正当な配慮を行っていた」という自己弁護ができ、職員はこれらの正しい手続きでケース対応を行っていたと見せることができるからだ。子どもは死んだかもしれないが、局員は監査に対して自分のしたことの明らかな証拠を見せることができるので、悲劇的な結末について咎められることはない。こういった防衛は、英国では確かに行われているようで、児童保護局に把握されていた子どもの虐待死の調査会では、専門家として能力の高い判断や決断がなされたかどうかよりも、手続きがきちんと守られていたかの方に焦点が当てられているように見える（Cambridgeshire County Council, 1997; Norfork Health Authority, 2002）。自己防衛的な文化では、子どもを守ることよりも、組織を守ることの方が顕著なのである。

自己防衛的な実践では、家族との良い関係を犠牲にして、手続きのコンプライアンスと方針に高い価値が置かれる。システムの中で手続きや方針が大切なことは認めるにしても、結果の質を査定すること無しにそれらに注目することは、組織が有効な実践を達成しているかどうかを知るための能力を制限することになる。

### 正義の文化（ジャスト・カルチャー）

コンティヌアム（連続体）の中で学習文化から反対側の極にあるのが、ブレーム・カルチャー（非難の文化）である。上司からの罰則的反応を怖れて、実務における失敗を正直に報告することが妨げられてしまう文化である。リスクがどのように管理されるかは、組織がブレーム・カルチャー（非難）かジャスト・カルチャー（正義）かに大きく影響する。ジャスト・カルチャーとは以下のようなものである。

> 非難がまったく存在しないわけではないが、人々が安全関連の情報を提供するように奨励される信頼の雰囲気があり、それと同時にある行動が許容できるかそうでないかの線引きもはっきりしている（Department of Health, 2000：35）。

これまでの学習する組織の考察では、人々が自分の失敗、実務の至らなさや問題点などについて進んで話せるジャスト・カルチャーを重要な要因として組織が持つことの大切さを組み込んできた。組織が正義かどうかは人々のパフォーマンスがどのように判定されるかで示される。彼らは、自分と同じような専門性レベルで同じ条件下で働く人々が達成するべき妥当な基準で判定されるだろうか？　あるいは、我々には今だから分かる悪い結末に結び付いたある行動を避けるべきだったと、後知恵をもって批判されるだろうか？

児童保護業務の「エラー」には、2つの大きく異なるタイプの間違いがある。第一に、原則としてどんな行動を正しく取ればよいかがある程度分かる、避けることのできる間違いがある。例えば児童保護のソーシャルワーカーがどうすればよいか知りながら、手続きに沿わない場合はエラーを犯していることになるだろう。これは意図していない場合もあれば、守らないことがその場合のベストの行動だとワーカーが判断してのこともある。第二のタイプのエラーは、一番起きそうなことに関して方針決定をしたのに、実際にはそうでない方のオプションが発生してしまう場合である。児童保護ワーカーがすべてを考慮して実家庭に残ることが子どもの最善の利益と判断したが、子どもはのちに重大な害を被るかあるいは死亡するかしてしまう。つまり、そのアクション（措置）が不運な望ましくない結末を引き起こしてしまうことだ。どちらのタイプのエラーも、アクションの背後の推論だけでなく、その推論の影響も検証しようとするなら、教訓となる。結論としては、組織の特性を改良すれば、いかにエラーを起こりにくくできるか、あるいはいかに実務者が当然期待される（つまりまったく非難しない文化ではない）レベルの専門性を持たずに作業していたかということになる。また、実務者はその状況下では合理的な行動を取っており、不運な結末が起こりそうには見えなかったと結論付けることもできる。

論理的な推論を判断できる形式的ルールならあるが、何世紀にもわたる哲学的な研究にもかかわらず、実践的な推論を判断するための同等のルールは開発されてこなかった（Thiele, 2006）。とはいっても、なんでもありというわけではない。我々は実践的な推論が「正しい」かどうかではなく、「合理的」かどうかの判断をすることはできるのである。

英国の警察隊は、多くの児童保護組織と類似した自己防衛的な慣習の問題を体験しており、結果として警察大学では専門的判定と意思決定を判断する基準を得るために一連の「リスク原則」を開発した（ACPO*, 2011）。児童保護の実務家との幅広い意見交換に助けられ、私はそれらを児童保護業務に合うように適応させた。以下がその原則の要約版である。詳細は、Munro（2019）で手に入る。

## 原則1：子どもの安全とウェルビーイングが第一である。

子どもと青少年の安全とウェルビーイングを維持・達成することは、方

* Association of Chief Police Officers。英国警察長協会。

針決定において第一義の検討事項である。

**原則 2：判断は不確実な条件下でも行われなければならない。**

方針決定は児童福祉サービスにおいて、欠くことのできない責任である。決定判断をすることに不本意であれば、ケースはコースからはずれてしまい、子どもにとっての害が生じるだろう。

**原則 3：危害と利益はバランスを取るべきである。**

不確実な条件の中での方針決定は、手元にある様々な選択肢（措置をしないという決定の選択肢も含む）の判断、価値、査定のバランスを取りながら行うことを必要とする。方針決定者は、これらの様々な選択肢による利益の可能性や価値とそれによる危害の重大さと可能性を熟考し、家庭にいる子どもと青少年にとって、総合的に見てどの選択肢がベストか、子どもを家庭から分離し代替養育に配置した際の対応する危険性と利益はどれがベストか比較する必要がある。

**原則 4：実践の評価判定はその結果ではなく、方針決定の質で行う。**

何が子どもにとって最善の利益かの判断の際に、その時の子どもにとって一番安全で良い結果が出る可能性が一番高そうな選択肢が、実は安全ではなかったということもある。起こりそうもない出来事というのは起こるものである。どれほど正しく適切なすべての注意が払われていたとしても、子どもの怪我や死は起きてしまうものなのである。

**原則 5：方針決定をする時のコンテクストを考慮すること。**

方針決定を査定する人は、決定が行われた時の状況を考慮する必要がある。

不運な結末になってしまったケースの方針決定に対して後知恵バイアスが人々の評価に大きく影響することがあるが、方針決定者が曝された様々な状況に決定の質が左右されることは避けられない。方針決定が検証される時、当時のすべての条件や影響の存在も認定され分析されるべきであり、それらの状況の中でその措置が取られたことに合理性があったかどうかを決めるべきである。この原則を実施すれば、組織がどのように機能しているかを学び、ならびにその弱点の箇所と共に強みを特定するための豊富な情報源を得ることができる。

**原則 6：個人に期待される基準は同程度の経験を持つ同僚の集団と同じでなければいけない。**

子どもの福祉サービスの専門家に期待され、要求される基準は、彼らの方針決定が、類似のランク、専門性、体験を持つ専門家の一団が同じような状況の中で行うだろう方針決定と矛盾しないものであること。もっとも、適切な解決策についてすべての専門家の間の総合意が得られることは不可能であり、必要とされてはいない。

**原則 7：失敗からだけでなく、成功からも学ぶこと。**

自己防衛的な決定を減らすために、専門家には失敗からだけではなく成功からも学ぶ文化が必要である。例えば「アプリシエイティブ・インクワイアリー（理解ある審問）」（Whitney & Cooperrider, 2011）や「ショウケーシング・グッド・プラクティス（優れた実践の紹介）」（Stevenson, 2017）で行われるように、良きリスクアセスメントと意思決定は特定され、評価され、共有されるべきである。

**原則 8：活発な情報共有は、優秀なリスクアセスメントの鍵である。**

優れた方針決定は質の良い情報にかかっているため、児童福祉サービスはパートナー機関やその他の人々と協働して、リスクをもたらす人物やリスクや危害に対して脆弱な人物についての重要な情報を共有する。すべての情報共有は関連する法的権限や義務を順守して行われなくてはならない。

**原則 9：スタッフへの奨励と支援**

これらの原則に沿って方針決定をする子どもの福祉サービスの専門家は、彼らの所属する組織から奨励され、承認され、支援されるべきである。

## フィードバック

組織は自分たちがどのぐらい適正に機能しているかをいかに明らかにするのだろうか？　学習する組織の質の向上を達成すればするほど、さらに学ぶ方法を得ることができるのである。

求められる主要なフィードバックは、サービスの提供により子どもが虐待の危害に曝される率が減少しているかどうかである。その計測は簡単ではないということは、多くの文献ですでに説明されている。ヘルスケアでは患者が自分の健康状態の改善を報告した場合ほぼ信頼できると言えるが、一方、子どもを虐待していた親は児童保護局との関わりをそれ以上持ちたくないので、大げさにポジティブなフィードバックをするかもしれない。子どもからのフィードバックは彼らの年齢や能力に依存する。また子どもは家族に忠誠心を持っていたり罰を怖れたりするために、その言葉は信頼性に乏しいこともあり得る。しかし、こういう注意事項がありながらも家族からフィードバックを求めることには依然として価値がある。特に実践のアプローチが家族と共にパートナーシップをもって協働する、ということであれば。児童保護局の介入は、その家族が目指すゴールを達成するのを手助けしただろうか？

多くの保護局はケース終結や、ケースの再通告、家族からの分離率などパフォーマンスデータを使って自分たちを評価している。これらは有用ではあるが、データが適正な実践、あるいは劣等な実践の結果なのかをチェックするためのより深い調査が必要である。例えば分離率が低いことは、子どもを危険な環境に放置していることが原因かもしれないのだ。実践の質について学ぶための内部機構がもっと充実すれば、パフォーマンスデータをどのように使うかを知ることがより実現可能になるのである。

本章で最も顕著なフィードバックの形は、組織がどのように機能しているか、適正な実践の可能性を減少、または増加させる環境を提供しているかどうかを見るものである。組織文化は大変に影響力が強いが、それを測ることは難しい。幅広い研究文献から得られる組織文化についてのフィードバックの有用な情報源の１つが、SAQ（Safety Attitudes Questionnaire、安全態度アンケート）である。これは元々は航空分野で開発されたものであり、ヘルス分野に適応されて、その後児童保護にも応用された。これは適正な、または劣等な実践に貢献する組織的要因の研究から開発されたもので、パフォーマンスのレベルに影響を与える職場環境の側面を特定してきた（Sexton et al., 2001）。航空、その後のヘルスサービスの分野での広範囲にわたる数多くのリサーチが、膨大なサンプルのファクター（要因）分析の対象になるデータを生み出し、それらが経験主義的に議論の余地がない（また概念的にも説明できる）要因であることを実証している。以下にSAQがどういう側面を評価するかを説明する。スコアの高いところの職場文化は、スコアの低いところに比べて劣等な実践の可能性は低い。職場環境のすべての側面が、意識して取り組んだ変化にも意図しない変化にも影響を受けやすいということを留意しておく必要がある。

表10.1に掲載したバージョンは、児童保護に合うように用語を少し修正してある（例えば、「病院」を「機関」に）。質問は「強く賛成」から「強く反対」までの５段階のスケールで答えるようになっている。

それぞれのカテゴリーの質問項目のセットは、質問によるプラスかマイナスのスコアの方向を考慮してから各質問項目の合計点で示される。それぞれの質問に一貫してプラスの方向に答えた人が（1に近い）高いスコアの結果を出し、全カテゴリーのすべての質問に一貫してマイナスの意見を持った回答者が低いスコア（0に近い）の結果を出すことになる。

私はいくつかの司法管轄区域でこの調査を施したのだが、この調査は簡単に取り扱えて、組織の実践に対するサポートに関して良きにしろ悪しきにしろ、データが何を伝えるかという議論を引き出す貴重な結果を生み出した。

読者は、この本の最初の方に書かれていたことと、形態は違っていたとしてもこれまでの児童保護の研究で広範囲にわたって議論の主題になっていることから、この側面には馴染みがあることに気付くだろう。「チームワーク風土」の部分の質問では先に議論したように実践の質を上げるサポーティブな環境を提供する上でのチームの重要性を反映している。安全に関する風土は、自分の問題について話したり失敗を報告したりできる文

## 10.1 表　SAQ

質問：あなたは下に述べられたことにどのぐらい賛成・反対ですか？（文のいくつかでは「家族」は広い意味で使われています。あなたの主たるクライアントのグループに関して答えてください）（「強く賛成」「賛成」「どちらでもない」「反対」「強く反対」の５段階で答えてください）

注：「チーム／機関」とある場合、自分が一般職員かマネジャーかでどちらかを選んでください。

| | |
|---|---|
| チームワーク風土（職員間の協働の質に対する認識） | |
| 01 | 自分のチーム／機関では分からないことがあったらすぐに質問することができる。 |
| 02 | 自分の仕事をするために必要なサポートを他の職員から受けることができる。 |
| 03 | 自分のチーム／機関では、家族に提供されるサービスに問題があると自分が感じた時、それを表明することは困難である。 |
| 04 | 自分のチームで意見の不一致があった時には、適切に解決される（誰が正しいかではなくて、何が家族にとってベストか、のように） |
| 安全性に関する風土（安全に対する強力で主体的な組織的責任への認識） | |
| 05 | 自分のチーム／機関の文化は他の人が体験した実践の困難から教訓を得やすくしている。 |
| 06 | 子どもの安全に対するいかなる懸念に関しても、質問をすべき正しいルートを知っている。 |
| 07 | 自分のチーム／機関では、ケースに対する自分の意見が他と違った時に、それを表明することが困難である。 |
| 08 | 自分のパフォーマンスについて適切なフィードバックを受けている。 |
| 09 | 自分や家族が自分のチームからサービスを受けるとしたら、安全だと感じるだろう。 |
| 10 | 自分のチーム／機関では、実践が劣等だということを話し合うのは困難である。 |
| マネジメントへの認識（管理体制への意見） | |
| 11 | シニアマネジャーが子どもの安全に対して、知りながら妥協することはない。 |
| 12 | 地方自治体の行政は自分の日常の取り組みをサポートしてくれる。 |
| 13 | 組織内では自分の仕事に影響のありそうな出来事の情報を適切かつタイムリーに提供してもらっている。 |
| 14 | 自分のチーム／機関内の人員数のレベルは今のケース数を取り扱うのに十分足りている。 |
| 仕事に対する満足度（職業体験への肯定感） | |
| 15 | このチーム／機関は職場として良いところだ。 |
| 16 | 私は自分の部署で働くのが誇らしい。 |
| 17 | ここで働くことは、大きな家族の一員になったようだ。 |
| 18 | 自分のチーム／組織の士気は高いと思う。 |
| 19 | 自分の仕事が好きである。 |
| 労働条件（スタッフ数や設備など、職場環境とロジのサポートへの認識） | |
| 20 | 自分のアセスメントや意思決定に必要なすべての情報が日常的に手に入る。 |
| 21 | スタッフメンバーの問題に対し、自分の組織では建設的に取り組んでくれる。 |
| 22 | 研修中は、十分なスーパービジョンが付く。 |
| 23 | 組織では、新人の職員に良い研修を行っている。 |

| ストレス認識（ストレス源によりどのぐらいパフォーマンスが影響を受けているかの自覚） | |
|---|---|
| 24 | 仕事の負荷が多くなると、パフォーマンスが損なわれる。 |
| 25 | 緊張を強いられたり敵対的な状況では、良い実務はできない傾向がある。 |
| 26 | 緊急の状況では疲労で実務が妨げられる。 |
| 27 | 疲れていると、仕事が効率的にできなくなる。 |

Sexton, J. B., Heomreich, R. L., Neilands, T. B., Rowan, K., Vella, K., Boyden, J., Thomas, E. J.（2006）より改変。The Safety Attitudes Questionnaire：psychometric properties, benchmarking data, and emerging research. *BMC Health Services Research*, 6（1）：44

化に関係している。これは組織の学習にとっては欠かせないが、それは職員が建設的な反応を得られるかどうかに影響される。マネジメントの認識は、安全文化と関係が深い。最初の質問の「シニアマネジャーが子どもの安全に対して、知りながら妥協することはない」というのは、上司が子どもの安全と、重要業績評価指標を満たしたり予算内に収めるなどのその他の必要性とのバランスをどう取っているかの認識である。仕事に対する満足度はバーンアウトとは負の関係になる。

SAQで低いスコアの要因になっているものは、私がこれまでに説明してきた「エラーの潜在的条件」である。それらを特定して変えていくことで、組織の業績の質に対して大きなインパクトがあるだろう。

## 結　論

児童保護機関は適正なパフォーマンスを強化するための職場環境を提供する根本的な責任がある。組織の中のすべてのレベルの人々は、システムに制御された無力な操り人形ではなく、彼らが良い仕事ができるのもできないのも、システム次第なのである。上級管理職は、自分たちが課した制約と自分たちが機能するさらに大きなシステムのせいで、自由な環境をベストに作りだす能力には限界がある。順応力は組織の責任や権限を提示する国や地方行政によって課せられた限界により抑制される。司法管轄区域によってこれらがどのぐらい規範的か、法的義務がどのように遂行されるかはかなり異なるのである。

個々のパフォーマンスを向上させることは、優良な研修を提供することである程度は達成できるが、本章では業務の質を上げるために職場環境の多くの側面がいかにして影響を与えうるかを示した。ハイリスク・セクターからの教訓では組織が高いレベルのパフォーマンスを達成するための主要特性が明らかになった。それは次のような組織文化である。実践の推論の批判的ふり返りのための時間と努力を促進する文化、そのためのスーパーバイザーやチームプレイといった他の人の役割の価値を理解する文化、この緊張を要する仕事には精神的サポートが必要だと理解する文化、職務をサポートする実践的リソースを十分に提供する文化、皆が不当な基準で仕事の査定をされるストレスを感じたり自己防衛的慣行に至ることのないようにジャスト・カルチャーを醸成する文化、エラーは必ず起きるということを受け入れる文化。そうすることで組織は、それを検出し修正するシステムと、失敗のフィードバックを歓迎する文化を持つのである。

## サマリー

- 児童保護局は専門家が業務に期待される正しい知識、スキルを必ず身に着け、適正基準の仕事をするためのリソースと時間を持ち、より客観的な推論を行えるようなスーパービジョンを得られるように保障しなくてはならない。
- 個々のパフォーマンスは職場環境に強く影響を受ける。
- 「エラーの潜在的条件」は、組織機能の弱点であり、高基準の仕事の遂行を困難にする。
- 自己防衛的文化は、組織文化と個人の実務のどちらにしても、子どもの最善の利益を優先することに失敗する。
- ジャスト・カルチャーでは支援者は自信を持って子どもに集中でき、自分の実務について話し合うことができるので失敗は修正されることが多い。
- SAQは、組織文化の中でも、実務の質に大変に大きな影響のある見えない側面の評価を提供する。

第11章

# 結　論

## 分析的スキル及び直観的スキルと知識を統合する

児童保護業務で要求される重大なものは推論スキルである。児童福祉という重要な意味のある問題においては、できる限り最善の人道的思考基準を持つことが不可欠である。過失には子どもや家族の大きな犠牲が伴う。危険を過大評価することは、過小評価するのと等しく害がある。しかし児童虐待には、その特定を高い精度で達成することが困難ないくつかの特性がある。信頼に足る知識の集積を行うこと、そして現存する知識とスキルをどのように利用するかを決めることに課題があるのである。

現在のところ、実務を向上させるための取り組みは、より形式的、より分析的にしようというものである。我々の理解を高め、実践の評価をするために、経験主義的リサーチに資金が供給されている。仕事はますます手続きと指針で形作られ、様々な度合いの精密さのフレームワークに基づいてアセスメントが行われている。前提になっているのは、業務過程から個人の直観的スキルが減れば、その分実務は向上するというものだ。

実務の形式的知識ベースと推論の形式的補助ツールを開発する根拠については、議論の余地はないようである。人々がいかに執拗に間違った方向に導かれるか、歴史にその証拠は事欠かない。医学史の過去には、数多くの虚偽の思い込みが散在しているが、当時はそれらは臨床的経験から固く信じ込まれていたのだ。

> 医学歴史家たちによると、1890 年頃より前に医者が行っていた治療のほとんどは無用であったか、むしろ有害であったという。例えば標準治療法のうち、出血させる、下剤を用いるなどは有害で、水膨れを作るのは煩わしい。しかもすべては無益な処置なのである（Meehl, 1997：92）。

科学的推論の進展は、世界に対する人の理解やそれをうまく処理する能力に大きな変化を生んだ。が、これはまったく新しい思考方法と見る必要はない。人は民族心理学やその他の信念を構築する際に、直観的にある程度自分の経験に反した仮説を立てて検証するものである。科学は、その種類ではなくその段階で異なってきているのである。理論はより明白に定式化されてきており、因果論はより深まっている。科学者は彼らの信念に反証するエビデンスを積極的に探して厳密に検証することにさらに献身している。科学の段階のこのような変遷による総合的な影響は目覚ましい。したがって虐待から子どもを守るための取り組みにこれを採用することは、大変理にかなっているのだ。

この本では、直観的思考と分析的思考の関係を、共依存的であり、実践ではそのタスクによって両者の様々な組み合わせで使われる脳内の異なるプロセス能力と説明してきた。私の主張は、児童保護の進歩として分析的思考へのシフトが必要だと見る代わりに、実務者が遂行する様々なタスクには2つの推論モードのどんな組み合わせが必要かを特定する方がより適切だというものだ。両者の相互重要性を認めることで、推論の両方の形を使い実務者の専門性を高めるのに役立つ状態を作りだす訓練と職場環境の必要性を強調してきた。多くの組織では最前線で働くスタッフの雇用と定着の問題を抱えており、その結果、職員の多くは経験不足のまま複雑な調査を遂行している。こういう状況の中で職員が手続きや書類の知識だけでなく、経験等による直観スキルも高められるようなバランスの取れたアプローチで支援をすることは重要で不可欠であり、それがあってこそ、家族と関わり、理解し、協働する能力のあるエキスパートを育てることができるのである。

支援実務者は多くの場合、スピード感を持って人間や社会についての背景知識を使うことが必要で、それには直観による推論の方が適切である。支援者の業務に対する情動反応と同じように、結局、それは実際にはほとんど自動的にやってしまうことなのである。直観と情動は業務をしていれば否応なく呼び起こされる。そうであれば、それらを劣等で無視すべきデータと見なし無意識で有害な影響を推理プロセスに与えたまま放置するよりは、正当なプレイヤーとしてオープンに受容した方がよいだろう。しかし直観的判断と感情的反応は注意深く取り扱う必要はある。当て推量よりはずっとましにしても、それらは間違いを犯しがちである。直観的推論は多くのバイアスには弱いもので、多くの場合比較的無害ではあるものの、子どもの安全やウェルビーイングなど重要な問題の取扱いについては懸念の元となっている。私は直観的推論で出した答えのバイアスを積極的に検証する意識を良き秘書、あるいはパーソナルトレーナーの暗喩で表した。そういう心構えと共にリスクアセスメントや意思決定のモデルが示されるのである。

形式的知識と分析的知識を発展させることに関しては多くの賛成や反対の意見がある。一番の障害物は児童虐待の芯になる概念が社会的に構築され進化し続けていることである。人権や育児に関する信念に対し、社会がより大きなコンセンサスの方向に動くようにグローバリゼーションが影響するかどうかはまだ分からない。現在、何が許容範囲外で危険な育児を形作っているかの信念にかなり幅があることは確かである。そのような信念の多様性は、専門家の実践についても明らかだ。第７章で示したように、家族の取る行動あるいは無作為が虐待の例になるかどうかの判断や、子どもへの危険度レベルのアセスメントについての評価者間での意見の一致は少ないと多くの研究が報告している。結果として、研究の主要データ源となるケース記録は信頼性が低く、意思決定を補助するための研究と予測分析におけるケース記録の開発の価値を限られたものにしていると言える。

また虐待の概念も大変に広範囲にわたっており、どれか１つの因果理論で十分と言うことはできない。しかし、はしかを理解するような普遍的で確実な知識の集積は望めなくとも、決して進展がないということではないのだ。特定のコンテクストでの特定の虐待の形に関する知識が進展する可能性はある。

より形式的な知識ベースの開発でもう１つ障害になるのが、人間の行動には大変に複雑な原因があるということである。例えば小児期の逆境体験（ACEs）に関する研究では、そういう体験が多ければ多いほど、成人してから問題を発症する可能性が高いことを示している。しかしその可能性の増加はわずかなのである。ACEs体験を持つ人の多くがちゃんとやっているし、また体験がなくて問題を抱える人も多くいるのだ。こうなってくると、与えられたコンテクストで人がどのように反応するかについて正確に予測する方法を開発することは至難の業なのである。さらに、予測される要因の基準率が統計的に比較的稀な場合も、正確な診断・予測ツールを開発するのに深刻な問題を生み出して予測が困難になる。非常に高い確率で、誤った肯定と誤った否定を生み出すのである。が、このような限界があっても予測を諦めるという議論にはならない。児童虐待では予測は不可欠な専門的タスクだからである。またタスク向上のためにリサーチを使うことも同様である。しかし専門家はこういった問題をよく理解していることが必要で、リサーチや予測ツールの結果の解釈を無批判に信用しすぎて子どもや家族が苦しむことのないようにしなくてはいけない。

一方、誰が虐待するかを正確に予測できる形式的ツールを作る難しさは、直観的リスクアセスメントを優先する理由にはならない。臨床的判断も統計的ツールより優れているとは言えないし、より劣ると見なされるいくつかの理由もある。人は確率を直観的に扱うことは大変に苦手で、それは大雑把で不正確なエビデンスの算出に基づいた予測となる。形式的ツールは統計的公式を使って計算を行うので、同じ情報を持っていれば、直観を使った時よりも正確な結果を生み出すことになる。

予測を行う統計の形式的分析は、親が子どもを虐待するかあるいはしないか、専門家が将来を正確に予言する能力の限界に目を向けさせる。専門家は自分の実務判断がいかに誤りが多いかということを知って、注意深く扱うべきだということである。家族支援業務が続いていく中で、常に自分が間違うかもしれないということを認識しておくべきである。ここでも自分の思い込みを修正するエビデンスの探索を科学的に強調することが前面に出てくる。人は直観的に自分の信念を裏付けるものを見がちであり、それに反するエビデンスを無視したり拒否したりするものだ。これに対抗するには、専門家は家族に対する自分の判断を意識してチェックする努力を体系的に行う必要があり、所属組織ではこれを促進する対策を提供する必要がある。例えば、スーパービジョンやチームによる非公式なサポートを評価したり優先したりするなどである。

分析的アプローチは、実務の改善に大きく寄与するだろうが、反対派もいる。こういう人たちは主に最前線で仕事をしているので、彼らの反対は影響が大きい。政治家や管理職は実務者にシステムや手続きをを押し付けることはできても、実務者がそれをきちんと使わない限りその効果は断片的で限定的である。自分たちの慣れた直観的アプローチから離れることに抵抗があるという第一線の職員は大勢いるというエビデンスが見つかっている。彼らは一応規則に従って規定のリスクアセスメント・フレームワークと方針決定ツールを完成させるが、自分の直観的推論への自信は持ち続けるのである。これでは、形式的ツールの導入は、サポートというよりは余計な負担となっていることになる。

なぜ、人はより優位なはずの分析的思考に転向することがそんなに難しいのだろうか。これはその推奨者たちにとっては今まで長いこと謎なのである。可能性の1つとして、直観をより好む人々は頭が悪いのではないかというものがある。少なくとも短絡的な議論ではあるが、これはちょくちょく示唆されている説明である。しかし第一線で働く職員からの抵抗の多さを考えると、この説明はまずあり得ないだろう。それにソーシャルワーカーだけでなく心理士、看護師、教員なども彼らの直観的スキルに価値を置いているのである。また、こういった抵抗感は援助職の専門家の間だけで見られるものではない。1970～80年代にアメリカ軍では、何百万ドルも費やして高額な決定ツールを戦場の指揮官たちのために開発した。しかし残念なことに誰もそれを使わず、自分たちの直観的知恵に頼ることを選んだのであった（Klein, 2000：7）。

直観的な思考を好む理由として、科学も同じぐらい信頼できないと主張する者もいる。20世紀のほとんどの期間、科学は確実性を提供してくれるものと見られていた。この世界の真実を発見する科学の力に人々は絶大な信頼を寄せていた。哲学者のほとんどがこの見解を擁護しなかった一方で、広く一般社会ではこれが受け入れられていたのである。しかし科学の実証主義的視点に対して哲学的な議論がより広く通用するようになり、人々の科学に対する信頼は減少しつつある。中には、もし科学が確実性を提供できないのなら意味がない、世界を理解するのに科学が他の方法よりも優れているわけではないと結論付ける反応もあり、だとしたら彼らの好む共感と直観というメソッドを放棄する理由は何もないのである。しかしこれは実証主義の放棄の影響を誇張している。経験主義は確実性を達成すると主張しているわけではなく、仮説を検証し破棄することに関しては科学的メソッドが直観スキルより優れていると主張しているのである。科学と技術の進歩の歴史ではこの主張を支持する証拠は十分に提供されている。科学を否定して直観を擁護することは広く許容されてはおらず、批判的精査にも耐えないだろう（Munro, 1998）。

人々が抵抗感を持つ理由としてより納得できるのは、形式的アプローチは直観的スキルをそれだけでは役に立たないとして軽んじるからである。分析的知識の推奨者の中には、直観に対して非常に批判的な人たちがいる。William Grove と Paul Meehl は、臨床心理士がリサーチ結果を使わないという批判の中で以下のような痛烈な定義をした。専門的学位と治療的技巧の実践免許を持つ人が逸話を話した場合、臨床経験は「『逸話的エビデンス』の高名な同義語」となるというのである（Grove and Meehl, 1996：302）。これは専門家の判断を不当にけなしており、形式的メソッドの可能性を誇張しすぎているように見える。形式的メソッドは家族との関係性を築く上では直観的スキルに取って代わることはできない。しかも家族との関係の質は、彼らが正確な情報を与えてくれるか、専門家に協力してくれるか、彼ら自身が変化していく意欲を持てるか、などというその後の実務のすべてのステージに大きな影響を与えるのである。「民族心理学」とは、人々が互いに効果的にコミュニケーションを取るための背景知識の豊かさを見下した表現ではないだろうか。形式的決定理論もまた、実践での適用には限界があるのである。家族との協働のプロセスには、数えられないほどの小さな決定があり、それには直観を用いることがベストなのである。

専門家は形式的アセスメント・フレームワークと決定ツールを使った方がよいと考えている人々は、それらの形式を使って必要な情報を集めるには関係性を築くためのスキルがまず必要なことは分かっていると言う。しかしこれはあまり熱心な承認とは言えない。分析的思考と直観的思考の間の討論がこれほど長期にわたって極論化し、どちらが絶対的に優れているかを決める事案になってしまっていることが問題なのである。だからどちらか一方の側にいる人々は、彼らの対抗者の視点から良いところを見ることをしないのだ。コンティヌアム（連続体）の着想は、問題をどちらか一方が優れているか決めるという観点から、どの程度、そしてどんなコンテクストで、という観点に変化させることができる。

面接スキルの伴わない冷たく官僚的な方法で行われる形式的アセスメント・フレームワークは批判されるべきである。家族の協力を得ることは技術的見地からも難しく、そのような形で集めたエビデンスは不正確で不完全でありがちだが、それだけでなく、モラルという見地からも人間をそのように扱うべきではないのだ。彼らは物体ではなく主体なのだから。反対に、もし児童保護局が経験豊富な専門家よりも精度の高い統計的ツールを開発したら、非常に具体的なエビデンスを出さない限り専門家は自分たちの専門性の方が勝っていると主張することは合理性に欠けるだろう。

直観の価値について議論することは重要である。分析的思考の長所の方が実務的知恵と直観を絶対に上回るという論証は誇張であることを支援実務者は知っている。何が起きたかを子どもから聞き出すためには、泣き叫ぶ子どもをなだめるスキルが必要なことを支援者は知っている。また調査を遂行するという重要な仕事の裏で、それが軽微なスキルではないということも彼らはよく知っている。機械ではなく人間との関係を構築するために、それは援助専門家として中核をなす。特に新人にとって、色々な意味でそれは実践の中でも最もチャレンジングで難しいスキルである。自分の専門性が高まっているかどうかという個人の感覚は直観的スキルの向上次第であり、法律や手続きや形式理論を学ぶことだけではないのだ。

直観的スキルは児童保護業務で心を癒す治療的場面でも前面に出てくる。目指すものは調査をして虐待を特定することだけではなく、ケースのほとんどでは子どもにとって安全な環境を家族と協働して作りだすことなのである。心理学のリサーチでは、「作業同盟」*を作りだすためのスキルの重要性を裏付けている（Bohart & Wade, 2013）。

* 作業同盟とはカウンセリングにおいて、セラピストとクライエントの間の協働関係を指す用語で、カウンセリングの目標の合意、課題に関する合意、及び両者の間にある情緒的絆の3要素からなる。両者の良好な作業同盟と建設的な関係の構築により、クライエントが抱える秘密をセラピストに話すことができる。

優れた実践とは、形式的知識と直観的知識の間の巧みな相互作用なのである。個人、スーパーバイザー、同僚や他の専門家による、クリティカル・レビュー（非難ではなく批判的ふり返り）によって、正確さは上がるものだ。残念ながら、多くの組織では管理欲求に比べて専門家のスーパービジョンを軽んじる文化が醸成されてしまっており、子どもの安全を高めるための精査や学習の機会がないがしろにされつつある。

## 職場環境

スーパービジョンの重要性に関する先のポイントは、多くの場合で実践の質がどれほど職場環境の本質に影響されているかの例である。児童保護組織は複合的で適応する組織と見るべきというのが私の主張で、その機能は、内部的にはフィードバックを生み出す要素間の動的相互作用に、また外部的にはそれと相互作用するシステムの活動に影響を受けやすい。システムのある部分の問題だけ個別に取り組むと、システムのどこか別の部分で予期しない（そして往々にして望ましくない）波及効果が起こることがある。

他のハイリスク業種の教訓から明らかになったことは、個々のパフォーマンスは組織システムによって強力に形作られており、その影響がどのように優れた実践を助けている、あるいは妨害しているのか検証が重要という理解が必要だということだ。妨害しているもの（Reasonがエラーの潜在的条件と呼んだもの）は取り除かれるべきである。このようなシステムの管理をするには常に何が起きているか持続してモニターを行い問題発生時に調整する必要があり、したがって学習する組織になることが重要なのである。これにはフィードバックの方法と問題についての議論の奨励だけでなく、フィードバックに対する建設的なレスポンスも求められる。（悪いニュースをフィードバックする）メッセンジャーを非難したり無視したりすることは、学習の妨げになるのだ。

自分の仕事ぶりは合理的で達成可能な基準を元に査定されている、と職員が信じることができるジャスト・カルチャー（正義の文化）では、率直な会話が活発に交わされやすい。しかし職員の多くは自己防衛的で失敗を非難されがちなカルチャーの中で仕事をしている。児童保護サービスの多くでは、自己防衛的な実践が行われており、それは一般社会や政治からの悲劇を避けろという圧力の反応として発展してきたものである。子どもの虐待死の防止という社会の要求（この分野で仕事をする意欲のある人であれば特に）は理解できるにしても、エラーをすべて予防できる可能性は現実的ではない。なぜなら人間の本質を理解するには限界があるのだから。児童保護では、子どもへの危険度の過小評価と過大評価のリスクは管理上避けられない。人間の推論にエラーが生まれることは避けられないのである。システムは、エラーは起こるもので、有害な結果を引き起こす前にエラーを見つけるチャンスを増やすメカニズムを準備しておく必要を認めたデザインをするべきである。

組織レベルでの自己防衛的な慣習が見られるのは、上級管理職が知識ベースを大きく超えた規定の手続きをますます厳しくしており、業務を支配して「正しい」やり方を押し付けている組織である。その結果、実務者も自己防衛的になり、どんなに不適切な手続きでも厳密に順守し、子どもの最善の利益よりも、自分が非難されないことを優先して行動するようになる。また罰を怖れて間違いを認めようとせず、無力感を覚えるようになる。

基礎的な専門研修は、せいぜいビギナーレベルの専門家を育ててくれるだけだ。新人がエキスパートに育っていくには、正しいワーク・カルチャーと組織がなくてはいけない。専門知識の分析的・直観的側面は学習のための対照的な戦略に関連している。どちらも援助職に対する研修の標準フォーマットに示され、そこでは講義も実践も提供されている。これらの方略（分析と直観）間のバランスや価値への重みづけはそれぞれの考え方に対する価値の捉え方によって変わってくる。

形式的知識と推論の補助ツールについては教室で教えることができる。理論とリサーチ結果は明確に書き出され、学習者がそれを記憶する能力は試験することができる。事例の資料は形式的知識をどのように家族に応用するかを見せる方法としては有用である。

直観的スキルは経験によって積み上げるものである。学習者の過去の人生経験は価値ある資産であり、熟練した参加者も受け入れているソーシャルワークの研修ではそれが認識されている。児童保護業務の特別なスキルを伸ばすために経験がキー・ファクターなのであれば、研修ではそれに豊富に触れられるようにするべきである。援助専門職の研修では実務経験は不可欠だが、どうしても経験ができない分は、大学での面接技術の練習やビデオでのエピソードや事例研究などで補強することができるだろう。

しかし経験だけでは専門性を深めるのに十分ではない。経験は批判的ふり返りや、学習者が情報から何を理解したか討論することによって強化されなくてはならない。Kolb（1984）は、学習のサイクルを以下のように説明した。具体的な体験→体験に対する批判的ふり返り→アクション→さらなる批判的ふり返り。通常、このプロセスは学習者の実務が監督指導される状況で行われる。直観が分析的思考と対峙するもののように見られてしまうと、何か理解しがたい精査できないもののように扱われがちである。が、実際は直観にありがちなバイアスを理解し慎重かつ丁重に取り扱えば、直観を検証し向上させることができるし、そうすべきなのである。優秀な実務者であれば機会を捉えて自分の直観的思考のプロセスを明確に述べ、批判的にふり返る能力を伸ばす。

Klein（2000：168）は、エキスパートは通常自分たちの方が「知識が多い」という点で新人とは違うと思っていると示した。そして研修コースは、より多くの事実、規則と手続きを教えることに集中している。しかし彼はこの見方に反して、専門性とは「どのように見抜くか」を学ぶことだと主張している。エキスパートは新人には見えないパターンや変則（典型的な状況には合わないもの）を見つけることができるし、過去、現在、未来のシチュエーションの全体像を見ているのである。そこに不可欠な２つのスキルは、パターン・マッチングと、心的シミュレーションである。

> パターン・マッチング（直観）とは、エキスパートが典型性を見抜いたり、起きなかった出来事に気が付いたり、パターンを乱す変則を見つける能力である。心的シミュレーションとは過去に起きた

出来事や今後起きそうな出来事に気付くことのできる能力を言う（同上：149）。

虐待の最初の申し立てに対する対応が、新人とエキスパートの間でどのぐらい違うかを考えてみよう。新人は何を虐待として見なすのか、どんな手順を踏むべきかのガイドラインをもらっている。そのレスポンスは遅く、几帳面で、形式的手引書に載っているケース特徴には対応するが、そのケースの特殊性に対する理解はほとんどない。エキスパートは受けた通告をあるタイプに分類し、その妥当性、深刻度、どんなアクションが必要でどのぐらい緊急性が高いかを素早く判断する。

第３章では継親の申し込みに経験豊富なソーシャルワーカーが対応した事例を紹介した。両親の態度に変則を見つけて、彼女の頭の中ではすぐに警報ベルが鳴り響いたのである。この種の申し込みでは、保護者は通常養子にしたい子どもに対して敵意を見せないものである。が、親の振る舞いは予期されるものとまさに逆であり、養子の申し込みとつじつまの合うもっともな筋書きにはマッチしなかったのである。新人であれば、公式的な規則に関連したものでない限り、何が重要か否か、何が普通か否かを知ることは難しかっただろう。

## 実務のためのツール設計

実務は、手続きやアセスメント・フレームワーク、決定のための補助ツールを中心にして、ますます周辺が構造化されつつある。これらの様々なツールは、家族への支援サービスの最終結果を生み出すための積極的な手段であり、それらが良かれ悪しかれ実務をどのように変容させるかは検証する必要がある。今現在手に入るツールの多くは、たとえ実務者が使用していたとしてもあまり熱心に使われていない上、彼らが今までやってきた仕事のやり方と対立するという苦情も出ている。そのような苦情はそれらの補助ツールの使い方に対するアドバイスにもよるのだ。例えばガイドライン（指針）をどんな状況下でも従うべき絶対的規則として扱うならば、実務者たちがそれを不適切だと指摘することが度々あるだろうし、その方が正しい。例えば初動調査を速やかに完了するべきというガイドラインは、保護者が数日不在だったりクリスマス時期で関係者がつかまらなかったりすれば遂行不可能である。

アセスメント・フレームワークは何を取り上げるべきかの指針として提示されることもあれば、1ページ目から始めて次々と質問に答える必要事項の記入のための書式として提示されることもあるだろう。後者の選択肢では、家族の協力を得る際に起きる問題や、その家族の特別なニーズについて慎重に取り扱うべき心遣いは検討されていない。あるケースで、専門家が標準フォーマットを使って面接を始め、まず家庭での子どもの数を訊ねたのである。この家族の現在の危機的状況は1人の息子が交通事故で亡くなったことが引き金だということを専門家は実は知っていた。つまりこの質問は両親にとっては大変に苦悩を与えるものなのに、面接ではトラウマになっている出来事についてまず話させたのである。

研究者は、自分たちの資料がそんな機械的なやり方で使われるとは思わず、専門家には彼らの専門知識を形式的手引書と同時に使うことを期待していたと言うだろう。しかし研究者は職場環境を管理してはいないし、最前線の職員が一番影響を受けるのは職場の管理職から受け取るメッセージなのである。そして往々にしてそのメッセージは、手引書には規則のように従えというものなのだ。Stevenson（1999：94）は、英国の状況についてコメントをしている。

> 「ガイド（指針）」については、それに従わせるのなら専門的サポートの得られる環境が必要なのに、それは社会福祉の省庁には明らかに欠けているという点が問題である。そのために規則は必要なものと認識され、官僚的で事務的な遂行様式の適用が模範とされてしまうのである。

英国及びその他数か国での問題は、専門家の役割や裁量を貶める管理主義が台頭してきていることである。説明責任と公明性のために管理職は実務をますます細かく規定し管理しようとして、個人の推論の余地を狭めてしまっている。これでは残念ながら児童保護は厳格な規則として制定され、個々のケースのレベルに対しては無関心で融通のきかない一般的政策になっていくだけである。

> 児童福祉の職員の中心的ジレンマは（中略）子どもの状況やニーズは無限に多様で独特であるために、一般化された政策は個々の判断や決定の代用には決してならないということである（1999：95）。

管理職と専門家の間の実務に関する主導権の争いは、多くの国の児童保護サービスの主たる問題であろう。管理主義が支配すればするほど、自己防衛的な実務や、個々の家庭のニーズにおかまいなしの一般化した手続き・規則への強いシフトが起こるだろう。専門家の役割はますます減らされ、エキスパートの裁量による評価や個別にあつらえた対応をする余地のない官僚的なサービスになるだろう。

## 結　論

貧しい思考というのは、わずかな選択肢しか考慮せずに結論を急ぎ、その結論に反する情報には注意を払わないという視野の狭いアプローチを特徴とする。それが分析的であろうと直観的であろうと、思考はその連続体（コンティヌアム）の両極端に陥るとこのような弱点を示すことがある。一方、優れた思考とはもっと時間も手間もかけるものである。思考する人は、育児の質の様々なアセスメントを考慮に入れ、自分の判断を検証し、子どもの健康や安全についての幅広いエビデンスを探すことに積極的である。

児童保護のワーカーは弁護士ではなく、探偵のようでなければならない。彼らに必要なのは様々な可能性を考慮するオープン・マインドを使って真実を徹底的に探すことであり、到達した結論を検証することである。一方、弁護士はある特定の見方を弁護するための情報だけを使うことが仕事である。児童保護システムに登録されている保護者からの批判でよくあるものは、専門家の多くが弁護士のような態度だということである。すでに考えを決めてしまっている人を相手にしているようだと保護者は訴える。専門家は何を聞いても自分たちの思い込みに合うよう解釈することを決めており、保護者がそれに挑戦するようなことを言えば無視するか軽く見るだけだ、と。こういった体験は保護者にとって悔しいだけでなく、子どもへの危害を最小化して幸せを最大化することが目的のはずの児童保護局にとっても何も得にはならない。

優れた思考のもう１つの側面は、それが分析的にせよ直観的にせよ、推論のプロセスを明確にするのに役立つことだ。拙い実務で起きる間違いは批判されるべきだが、その多くは限られた情報しかない分野での業務の、避けられない特徴である。万が一にも悲劇が起きた際には、方針決定の根拠となった考えを説明できる専門家はより自分を弁護できるし、後から見れば彼らは間違っていたとしても、その時にはそれは道理に合った判断だったことを証明できる。

偏見や人種差別に取り組む上でも、物事を明らかにしておく利益は大きい。繰り返すが、論拠がよりオープンであることで、それに疑問を呈したり差別的な前提があることを指摘しやすくなるのである。一般的に人種差別と偏見は直観的判断を通してより伝わりやすい。児童保護の分野で働く人は自分が人種差別的であったり偏見を持っていると認識している人は少ないだろうが、彼ら自身の持つ文化の信念や思考法により背景知識と思い込みが植え付けられており、特に古くは植民地支配を行っていた英国のような国の文化には、多くの人種差別的見方が埋め込まれているのである。

専門家の論拠の透明性が高ければ、保護者や子どもたちにより大きな権限を持たせることができる。それには、(a) 彼らに説明ができ、(b) 彼らも参加できるような、より明確な推論が求められる。専門家の思考が直観的で黙示的であればあるほど、サービスユーザー（保護者や子ども）には理解ができないものになる。たとえ専門家が子どもや保護者の望みよりも自分の決定を優先することにしたとしても、なぜ彼らの意見が取り入れられないのか、説明ができた方がよい。

優れた思考とは、我々の持つ知的スキルを網羅しているものだと私は主張してきた。この本の主要な２つのテーマは、子どもとその家族に対する有効な支援には経験的直観と形式的分析という２つのスキルが必要だということ、そしてその２つを高い水準で達成するためには組織的環境が大きく影響しており、その成功を容易にも困難にもするのだということなのである。

# 監訳者あとがき――増沢高（子どもの虹情報研修センター）

## 1．児童保護における評価、判断能力

子ども虐待の防止は、世界的な難問題の1つと言っても過言ではない。虐待等の子どもの搾取は、家庭内の密室、あるいは人目の届かない閉ざされた場で起きており、多くの場合は、その懸念を抱いた人々の通報によって、当該の子どもと家族への公的な対応が始まることになる。通告を受理した保護機関は、その懸念が現実であるか否か、あるいはそうした懸念が起こる可能性があるかを判断し、必要な手立てを講じることが求められる。しかし閉ざされた空間で起きている事態の緊急性や深刻さのリスクを評価し、介入の是非を判断することは極めて困難であり、それは高い専門性を必要とする作業となる。

本書「EFFECTIVE CHILD PROTECTION」の著者であるアイリーン・ムンロー（Eileen Munro）教授は、英国で児童家庭ソーシャルワーカー（以下、SWr）としての実践を経た後、ソーシャルワークの研究に携わり、現在ロンドン・スクール・オブ・エコノミクス社会政策学部社会政策名誉教授として、英国のソーシャルワーク向上のために尽力され続けている。この書も、児童保護領域に携わるSWrのために、適切なケース対応の在り方について書かれたものである。第1版は約20年前の2002年に刊行され、続いて第2版が2008年に刊行されており、第3版は2019年に刊行された。本書はその邦訳である。この約20年間は、英国の児童家庭ソーシャルワークの歴史の中で、これまでにないほどの激動の時代でもあった。本書も版を重ねるごとに内容が刷新されているが、第3版の本書は、児童保護業務に必須かつ柱となる評価や判断をする能力について正面から向き合い、人間そしてSWrの判断過程を分析し、いかにその能力を高めるかを論じている。

## 2. 虐待による死亡事例における判断の誤りとその影響

日本では、児童虐待防止法が制定された2000年以降、児童保護施策に本格的に取り組み始め、児童相談所（以下、児相）を中心に児童保護の取り組みを推進してきた。児童虐待の通告件数は増加し、児相で働く児童福祉司は多忙を極めながら、この難しい作業に日々尽力している。しかし虐待による死亡事件は後を絶たない。そのたびに当該児相が行った「評価・判断」が適切であったかが問われ、アセスメント不足による判断の誤りと見なされ、児相が批判の的となることが繰り返されている。

英国は、1960年代から児童虐待への取り組みとして児童保護施策を推進してきた。その歴史の中では、日本と同じく虐待による死亡事件が繰り返し起きており、それを伝える報道の多くは、児童保護機関の判断の誤りとして批判し、膨らんだ社会的批判はその時代時代の児童保護施策の改革に影響を与えてきた。新しい制度は、そのたびに中央政府から児童保護局における手続き上の要請を増やし、児童家庭SWrの業務は多忙を極めるようになっていった（歴史的展開の実際については第5章で詳述されている）。

そして2000年以降、児童保護局とSWrにとっては、かつてないほどの危機的状況を迎えた。それは2つの虐待による死亡事件を契機にしている。2つの事件とは、2000年に起きたビクトリア・クリンビエ（Victoria Climbié）事件と2007年に起きたベイビー・ピーター事件（Death of Baby P）である。両事件の報道は、保護すべき子どもを保護できなかったSWrの判断の誤りとして痛烈な批判が伴うものであった。2つの事件が同じ自治体の児童保護局で起きたこともあり、ベイビー・ピーター事件報道は過熱を極め、関わったSWrや医師を痛烈に非難して、辞任と訴追を求めるほどだった。これにより児童保護機関への信頼は失墜し、批判を怖れる保護機関は組織防衛的傾向を強め、アセスメント票への記入など手続き上のミスがないようSWrに求めるようにもなっていく。SWrはこうした実務に時間を割き、ソーシャルワークの本業である「子どもや家族と会う時間」を無くしていった。こうしてSWrの質の低下を招いたのだが、これについての分析は、第2章の後半に詳細に述べられている。このことは同時にSWrのやりがいを失わせ、成り手の減少さえも招いたのである。

こうした状況は、現在の日本の状況に重なって見えてくる。日本でも、2000年の児童虐待防止法制定以降、虐待によって死亡する事件の報道は格段に増え、中には大きく報道されるような重大事件があり、そのたびにそれを防げなかった児相への社会的批判が強まっていった。これらの社会的批判は新たな施策や法改正に影響を与え、児相の運営指針などに加えられる業務要請は増え続け、これらが児童福祉司の業務負担を重くしている。増加し続ける通報への対応による多忙さに加え、こうした要請は児童福祉司にSWrとしてのやりがいを喪失させ、残念ながら日本でも成り手の減少を招きつつある。

## 3. ムンロー・レビューと児童保護改革

英国の話に戻そう。こうした事態に危機感を持った英国政府は、ソーシャルワークの信頼回復と質的向上を目的に「ソーシャルワーク・タスク・フォース」(Social Work Task Force：SWTF）を2009年に設置し、ソーシャルワークの質の改善に向けた勧告を行った。そして政府は本書の著者であるムンロー教授を指名して「児童保護の見直し」を命じたのである。翌年の2010年に「ムンロー・レビュー最終報告（Munro Review of Child Protection：A Child-Centred System)」が発表された。レビューでは、それまでの児童保護制度改革が望んだ効果を生み出せなかった要因と、新たな問題が出現した背景が分析され、これまでの制度改革がトップダウンでなされ、特定の課題にのみ焦点が定められ、改革が他の部分に及ぼす影響に十分な注意が払われなかったこと、及び改革とそのプロセスは過度に官僚的で、支援の質の改善にほとんど注意が払われていなかったことを明らかにした。

ムンロー教授は、レビューの中で、政府に対して、15の提言を提示している。その主なものは、子ども家庭を中心に置いたソーシャルワークの質的向上、SWrの「規定を順守する行動様式」から「学習する行動様式」への転換、支援や保護の実践からのエビデンスをふまえた支援システムの構築、早期支援（Early Help）の推進等である。提言のほとんどを英国政府は受け入れ、以降この提言を基盤に児童保護改革が進められ、大きな成果をあげながら今日に至っている。

筆者は、2018年の秋にムンロー教授とお会いし、レビューについて伺う幸運を得た。レビューの基底にあるムンロー教授の主張は、児童保護において官僚的になったソーシャルワークを真に子どもと家族のために戻すことであったという。SWrが子どもと家族に会い、家族と協働して子どもを支援すること、そのためにはSWrの専門性をより高めること、そしてエビデンスをふまえた早期支援の重要性を強調したのである。政府及び地方自治体はこの提言を受け、ソーシャルワークの本来の専門性の復活への努力、予防的支援の強化、そのための人材育成に力を注ぐようになり、この努力は現在も継続されている。

SWrの専門性向上については、2009年、2010年にそれぞれ英国政府によって設置されたSWTFと「ソーシャルワーク改善委員会」(Social Work Reform Board：SWRB）がSWr全般の専門性の獲得のための人材育成の検討を開始し、専門性を構成する9つの領域と資格取得までの養成段階の4レベル及び実務者としての5レベルの育成段階で構成された人材育成体系(Professional Capabilities Framework：PCF）の素案を公開した。ムンロー教授は、15の提言の中で、このPCFの必要性を支持し、児童家庭福祉に特化した内容を組み込む修正を求めている。以降、英国ソーシャルワーカー協会（The British Association of Social Workers：BASW）が中心になって、提言を受け入れてPCFの改正を進め、2018年3月に完成に至った。

このPCFでは、SWrの専門的能力（Capabilities）を次のように定義している。「知識、技術、個人的資質、行動、理解、価値観の統合であり、慣れ親しんだ高度に焦点化された専門的な状況だけでなく、新たに複雑に変化する状況に対応して、適切に、効果的に、自信を持って使用されるもの」である。複雑かつ複合的な状況における的確な判断能力の育成はその中核をなすものであり、SWrに求められるのは、マニュアル順守ではなく、ケースの個別性を重視し、リスクを評価し、ニーズにかなった実行可能で効果的な手立てを判断し、提供する姿勢である。

## 4. 本書「EFFECTIVE CHILD PROTECTION」から何を学ぶべきか

本書は、児童保護業務の核とも言えるこの判断能力に正面から向き合い、脳神経科学、認知心理学、社会心理学等の知見をふまえ、人間そしてSWrの判断過程を分析し、いかにその能力を高めるかを論じている。英国の保護機関も日本の児相も、急増する虐待通告への対応に追われ多忙化すると同時に、子どもの保護は家族と対立的な関係を生み、保護せずに子どもが死亡するなどすれば社会からの批判の的となるのは同じである。組織防衛的になった保護機関が中央からの規定順守の要請に対して、その手続き上のミスがないことを重視するというソーシャルワーク業務の偏向が起きていく。こうした低下のメカニズムは本書の中で紐解かれており、SWrのあるべき姿を回復し、複雑な状況の中で判断する重要さと、その専門性を高める必要性とその手立てを述べている。激務と混迷の中にいる日本のSWrにとって、本書が正しい道標を提供するものと確信する。学ぶべき事柄が隅々にまで詰まった書であるが、現行の日本の児童保護をふまえた時に、以下の視点からのふり返りは必須となるだろう。

日本でも虐待のリスク評価ツールが重視され、重症度や支援の是非などの判断に用いられている。しかし評価ツールの元にあるリスク研究の枠組み内では、原因（リスク要因）が結果に直接つながるという線形的因果プロセスの前提に立ち、虐待につながる原因の候補は示されるものの、実際には原因から結果までの過程は複雑で、複合的な要因が絡む（複合的システム）ため、評価ツールを用いたとしても結果の予測は極めて困難である。判断を適切なものにするには、実証科学の定量的アプローチに頼るだけではなく、社会科学の解釈的アプローチとの両方が必要であることを本書は強調している。リスク評価ツール等を用いる場合も、その背景にある理論、元になった研究の枠組み、基準率を含めた確率論理を理解し、その結果等を利用者に根拠を持って説明できることを前提としなければならない。また何が児童虐待か、どのレベルからがハイリスクかといった認識は、社会的なコンテクストによって規定され流動的である。したがって実践においては、実証的エビデンスをそのまま当該ケースに当てはめるのではなく、社会的なコンテクスト及びケースの個別的コンテクストを重視して、多軸的な視点から判断することが求められるのである。その逆に、SWrの評価ツールに頼る姿勢が強まれば、自身がツールの結果と異なる判断をすることを難しくさせ（自動化バイアス）、かえって正しく判断する道を閉ざすリスクとなってしまう。

本書が示す次の指摘も極めて重要なものとして受け止める必要がある。虐待等の事実認定、重症度評価、対応の選択といったSWrの「判断」は、より客観的で分析的な推論を行うべきとの考え方が一般的である。しかし近年の脳神経科学や認知心理学は、人間の脳が行う「判断」は、論理的思考に基づく分析的な推論と感情や経験則に基づく直観的な推論の両方がつながりあって行われており、直観的推論に伴う「感情」が判断や意識決定に効果的に関与していることを明らかにしている。ただ直観的推論には、確証バイアスなどの思い込みや、ヒューリスティクスにつきものの認知のゆがみによるエラーが生じやすい。初めに判断したことと反する情報を受け入れず、回避や忘却が生じがちで、こうしたエラーは児童保護においては時に命取りとなってしまう。

これを解決していくためには、人間の判断におけるバイアスやヒューリスティクスを十分に理解、自覚し、その時々の判断に対して常に批判的なふり返りを行い、間違いに気付いていくことである。その際、最良の予測因子は子どもと家族の過去から今に至る行動経過であることを認識して、批判的にアセスメント修正に取り組むことである。そして批判的なふり返りを繰り返すことは、実践と事例からの学びを充実させ、SWrの専門性の核となる判断能力を高めていくことにもつながっていく。

さらに本書は、SWrの判断過程には個人の判断力の問題だけでなく組織の問題が大きく影響している点を指摘している。SWrのバイアスやヒューリスティクスによるエラーの背景に、職員の不足や情報共有システムの不備など体制上の問題だけでなく、組織からSWrへの手続き厳守の要請、組織自体のバイアスなど様々な組織的要因が関係している。しかし例えば、虐待による死亡事例等の検証の報告書を見ると、どの対応に問題があったかなど、支援者の判断ミスや行動上の問題が明らかにされ、改善点として打ち出されがちなことは、再びミスを犯さないように監督や指導を強化するといった方針につながる。しかし個人に比べて組織そのものに内在する課題には十分に検討が及んでいない。SWrの判断と実践に影響を与えている組織の問題についてもっと目を向けるべきだろう。

組織は何を学ぶべきか。航空事故や医療事故等のハイリスク分野を参考に、安全文化（報告できる文化、正義の文化、柔軟な文化、学習する文化）の理論を組み入れた組織の運営、SWrの精神的サポートを強化すること、批判的ふり返りを伴う経験を重視したスーパーバイズやケース検討を基盤とした人材育成の充実、SWrが支援や実務に使えるリソースの開拓や整備など、児相が組織改革すべき事柄は多い。

以上のことは、日本の児童保護領域では理解や検討がほとんど進んでいない、あるいは理解を新たにする必要がある内容ばかりではないだろうか。少なくとも筆者個人にとってはそうである。同時に現在の日本の児童保護の現状に対して、この書に示された視点からのふり返りのないままであれば大きな誤りを犯していく可能性さえも懸念される。2000年の児童虐待防止法の制定から20年あまり、これまでの児童保護施策を見直し、現行のSWrの評価や判断の在り方、児相の組織の在り方、人材育成の在り方等の多岐にわたって批判的にふり返り、改善すべき点には早急に取り掛かる必要があることを強く思う次第である。

# 文　献

Acorn (2019) *Acorn User Guide*. Retrieved from: https://acorn.caci.co.uk/downloads/Acorn-User-guide.pdf

ACPO (2011) *Risk Principles*. Retrieved from: www.app.college.police.uk/risk-index/

Adcock, M. (1995) *Framework for Risk Assessment*. London: Wilson & James.

Aldridge, M. and Wood, J. (1998) *Interviewing Children: A guide for child care and forensic practitioners*. Chichester: Wiley.

Allegheny County (2017) *Frequently Asked Questions about the Allegheny Family Screening Tool*. Retrieved from: www.alleghenycountyanalytics.us/index.php/2017/07/20/frequently-asked-questions-allegheny-family-screening-tool/

Anderson, D.G. (2000) Coping strategies and burnout among veteran child protection workers. *Child Abuse & Neglect*, 24: 839–48.

Arad-Davidzon, B. and Benbenishty, R. (2008) The role of workers' attitudes and parent and child wishes in child protection workers' assessments and recommendation regarding removal and reunification. *Children and Youth Services Review*, 30(1): 107–21.

Argyris, C. and Schon, D. (1978) *Organizational Learning: A theory of action perspective*. Reading, MA: Addison Wesley.

Aries, P. (1962) *Centuries of Childhood*. London: Jonathan Cape.

Aristotle (2004) *The Nichomachean Ethics*. Translated by J. Thomson. New York: Penguin Books.

Ashby, W.R. (1991) Principles of the self-organizing system, in G.J. Klir (ed.) *Facets of Systems Science Boston*, Ma Springer, 521–36.

Audit Commission (1994) *Seen but Not Heard: Co-ordinating Community Child Health and Social Services for Children in Need*. London: HMSO.

Avby, G., Nilsen, P. and Ellström, P.E. (2017) *Knowledge use and learning in everyday social work practice: a study in child investigation work*. Child & Family Social Work, 22: 51–61.

Bacon, F. (1960 [1620]) *Novum Organum*. New York: Liberal Arts Press.

Baginsky, M., Moriarty, J., Manthorpe, J., Beecham, J. and Hickman, B. (2016) *Evaluation of Signs of Safety in 10 Pilots*. London: Department for Education.

Barn, R. (1990) *Black children in local authority care: admission patterns*. New Community, 16: 229–46.

Beach, L.R. (1997) *The Psychology of Decision Making*. London: Sage.

Beard, M. (1990) Review of Tate, *Times Literary Supplement*, 14 September: 968.

Beck, U. (1992) *Risk Society: Towards a New Modernity*. London: Sage.

Beddoe, L. (2010) Surveillance or reflection: professional supervision in 'the risk society'. *British Journal of Social Work*, 4: 1279–96.

Bellis, M. A., Ashton, K., Hughes, K., Ford, K., Bishop, J. and Paranjothy, S. (2016) *Adverse childhood experiences and their impact on health-harming behaviours in the Welsh adult population*, Public Health Wales NHS Trust.

Benoit, D., Zeneah, C. and Barton, M. (1989) Maternal attachment disturbances in failure to thrive. *Infant Mental Health Journal*, 10: 185–202.

Berliner, L. and Conte, J. (1990) The process of victimization: the victim's perspective. *Child Abuse and Neglect*, 14: 29–40.

Biggart, L., Ward, E., Cook, L. and Schofield, G. (2017) The team as a secure base: promoting resilience and competence in child and family social work. *Children and Youth Services Review*, 83: 119–30.

Billings, C., Lauber, J., Funkhouser, H., Lyman, E. and Huff, E. (1976) NASA aviation safety reporting system. Available at: https://ntrs.nasa.gov/archive/nasa/casi.ntrs.nasa.gov/19760026757.pdf

Birchall, E. and Hallett, C. (1995) *Working Together in Child Protection*. London: HMSO.

Boeing Product Safety Organization (1993) *Statistical Summary of Commercial Jet Aircraft Accidents: Worldwide Operations, 1951–92*. Seattle, WA: Boeing Commercial Airplanes.

Bohart, A. and Wade, A.G. (2013) The Client in Psychotherapy, in M. Lambert (ed.), *Bergin and Garfield's Handbook of Psychotherapy and Behaviour Change* (6th edn). Chichester: Wiley.

Bowlby, J. (1953) *Child Care and the Growth of Love*. London: Pelican Books.

Bowlby, J. (1984) *Attachment and Loss* (2nd edn). London: Penguin Books.

Bridge Child Care Consultancy (1995) *Paul: Death Through Neglect*. London: Bridge Child Care Consultancy.

Briggs, C. and Cutright, P. (1994) Structural and cultural determinants of child homicide: a cross-national analysis. *Violence and Victims*, 9: 3–16.

Britner, P.A. and Mossler, D.G. (2002) Professionals' decision-making about out-ofhome placements following instances of child abuse. *Child Abuse & Neglect*, 26(4): 317–32.

Broadhurst, K., Hall, C., Wastell, D., White, S. and Pithouse, A. (2010) Risk, instrumentalism and the humane project in social work: identifying the informal logics of risk management in children's statutory services. *British Journal of Social Work*, 40(4): 1046–64.

Brown, G. (2002) *Spending Review*. House of Commons, Hansard, 15 July.

Browne, K. and Saqi, S. (1988) Approaches to Screening for Child Abuse and Neglect, in K. Browne, C. Davies and P. Stratton (eds), *Early Prediction and Prevention of Child Abuse*. Chichester: Wiley.

Byrne, D. (2013) Evaluating complex social interventions in a complex world. *Evaluation*,

19(3): 217–28. doi:10.1177/1356389013495617

Caliskan, A., Bryson, J. J. and Narayanan, A. (2017) Semantics derived automatically from language corpora contain human-like biases. *Science*, 356(6334): 183–6.

Cambridgeshire County Council (1997) *Bridge Report and Action Plan*. Cambridge: Cambridgeshire County Council.

Cannon-Bowers, J. and Salas, E. (eds) (2000) *Making Decisions under Stress: Implications for individual and team training*. Washington, DC: American Psychological Association.

Caplan, R., Posner, K. and Cheney, F. (1991) Effect of outcome on physician judgments of appropriateness of care. *Journal of the American Medical Association*, 265: 1957–60.

Carnap R. (1975) Testability and Meaning, in H. Feigh and M. Brodbeck (eds), *Readings in the Philosophy of Science*. New York: Appleton-Century-Crofts.

Cartwright, N. and Hardie, J. (2012) *Evidence-based Policy: A practical guide to doing it better*. Oxford: Oxford University Press.

Casscells, W., Schoenberger, A. and Grayboys, T. (1978) Interpretation by physicians of clinical laboratory results. *New England Journal of Medicine*, 299: 999–1000.

Cawson, P., Wattam, C., Brooker, S. and Kelly, G. (2000) *Child Maltreatment in the United Kingdom: A study of the prevalence of child abuse and neglect*. London: NSPCC.

CECAN (2017) Dynamic Pattern Synthesis: A longitudinal method for exploring interventions in complex systems. CECAN, Note no.6. Retrieved from: www.cecan.ac.uk/sites/default/files/2018-01/06%20-%20DPS%20%28online%29.pdf

Chand, A. (2000) The over representation of Black children in the child protection system: possible causes, consequences and solutions. *Child and Family Social Work*, 5: 67–78.

Children's Bureau (2018) *Child Maltreatment 2017*. Retrieved from: www.acf.hhs.gov/cb/research-data-technology/statistics-research/child-maltreatment

Church, C. E. and Fairchild, A. J. (2017) In search of a silver bullet: child welfare's embrace of predictive analytics. *Juvenile and Family Court Journal*, 68(1): 67–81.

Cleaver, H. and Freeman, P. (1995) *Parental Perspectives in Cases of Suspected Child Abuse*. London: HMSO.

Cobbe, J. (2018) Administrative law and the machines of government: judicial review of automated public-sector decision-making. *Legal Studies, forthcoming*. SSRN Electronic Journal. 10.2139/ssrn.3226913.

Commission to Eliminate Child Abuse and Neglect Fatalities (2016) *Within Our Reach: A national strategy to eliminate child abuse and neglect fatalities*. Washington, DC: US Government Printing Office.

Committee on Ways and Means (2012) *Proposal to Reduce Child Deaths due to Maltreatment*. Washington, DC: US Government Printing Office.

Conti, G., Heckman, J.J. and Pinto, R. (2016) The effects of two influential early childhood interventions on health and healthy behaviour. *The Economic Journal*, 126(596):

F28–F65.

Cooper, K. and Stewart, K. (2017) *Does Money Affect Children's Outcomes? An update*. Available at: http://sticerd.lse.ac.uk/dps/case/cp/casepaper203.pdf

Corby, B. (1987) *Working with Child Abuse*. Milton Keynes: Open University Press.

Cuccaro-Alamin, S., Foust, R., Vaithianathan, R. and Putnam-Hornstein, E. (2017) Risk assessment and decision making in child protective services: predictive risk modeling in context. *Children and Youth Services Review*, 79: 291–8.

Damasio, A. (2006) *Descartes' Error* (2nd edn). London: Vintage Books.

Dawes, R. (1988) *Rational Choice in an Uncertain World*. Orlando, FL: Harcourt Brace Jovanovich.

Dekker, S. (2002) *The Field Guide to Human Error Investigations*. Aldershot: Ashgate.

Department for Education (2018) *Characteristics of Children in Need 2017 to 2018*. London: Department for Education.

Department of Health (1988) *Report of the Inquiry into Child Abuse in Cleveland, 1987*. London: HMSO.

Department of Health (1995) *Child Protection: Messages from Research*. London: HMSO.

Department of Health (2000) *An Organization with a Memory*. London: The Stationery Office.

Department of Health (2000a) *Assessing Children in Need and their Families: Practice Guidance*. London: HMSO.

Department of Health (2000b) *Framework for the Assessment of Children in Need and their Families*. London: HMSO.

Department of Health (2000c) *An Organisation with a Memory*. London: HMSO.

Department of Health and Social Security (DHSS) (1974) *Report of the Committee of Inquiry into the Care and Supervision Provided in Relation to Maria Colwell*. London: HMSO.

Department of Health and Social Security (DHSS) (1975) *Report of the Committee of Inquiry into the Provision and Co-ordination of Services to the Family of John George Aukland*. London: HMSO.

Department of Health and Social Security (DHSS) (1979) *The Report of the Committee of Inquiry into the Actions of the Authorities and Agencies Relating to Darryn James Clarke*. London: HMSO, Cmnd 7730.

Department of Health and Social Security (DHSS) (1985) *Social Work Decisions in Child Care: Recent Research Findings and the Implications*. London: HMSO.

Department of Health and Social Security (DHSS) (1988) *Working Together: A Guide to Inter-Agency Co-operation for the Protection of Children*. London: HMSO.

Dingwall, R., Eekelaar, J. and Murray, T. (1983) *The Protection of Children: State Intervention and Family Life*. Oxford: Blackwell.

Dorner, D. (1983) Heuristics and Cognition in Complex Systems, in R. Groner, M. Groner and W. Beschof (eds), *Methods of Heuristics*. Hillsdale, NJ: Lawrence Erlbaum.

Drake, B. (1994) Relationship competencies in child welfare services. *Social Work*, 39: 595–602.

Early Intervention Foundation (2016) *The Cost of Late Interventions: EIF Analysis 2016*. London: Early Intervention Foundation.

English, D. and Pecora, P. (1994) Risk assessment as a practice method in child protective services. *Child Welfare*, 24: 451–73.

Erikson, M., Egeland, B. and Pianta, R. (1989) The Effects of Maltreatment on the Development of Young Children, in D. Cichetti and V. Carlson (eds), *Child Maltreatment: Theory and research on the causes and consequences of child abuse and neglect*. New York: Cambridge University Press.

Esping-Anderson, G. (1990) *The Three Worlds of Welfare: Capitalism*. Cambridge: Polity Press.

Esping-Anderson, G. with Gallie, D., Hemerijck, A. and Myles, J. (2002) *Why We Need a New Welfare State*. Oxford: Oxford University Press.

Eubanks, V. (2017) *Automating Technology: How high-tech tools profile, police and punish the poor*. New York: St Martin's Press.

Farmer, E. and Owen, M. (1995) *Child Protection Practice: Private risks and public remedies – decision making, intervention and outcome in child protection work*. London: HMSO.

Ferguson, H. (2018) How social workers reflect in action and when and why they don't: the possibilities and limits to reflective practice in social work. *Social Work Education*, 37(4): 415–27.

Field, F. (1989) *The Emergence of Britain's Underclass*. Oxford: Blackwell.

Finkelhor, S. (1994) The international epidemiology of child sexual abuse. *Child Abuse and Neglect*, 18: 837–41.

Finkelhor, D. (2018) Screening for adverse childhood experiences (ACEs): cautions and suggestions. *Child Abuse & Neglect*, 85: 174–9.

Finucane, M., Peters, E. and Slovic, P. (2003) Judgment and Decision Making: The dance of affect and reason, in S. Schneider and J. Shanteau (eds), *Emerging Perspectives on Judgment and Decision Research*. Cambridge: Cambridge University Press.

Fischer, J. (1973) Is casework effective? A review. *Social Work*, 1: 5–20.

Fischoff, B. (1975) Hindsight–foresight: the effect of outcome knowledge on judgment under uncertainty. *Journal of Experimental Psychology: Human Perception and Performance*, 1: 288–99.

Fischoff, B. (1977) Perceived informativeness of facts. *Journal of Experimental Psychology: Human Perception and Performance*, 3: 349–58.

Fischoff, B. (1982) For Those Condemned to Study the Past: Heuristics and biases in hindsight, in D. Kahneman, P. Slovic and A. Tversky (eds), *Judgment under Uncertainty:*

*Heuristics and biases*. Cambridge: Cambridge University Press.

Fischoff, B. (1996) The real world: what good is it? *Organizational Behaviour and Human Decision Processes*, 65: 232–48.

Flores, F., Graves, M., Hartfield, B. and Winograd, T. (1988) Computer systems and the design of organizational interaction. *ACM Transactions on Office Information Systems*, 6: 153–72.

Fraser, J., Smith, P. and Smith, J. (1992) A catalog of errors. *International Journal of Man–Machine Studies*, 37: 265–307.

Freymond, N. and Cameron, G. (2006) *Towards Positive Systems of Child and Family Welfare*. Toronto: University of Toronto Press.

Gambrill, E. (1999) Evidence-based practice: an alternative to authority-based practice. Families in Society: *The Journal of Contemporary Social Services*, 80(4): 341–50.

Garbarino, J. (ed.) (1992) *Children and Families in the Social Environment* (2nd edn). New York: Aldine de Gruyter.

Garbarino, J., Guttman, E. and Seely, J. (1986) *The Psychologically Battered Child*. San Francisco, CA: Jossey-Bass.

Gelles R. (1975) The social construction of child abuse. *American Journal of Orthopsychiatry*, 45: 363–71.

Geyer, R. and Rihani, S. (2012) *Complexity and Public Policy: A new approach to 21st century politics, policy and society*. London: Routledge.

Gibbons, J., Conroy, S. and Bell, C. (1995a) *Operating the Child Protection System: A study of child protection practices in English local authorities*. London: HMSO.

Gibbons, J., Gallagher, B., Bell, C. and Gordon, D. (1995b) *Development after Physical Abuse in Early Childhood*. London: HMSO.

Giddens, A. (1990) *The Consequences of Modernity*. Cambridge: Polity Press.

Giddens, A. (1999) *Runaway World: How globalisation is reshaping our lives*. London: Profile.

Gigerenzer, G. (2002) *Reckoning with Risk*. London: Allen Lane, the Penguin Press.

Gigerenzer, G. (2007) *Gut Feelings: The intelligence of the unconscious*. London: Viking.

Gigerenzer, G., Todd, P. and the ABC Research Group (1999) *Simple Heuristics that Make Us Smart*. Oxford: Oxford University Press.

Gilbert, R., Widom, C.S., Browne, K., Fergusson, D., Webb, E. and Janson, S. (2009) Burden and consequences of child maltreatment in high-income countries. *The Lancet*, 373: 68–81.

Gillingham, P. (2015) Implementing electronic information systems in human service organisations: the challenge of categorisation. *Practice*, 27(3): 163–75.

Goddard, K., Roudsari, A. and Wyatt, J. C. (2011) Automation bias: a systematic review of frequency, effect mediators, and mitigators. *Journal of the American Medical Informatics Association*, 19(1): 121–7.

Goldstein, H. (1986) Towards the integration of theory and practice: a humanistic approach. *Social Work*, 14: 352–7.

Greenland, C. (1987) *Preventing CAN Deaths: An international study of deaths due to child abuse and neglect*. London: Tavistock.

Grove, W. and Meehl, P. (1996) Comparative efficiency of informal (subjective, impressionistic) and formal (mechanical, algorithmic) prediction procedures. *Psychology, Public Policy and Law*, 2: 293–323.

Hacking, I. (1999) *The Social Construction of What?* Cambridge, MA: Harvard University Press.

Hammond, J., Keeney, R. and Raiffa, H. (1999) *Smart Choices: A practical guide to making better decisions*. Boston, MA: Harvard Business School Press.

Hammond, K. (1996) *Human Judgement and Social Policy: Irreducible uncertainty, inevitable error, unavoidable injustice*. Oxford: Oxford University Press.

Hammond, K. (2007) *Beyond Rationality*. Oxford: Oxford University Press.

Harvey, D. (2005) *A Brief History of Neoliberalism*. Oxford: Oxford University Press.

Helm, D. (2016) Sense-making in a social work office: an ethnographic study of safeguarding judgements. *Child & Family Social Work*, 21(1): 26–35.

Hetherington, R., Cooper, A., Smith, P. and Wilford, G. (1997) *Protecting Children: Messages from Europe*. Lyme Regis, Dorset: Russell House Publishing.

Hill, M. (1990) The manifest and latent lessons of child abuse inquiries. *British Journal of Social Work*, 20: 197–213.

HM Treasury (2003) *Every Child Matters*. London: Stationery Office.

Hoch, S. and Lowenstein, G. (1989) Outcome feedback: hindsight and information. Journal of Experimental Psychology: Learning, *Memory and Cognition*, 15: 605–19.

Hogarth, R. (1981) Beyond discrete biases: functional and dysfunctional aspects of judgmental heuristics. *Psychological Bulletin*, 90: 197–217.

Holway, J. (1963) *Sermons on Several Occasions by Rev. John Wesley: Modern translation*. London: Methodist Press.

Home Office (1945) *The Monckton Report*. London: HMSO, Cmnd 6636.

Hood, C. (1991) A public management for all seasons? *Public Administration*, 69: 3–19.

Hood, C., Rothstein, H. and Baldwin, R. (2000) *The Government of Risk: Understanding risk regulation regimes*. Oxford: Oxford University Press.

House of Commons Science and Technology Committee (2018) London: House of Commons.

Howe, D. (1987) *An Introduction to Social Work Theory*. Aldershot: Wildwood House.

Hunt, S., Goddard, C., Cooper, J., Littlechild, B. and Wild, J. (2016) 'If I feel like this, how does the child feel?': child protection workers, supervision, management and organisational responses to parental violence. *Journal of Social Work Practice*, 30(1): 5–24.

Iles, V. and Sutherland, K. (2001) *Managing Change in the NHS*. London: NHS Service

Delivery and Organisation Research and Development.

Ingram, R. (2013) Exploring emotions within formal and informal forums: messages from social work practitioners. *British Journal of Social Work*, 45(3): 896–913.

Innocenti Research Centre (2003) *A League Table of Child Maltreatment Deaths in Rich Nations*. Report Card No. 5. Florence, Italy: Innocenti Research Centre.

Isen, A. and Labroo, A. (2003) Some Ways in which Positive Affect Facilitates Decision Making and Judgment', in S. Schneider and J. Shanteau (eds), *Emerging Perspectives on Judgment and Decision Research*. Cambridge: Cambridge University Press.

ISPCAN (International Society for the Prevention of Child Abuse and Neglect) (1994) *Child Abuse and Neglect*. New York: Pergamon.

Iwaniec, D. (1983) 'Social and psychological factors in the aetiology and management of children who fail to thrive'. Unpublished PhD thesis, University of Leicester.

Iwaniec, D. (1995) *The Emotionally Abused and Neglected Child: Identification, Assessment and Intervention*. Chichester: Wiley.

Janis, I. and Mann, L. (1977) *Decision Making: A psychological analysis of conflict, choice, and commitment*. New York: Free Press.

Jergeby, U. and Soydan, H. (2002) Assessment processes in social work practice when children are at risk: a comparative, cross-national vignette study. *Journal of Social Work Research and Evaluation*, 3(2): 127–44.

Johnson, W. (1996) Risk assessment research: progress and future directions. *Protecting Children*, 12: 14–19.

Johnson, W. and Clancy, T. (1988) *A Study to Find Improved Methods of Screening and Disposing of Reports of Child Maltreatment in the Emergency Program in Alameda County, California*. Oakland, CA: Alameda County Social Services.

Jones, A. (1945) *Juvenile Delinquency and the Law*. London: Penguin.

Jones, E., Rock, L., Shaver, K., Goethals, G. and Ward, L. (1968) Pattern of performance and ability attribution: an unexpected primacy effect. *Journal of Personality and Social Psychology*, 6: 107–18.

Jud, A. (2018) Current research on child maltreatment epidemiology: BioMed Central.

Kahneman, D. (2011) *Thinking Fast and Slow*. London: Allen Lane, The Penguin Press.

Kahneman, D., Slonic, P. and Tversky, A. (1990) *Judgement under Uncertainty: Heuristics and Biases*. Cambridge: Cambridge University Press.

Kamerman, S. (1996) Child and Family Policies: An international overview, in E. Zigler, S. Kagan and N. Hall (eds), *Children, Families, and Government: Preparing for the twenty-first century*. Cambridge: Cambridge University Press.

Keddell, E. (2015) The ethics of predictive risk modelling in the Aotearoa/New Zealand child welfare context: child abuse prevention or neo-liberal tool? *Critical Social Policy*, 35(1): 69–88.

Keller, L. and Ho, J. (1988) Decision problem structuring: generating options. *Systems,*

*Man and Cybernetics*, 18: 715–28.

Keller, R., Cicchenelli, L. and Gardner, D. (1988) *A Comparative Analysis of Risk Assessment Models: Phase 1 report*. Denver, CO: Applied Research Associates.

Kempe, C., Silverman, F., Steel, B., Droegmueller, W. and Silver, H. (1962) The battered child syndrome. *Journal of the American Medical Association*, 181: 17–24.

Kempson, E. (1996) *Life on a Low Income*. York: Joseph Rowntree Foundation.

Keren, G. and Schul, Y. (2009) Two is not always better than one: a critical evaluation of two-system theories. *Perspectives on Psychological Science*, 4: 500–33.

Khoury, M.J. and Ioannidis, J.P. (2014) Big data meets public health. *Science*, 346(6213): 1054–5.

Kim, H. (2011) Job conditions, unmet expectations, and burnout in public child welfare workers: how different from other social workers? *Children and Youth Services Review*, 33(2): 358–67.

Klein, G. (2000) *Sources of Power: How people make decisions*. Cambridge, MA: MIT Press.

Klein, G. (2009) *Streetlights and Shadows: Searching for the Keys to Adaptive Decision Making*. Boston, MA: Massachussets Institute of Technology.

Kolb, D. (1984) *Experiential Learning: Experience as the source of learning and development*. Englewood Cliffs, NJ: Prentice-Hall.

Korbin, J. (1991) Cross-cultural perspectives and research directions for the 21st century. *Child Abuse and Neglect*, 15, Suppl. 1: 67–77.

Korff, D. and Georges, M. (2015) Passenger name records, data mining & data protection: the need for strong safeguards: T-PD (2015).

Koriat, A., Lichenstein, S. and Fischoff, B. (1980) Reasons for confidence. Journal of Experimental Psychology: *Human Learning and Memory*, 6: 107–18.

Krimmerman L. (ed.) (1975) *The Nature and Scope of Social Science: A critical anthology*. New York: Appleton-Century-Crofts.

Kuhn, T. (1978) *The Essential Tension*. Chicago: University of Chicago Press.

Lambert, M. and Ogles, B. (2004) The Efficacy and Effectiveness of Psychotherapy, in M. Lambert (ed.), *Bergin and Garfield's Handbook of Psychotherapy and Behaviour Change* (5th edn). New York: Wiley: 139–93.

Lane, D.C., Munro, E. and Husemann, E. (2015) Blending systems thinking approaches for organisational analysis: reviewing child protection in England. *European Journal of Operational Research*, 25 (1): 613–23.

LaPorte, T. and Consdini, P. (1991) Working in practice but not in theory: theoretical challenges of 'high reliability organisations'. *Journal of Public Administration*, January: 19–47.

Lee, C. and Ayon, C. (2004) Is the client–worker relationship associated with better outcomes in mandated child abuse cases? *Research in Social Work Practice*, 14: 351–7.

Lewis A. (1994) Chairing Child Protection Conferences. Aldershot: Avebury. Littell, J.H. and Tajima, E.A. (2000) A multilevel model of client participation in intensive family preservation services. *Social Service Review*, 74(3): 405–35.

Littell, J., Popa, M. and Forsythe, B. (2005) *Multisystemic Therapy for Social, Emotional, and Behavioural Problems in Youths aged 10–17*. Oxford: Cochrane Collaboration.

Local Government Association (1997) *Removing the Barriers: The Case for a New Deal for Social Services and Social Security*. London: Local Government Association.

London Borough of Brent (1985) *A Child in Trust: The report of the panel of inquiry into the circumstances surrounding the death of Jasmine Beckford*. London: London Borough of Brent.

London Borough of Lambeth (1987) *Whose Child? The report of the public inquiry into the death of Tyra Henry*. London: London Borough of Lambeth.

Macdonald, G. and Sirotich, F. (2005) Violence in the social work workplace: the Canadian experience. *International Social Work*, 48(6): 772–81.

Mackie, J.L. (1965) Causes and conditions. *American Philosophical Quarterly*, 2: 245–64.

Marsh, P. and Triseliotis, J. (1996) *Ready to Practise? Social workers and probation officers: their training and first year in work*. Aldershot: Avebury.

Maslach, C., Schaufeli, W. and Leiter, M. (2001) Job burnout. *Annual Review of Psychology*, 52: 397–422.

McFadden, P., Campbell, A. and Taylor, B. (2014) Resilience and burnout in child protection social work: individual and organisational themes from a systematic literature review. *British Journal of Social Work*, 45: 1546–63.

Meadows R. (ed.) (1997) *The ABC of Child Abuse*. London: British Medical Association.

Meehl, P. (1992) Cliometric metatheory: the actuarial approach to empirical, historybased philosophy of science. *Psychological Reports*, 71: 339–467.

Meehl, P. (1997) Credentialed persons, credentialed knowledge. *Clinical Psychology: Science and Practice*, 4: 91–8.

Middleton, L., Ashworth, K. and Braithwaite, I. (1997) *Small Fortunes: Spending on children, childhood, poverty and parental sacrifice*. York: Joseph Rowntree Foundation.

Milne, R. and Bull, R. (1999) *Investigative Interviewing: Psychology and practice*. Chichester: Wiley.

Minty, B. and Pattinson, G. (1994) The nature of child neglect. *British Journal of Social Work*, 24: 733–47.

Mitchell, S.D. (2009) *Unsimple Truths: Science, complexity, and policy*. Chicago: University of Chicago Press.

Mitleton-Kelly, E., Paraskevas, A. and Day, C. (2018) *Handbook of Research Methods in Complexity Science: Theory and applications*. Cheltenham: Edward Elgar Publishing.

Modood, T. and Berthoud, R. (eds) (1997) *Diversity and Disadvantage: Ethnic minorities in Britain*. London: Policy Studies Institute.

Monteleone, J. and Brodeur, A. (eds) (1998) *Child Maltreatment: A clinical guide and reference*. St Louis, MO: G.W. Medical Publishing Inc.

Morgan, M. (1995) *How to Interview Sexual Abuse Victims*. Thousand Oaks, CA: Sage.

Munro, E. (1996) Avoidable and unavoidable mistakes in child protection work. *British Journal of Social Work*, 26: 795–810.

Munro, E. (1998) *Understanding Social Work: An empirical approach*. London: Continuum Press.

Munro, E. (1999) Common errors of reasoning in child protection. *Child Abuse & Neglect*, 23: 745–58.

Munro, E. (2004) The impact of audit on social work practice. *British Journal of Social Work*, 34: 1077–97.

Munro, E. (2007) *Child Protection*. London: Sage.

Munro, E. (2010) *The Munro Review of Child Protection – Part One: A systems analysis*. London: Department for Education.

Munro, E. (2011) *Munro Review of Child Protection, Final Report: A child-centred system*. London: Department for Education.

Munro, E. (2019) Decision-making under uncertainty in child protection: creating a just and learning culture. *Child & Family Social Work*, 24(1): 123–30.

Munro, E., Cartwright, N., Montuschi, E. and Hardie, J. (2017) *Improving Child Safety: Deliberation, judgement and empirical research*. Durham: Centre for Humanities Engaging Science and Society (CHESS).

Munro, E., Taylor, J.S. and Bradbury-Jones, C. (2013) Understanding the causal pathways to child maltreatment: implications for health and social care policy and practice. *Child Abuse Review*, 23(1): 61–74.

Munro, E., Turnell, A. and Murphy, T. (2016) 'You can't grow roses in concrete'. Action Research Final Report. Perth, Australia: Resolutions Consultancy.

Murray, C. (1990) *The Emerging British Underclass*. London: Institute of Economic Affairs, Health and Welfare Unit.

Myers, J. (ed.) (1994) *The Backlash: Child Protection under Fire*. London: Sage.

National Audit Office (2019) *Pressures on Children's Social Care*. London: National Audit Office.

National Commission of Inquiry into the Prevention of Child Abuse (1996) *Childhood Matters, Vol 1*. London: HMSO.

National Research Council (1993) *Understanding Child Abuse and Neglect*. Washington, DC: National Academy Press.

Newell, A. and Simon, H. (1972) *Human Problem Solving*. Englewood Cliffs, NJ: Prentice-Hall.

Newton-Smith, W. (1981) *The Rationality of Science*. London: Routledge & Kegan Paul.

Nisbett, R. and Ross, L. (1980) *Human Inference: Strategies and shortcomings of human judgement*. Englewood Cliffs, NJ: Prentice-Hall.

Norfolk Health Authority (2002) *Summary Report of the Independent Health Review*. Norfolk: Norfolk Health Authority.

Norman, D. (1993) Toward human-centred design. *Technology Review*, July: 47–53.

Nottinghamshire Area Child Protection Committee (1994) *Report of Overview Group into the Circumstances Surrounding the Death of Leanne White*. Nottingham: Nottinghamshire County Council.

Oak, E. (2015) A minority report for social work? The Predictive Risk Model (PRM) and the Tuituia Assessment Framework in addressing the needs of New Zealand's vulnerable children. *British Journal of Social Work*, 46(5): 1208–23.

Oakeshott, M. (2001) *The Voice of Liberal Learning*. Indianopolis: Liberty Fund.

Ohm, P. (2009) *Broken Promises of Privacy: Responding to the surprising failure of anonymization*. Colorado: Colorado Law School.

Orlinsky, D., Ronnestad, M. and Wiluzki, U. (2004) Fifty Years of Psychotherapy Process-outcome Research: Continuity and change, in M. Lambert (ed.), *Bergin and Garfield's Handbook of Psychotherapy and Behaviour Change* (5th edn). New York: Wiley: 307–89.

Parton, N. (1985) *The Politics of Child Abuse*. London: Macmillan.

Parton, N. (1991) *Governing the Family: Child care, child protection and the state*. London: Macmillan.

Parton, N., Thorpe, D. and Wattam, C. (1997) *Child Protection: Risk and the moral order*. London: Macmillan.

Pawson, R. (2006) *Evidence-based Policy: A realist perspective*. London: Sage.

Pawson, R. (2013) *The Science of Evaluation: A realist manifesto*. London: Sage.

Pearl, J. and Mackenzie, D. (2018) *The Book of Why: The new science of cause and effect*. New York: Basic Books.

Phillips, J., Klein, G. and Sieck, W. (2007) Expertise in Judgment and Decision Making, in D. Koehler and N. Harvey (eds), *Blackwell Handbook of Judgment and Decision Making*. Oxford: Blackwell.

Piachaud, D. and Sutherland, H. (2000) *How Effective is the British Government's Attempt to Reduce Child Poverty? Case Paper 38*. London: London School of Economics.

Pliske, R. and Klein, G. (2003) The Naturalistic Decision-making Perspective, in S. Schneider and J. Shanteau (eds), *Emerging Perspectives on Judgment and Decision Research*. Cambridge: Cambridge University Press.

Plous, S. (1993) *The Psychology of Judgment and Decision Making*. New York: McGraw-Hill.

Polanyi, M. (1967) *The Tacit Dimension*. Garden City, NY: Doubleday.

Power, M. (2007) *Organized Uncertainty: Designing a world of risk management*.

Oxford: Oxford University Press.

Pringle, K. (1998) *Children and Social Welfare in Europe*. Buckingham: Open University Press.

Putnam, H. (1978) *Meaning and the Moral Sciences*. London: Routledge & Kegan Paul.

Raab, M. and Gigerenzer, G. (2015) The power of simplicity: a fast-and-frugal heuristics approach to performance science. *Frontiers in Psychology*, 6: 1672.

Radford, L. (2011) *Child Abuse and Neglect in the UK Today*. London: NSPCC.

Radford, L., Corral, S., Bradley, C. and Fisher, H.L. (2013) The prevalence and impact of child maltreatment and other types of victimization in the UK: findings from a population survey of caregivers, children and young people and young adults. *Child Abuse & Neglect*, 37(10): 80–13.

Ragin, C.C. (2014) *The Comparative Method: Moving beyond qualitative and quantitative strategies*. Berkeley, CA: University of California Press.

Ramage, M. and Shipp, K. (2009) *Systems Thinkers*. London: Springer-Verlag.

Reason, P. (1990) *Human Error*. Cambridge: Cambridge University Press.

Regehr, C., Bogo, M., Shlonsky, A. and LeBlanc, V. (2010) Confidence and professional judgment in assessing children's risk of abuse. *Research on Social Work Practice*, 20(6): 621–8.

Regehr, C., Hemsworth, D., Leslie, B., Howe, P. and Chau, S. (2004) Predictors of posttraumatic distress in child welfare workers: a linear structural equation model. *Children and Youth Service Review*, 26: 331–46.

Regehr, C., Leslie, B. and Howe, P. (2005) Stress, trauma, and support in child welfare practice. *APSAC Advisor*, 17: 12–18.

Robling, M., Bekkers, M.-J., Bell, K., Butler, C C., Cannings-John, R., Channon, S. and Kemp, A. (2016) Effectiveness of a nurse-led intensive home-visitation programme for first-time teenage mothers (Building Blocks): a pragmatic randomised controlled trial. *The Lancet*, 387(10014): 146–55.

Roberts, K. and Bea, R. (2001) Must accidents happen? *Academy of Management Executive*, 15: 70–9.

Rogers, E.M. (2010) *Diffusion of Innovations*. London: Simon and Schuster.

Rose, S. and Meezan, W (1996) Variations in perceptions of child neglect. *Child Welfare*, 75: 139–60.

Rose, W. and Barnes, J. (2008) *Improving Safeguarding Practice: Study of serious case reviews 2001–2003*. London: Department for Education.

Rosen, H. (1981) How social workers use cues to determine child abuse. *Social Work Research and Abstracts*, 17: 4.

Ross, L. (1977) The Intuitive Psychologist and his Shortcomings: Distortions in the attribution process, in L. Berkowitz (ed.), *Advances in Experimental Social Psychology*. New York: Academic Press.

Royal Society (2012) *Science as an Open Enterprise*. London: Royal Society.

Rumgay, J. and Munro, E. (2001) The lion's den: professional defences in the treatment of dangerous patients. *Journal of Forensic Psychiatry*, 12: 357–78.

Rushton, A. and Nathan, J. (1996) The supervision of child protection work. *British Journal of Social Work*, 26: 357–74.

Rogers, E.M. (2010) *Diffusion of Innovations*. London: Simon and Schuster.

Sackett, D. L. (1996) Evidence based medicine: what it is and what it isn't. *British Medical Journal*, 312(312): 71–2.

Salas, E., Rosen, M., Burke, C., Goodwin, G. and Fione, S. (2006) The Making of a Dream Team: When expert teams are best, in K. Ericcson, N. Charness, R. Hoffman, and P. Feltovich (eds), *The Cambridge Handbook of Expertise and Expert Performance*. Cambridge: Cambridge University Press: 439–53.

Saltiel, D. (2016) Observing front line decision making in child protection. *British Journal of Social Work*, 46(7): 2104–19.

Schaufeli, W. and Enzmann, D. (1998) *The Burnout Companion to Study and Practice: A critical analysis*. Philadelphia: Taylor & Francis.

Scheibehenne, B. and Bröder, A. (2007) Predicting Wimbledon 2005 tennis results by mere player name recognition. *International Journal of Forecasting*, 23(3): 415–26.

Schlonsky, A. and Wagner, D. (2005) The next step: integrating actuarial risk assessment and clinical judgement into an evidence-based practice framework in CPS case management. *Children and Youth Service Review*, 27: 409–27.

Schorr, L. (2011) *Common Purpose: Strengthening families and neighborhoods to rebuild America*. New York: Anchor.

Schuerman, J., Rossi, P.H. and Budde, S. (1999) Decisions on placement and family preservation: agreement and targeting. *Evaluation Review*, 23(6): 599–618.

Schwalbe, C. (2004) Re-visioning risk assessment for human service decision-making. *Children and Youth Service Review*, 26: 561–76.

Schwartz, I.M., York, P., Nowakowski-Sims, E. and Ramos-Hernandez, A. (2017) Predictive and prescriptive analytics, machine learning and child welfare risk assessment: the Broward County experience. *Children and Youth Services Review*, 81: 309–20.

Scottish Office (1992) *The Report of the Inquiry into the Removal of Children from Orkney in February 1991*. Edinburgh: HMSO.

Seabrook, J. (2001) *Children of Other Worlds: Exploitation in the global market*. London: Pluto Press.

Secker, J. (1993) *From Theory to Practice in Social Work*. Aldershot: Avebury.

Serwe, S. and Frings, C. (2006) Who will win Wimbledon? The recognition heuristic in predicting sports events. *Journal of Behavioral Decision Making*, 19(4): 321–32.

Sexton, J., Wilhelm, J., Helmreich, R. L., Merritt, A. and Klinect, J. (2001) *Flight Management Attitudes and Safety Survey, Technical Report 01–01*. Texas: University of

Texas.

Simon, H. (1955) A behavioural model of rational choice. *Quarterly Journal of Economics*, 69: 99–118.

Simon, H. (1957) *Models of Man: Social and rational*. New York: Wiley.

Simon, H. (1990) Invariants of human behaviour. *Annual Review of Psychology*, 41: 1–19.

Simon, H.A. (1992) What is an 'explanation' of behavior? *Psychological Science*, 3(3): 150–61.

Sobell, L. (1996) Bridging the gap between scientists and practitioners: the challenge before us. *Behaviour Therapy*, 27: 297–320.

Social Care *Institute for Excellence (SCIE) (2004) Learning Organisations: A Self-Assessment Resource Pack*. London: SCIE.

Social Services Inspectorate (1993) *Evaluating Child Protection Services: Findings and Issues*. London: Department of Health.

Social Work Task Force (2009) *Building a Safe and Confident Future*. London: Department for Children, Schools and Families.

Sonesh, S., Lacerenza, C., Marlow, S. and Salas, E. (2018) What Makes an Expert Team? A decade of research, in K. Ericcson, R. Hoffman, A. Kozbelt and A. Williams (eds), *The Cambridge Handbook of Expertise and Expert Performance (2nd edn)*. Cambridge: Cambridge University Press.

Spratt, T. (2000) Decision making by senior social workers at point of first referral. *British Journal of Social Work*, 30(5): 597–618.

Steinhauer P., Leitenberger M., Manglicas E., Pauker J., Smith R. and Boncalves L. (1993) *Guidelines for Assessing Parenting Capacity*. Toronto: Toronto Parenting Capacity Assessment Project.

Stevenson, L. (2017, 6 December) Serious case reviews: how a council is using positive outcomes to reflect on social work practice. *Community Care*.

Stevenson, O. (1998) *Neglected Children: Issues and Dilemmas*. Oxford: Blackwell.

Stevenson, O. (ed.) (1999) *Child Welfare in the UK*. Oxford: Blackwell Science.

Stoltenborgh, M., Bakermans-Kranenburg, M.J., Alink, L.R. and van Ijzendoorn, M.H. (2015) The prevalence of child maltreatment across the globe: review of a series of meta-analyses. *Child Abuse Review*, 24(1): 37–50.

Sutherland, S. (1992) *Irrationality: The Enemy Within*. London: Constable.

Taylor, H. and Russell, J. (1939) The relationship of validity coefficients to the practical applications of tests of selection. *Journal of Applied Psychology*, 23: 565–78.

Thiele, L. (2006) *The Heart of Judgment: Practical wisdom, neuroscience, and narrative*. Cambridge: Cambridge University Press.

Thoburn, J. (1990) *Success and Failure in Permanent Family Placement*. Aldershot: Avebury.

Thorpe, D. (1994) *Evaluating Child Protection*. Milton Keynes: Open University Press.

Travis, D.J., Lizano, E.L. and Mor Barak, M.E. (2015) 'I'm so stressed!': A longitudinal model of stress, burnout and engagement among social workers in child welfare settings. *British Journal of Social Work*, 46(4): 1076–95.

Turner-Daly, B. and Jack, G. (2014) Rhetoric vs. reality in social work supervision: the experiences of a group of child care social workers in England. *Child & Family Social Work*, 22(1): 36–46.

UNICEF (1992) *The State of the World's Children*. Oxford: Oxford University Press.

UNICEF (1997) *Children at Risk in Central and Eastern Europe: Perils and promises*. Florence, Italy: UNICEF.

United Nations (1989) *The United Nations Convention on the Rights of the Child*. New York: United Nations.

von Bertalanffy, L. (1973) *General Systems Theory: Foundations, development, applications*. London: Penguin.

von Winterfeldt, D. and Edwards, E. (1986) *Decision Analysis and Behavioural Research*. Cambridge: Cambridge University Press.

Waldfogel, J. (1998) *The Future of Child Protection*. Cambridge, MA: Harvard University Press.

Waldfogel, J. (2008) The Future of Child Protection Revisited, in D. Lindsey and A. Shlonsky (eds), *Child Welfare Research: Advances for Practice and Policy*. Oxford: Oxford University Press.

Walker, J., McCarthy P., Morgan W. and Timms N. (1995) *In Pursuit of Quality: Improving practice teaching in social work*. London: Central Council for Education and Training in Social Work.

Wandsworth Area Child Protection Committee (1990) *The Report of the Stephanie Fox Practice Review*. London: London Borough of Wandsworth.

Wattam, C. and Thorpe, D. (1996) *Making and Receiving Child Protection Referrals*. Lancaster: Lancaster University Publications.

Wells, S. (1988) Factors Influencing the Response of Child Protective Service Workers to Reports of Abuse and Neglect, in G. Hotaling et al. (eds), *Coping with Family Violence: Research and policy perspectives*. Thousand Oaks, CA: Sage.

Wells, S. and Anderson, T. (1992) *Model Building in Child Protective Services Intake and Investigation. Final Report to the National Center on Child Abuse and Neglect for Grant #90-CA-1407*. Washington, DC: American Bar Association Centre on Children and the Law.

Wells, S., Stein, T., Fluke, J. and Downing, J. (1989) Screening in child protective services. *Social Work*, 34: 45–8.

Westrum, R. (1993) Cultures with requisite imagination. In V. H. J. Wise, and P. Stager (eds), *Verification and Validation of Complex Systems: Human factors issues*. Berlin: Springer-Verlag, 401–16.

Wheatley, M. (2006) *Leadership and the New Science*. San Francisco, CA: Berrett-Koehler.

White, S., Wastell, D., Broadhurst, K. and Hall, C. (2010) When policy o'erleaps itself: the 'tragic tale' of the Integrated Children's System. *Critical Social Policy*, 30(3): 405–29.

Whitney, D. and Cooperrider, D. (2011) *Appreciative Inquiry: A positive revolution in change*: ReadHowYouWant.com.

Wilkins, D., Forrester, D. and Grant, L. (2017) What happens in child and family social work supervision? *Child & Family Social Work*, 22(2): 942–51.

Winkielman, P., Zajjonc, R. and Schwarz, N. (1997) Subliminal affective priming resists attributional interventions. *Cognition and Emotion*, 11: 433–65.

Wood, G. (1978) The 'knew-it-all-along' effect. *Journal of Experimental Psychology: Human Perception and Performance*, 4: 345–53.

Woods, D., Johannesen, L., Cook, R. and Sarter, N. (1994) *Behind Human Error: Cognitive systems, computers and hindsight*. State-of-the-Art Report. Dayton, OH: CSE-RIAC.

Wright, D., Mackenzie, S., Buchan, J., Cairns, A. and Price, A. (1991) Critical incidents in the intensive therapy unit. *Lancet*, 388: 676–8.

Yatchmenoff, D.K. (2005) Measuring client engagement from the client's perspective in nonvoluntary child protective services. *Research on Social Work Practice*, 15(2): 84–96.

Zajonc, R. (1980) Feeling and thinking: preferences need no inference. *American Psychologist*, 35: 151–75.

Zigler, E., Kagan, S. and Hall, N. (eds) (1996) *Children, Families, and Government: Preparing for the twenty-first century*. Cambridge: Cambridge University Press.

Zuboff, S. (1988) *In the Age of the Smart Machine: The future of work and power*. New York: Basic Books.

Zuiderveen Borgesius, F. (2018) *Discrimination, Artificial Intelligence and Algorithmic Decision Making*. Strasbourg, France: European Commission against Racism and Intolerance.

Zuravin, S., Orme, J. and Hegar, R. (1995) Disposition of child physical abuse reports: review of the literature and test of a predictive model. *Children and Youth Services Review*, 17: 547–66.

Zurriff, G. (1990) *Behaviorism: A conceptual reconstruction*. New York: Columbia University Press.

## 著者略歴

### アイリーン・ムンロー（Eileen Munro）

ロンドン大学スクール・オブ・エコノミクス（LSE）社会政策学部社会政策名誉教授。児童保護業務における推論スキルと実践を、ソーシャルワーカーとしての経験をベースにして研究する。家族支援における複雑な原因過程を理解するにつれ、エビデンスベースの政策実践に内在する社会科学の哲学に興味を持つようになった。サインズ・オブ・セイフティをフレームワークとして行っている地方自治体のリフォームを調査し、有効な児童保護を評価するための方法を探求した。

［主な出版物］

*Effective Child Protection 3rd edition*（Sage、2020 年）

*You can't grow roses in concrete, Part 2.*（https://knowledgebank.signsofsafety.net/resources/signs-of-safety-research/research-articles/you-cant-grow-roses-in-concrete-part-2、2020 年）

*Improving child safety: deliberation, judgement and empirical research*（2017 年）

*Munro Review of Child Protection*（2011 年）

## 監訳者略歴

### 増沢　高（ますざわ・たかし）

千葉大学大学院教育学研究科教育心理修士課程修了。児童心理治療施設「横浜いずみ学園」副園長、子どもの虹情報研修センター研修部長を経て、現在、同センター研究部長、明治大学大学院文学研究科兼任講師、日本子ども虐待防止学会副理事長。専門は、臨床心理学、福祉心理学。

［主な著書］

『虐待を受けた子どもの回復と育ちを支える援助』（福村出版、2009 年）

『社会的養護における生活臨床と心理臨床』（青木紀久代と共編著、福村出版、2012 年）

『日本の児童虐待重大事件 2000 － 2010』（川﨑二三彦と共編著、福村出版、2014 年）

『ワークで学ぶ　子ども家庭支援の包括的アセスメント』（明石書店、2018 年）

## 訳者略歴

### 小川紫保子（おがわ・しほこ）

国際基督教大学卒業。英国ケンブリッジ大学大学院教育学部、前期博士課程修了（教育学修士）、英国ロンドン大学ユニバーシティカレッジ教育学大学院社会科学研究所（UCL, IOE, SSRU）2011 － 2017 在籍。専門及び関心分野は教育社会学、家族と地域社会、児童の権利と虐待防止、社会資本論。現在、一般社団法人人権問題研究協議会理事、一般社団法人ピノッキオ（子どもの居場所）理事。

子ども虐待　保護から早期支援への転換
——児童家庭ソーシャルワーカーの質的向上をめざして

2021年12月15日　初版第1刷発行

著　者　アイリーン・ムンロー
監訳者　増沢　高
訳　者　小川紫保子
発行者　大江道雅
発行所　株式会社明石書店
〒101-0021 東京都千代田区外神田6-9-5
電　話　03（5818）1171
FAX　03（5818）1174
振　替　00100-7-24505
http://www.akashi.co.jp
装丁　明石書店デザイン室
印刷・製本　日経印刷株式会社

ISBN978-4-7503-5306-7
Printed in Japan
（定価はカバーに表示してあります）

ワークで学ぶ 子ども家庭支援の

# 包括的アセスメント

**要保護・要支援・社会的養護児童の適切な支援のために**

増沢 高 著

■B5判／並製／196頁 ◎2400円

大好評『社会的養護児童のアセスメント』のアップグレード版。法改正に伴い、市町村が担うことになった在宅支援に対応した。本書ではケースの全体像をつかみ、そのケースに適した支援方法を見い出していく「包括的アセスメント」を高めることを目的とする。

内容構成



---

**事例で学ぶ 社会的養護児童のアセスメント**
子どもの視点で考え、適切な支援を見出すために
増沢高著 ◎2000円

**児童福祉司研修テキスト** 児童相談所職員向け
金子恵美編集代表 佐竹要平、安部計彦、藤岡孝志、増沢高、宮島清編 ◎2500円

**要保護児童対策調整機関専門職研修テキスト** 基礎自治体職員向け
金子恵美編集代表 佐竹要平、安部計彦、藤岡孝志、増沢高、宮島清編 ◎2500円

**福祉心理学** 〈日本福祉心理学会研修テキスト〉
基礎から現場における支援まで
日本福祉心理学会監修 米川和雄編集代表 大迫秀樹、富樫ひとみ編集 ◎2600円

**エビデンスに基づく子ども虐待の発生予防と防止介入**
その実践とさらなるエビデンスの創出に向けて
トニー・ケーン編 小林美智子監修 藤原武男、水木理恵監訳 ◎2800円

**子ども虐待対応における保護者との協働関係の構築**
家族と支援者へのインタビューから学ぶ実践モデル
鈴木浩之著 ◎4600円

**児童相談所・関係機関や地域との連携・協働**
やさしくわかる社会的養護シリーズ⑥
相澤仁編集代表 川﨑二三彦編集 ◎2400円

**市区町村子ども家庭相談の挑戦**
子ども虐待対応と地域ネットワークの構築
川松亮編著 ◎2500円

〈価格は本体価格です〉